经济史论丛

（四）

经济史研究的方法与实践

缪坤和　李　巍　李亚娟　等著

JINGJISHI

LUNCONG

中国社会科学出版社

图书在版编目（CIP）数据

经济史论丛.（四）经济史研究的方法与实践／缪坤和，李巍，李亚娟等著.—北京：中国社会科学出版社，2012.12
ISBN 978 - 7 - 5161 - 2313 - 3

Ⅰ.①经⋯　Ⅱ.①缪⋯②李⋯③李⋯　Ⅲ.①中国经济史 - 文集
Ⅳ.①F129 - 53

中国版本图书馆 CIP 数据核字（2013）第 055434 号

出 版 人	赵剑英
选题策划	宫京蕾
责任编辑	许　琳
责任校对	刘　娟
责任印制	李　建

出　　版	中国社会科学出版社
社　　址	北京鼓楼西大街甲 158 号（邮编 100720）
网　　址	http：//www.csspw.cn
	中文域名：中国社科网　　010 - 64070619
发 行 部	010 - 84083685
门 市 部	010 - 84029450
经　　销	新华书店及其他书店

印刷装订	北京市兴怀印刷厂
版　　次	2012 年 12 月第 1 版
印　　次	2012 年 12 月第 1 次印刷

开　　本	710 × 1000　1/16
印　　张	19.5
插　　页	2
字　　数	309 千字
定　　价	55.00 元

凡购买中国社会科学出版社图书，如有质量问题请与本社联系调换
电话：010 - 64009791

目　录

上　篇

中　篇

下　篇

上　篇

人类学视野下的经济史研究

一　经济史与人类学的结合

从学科的发展历史看，随着研究领域的扩充和研究对象的深入，出现两个发展趋势：一是学科分化愈来愈细；二是边沿性、交叉学科不断涌现。然而，不论学科如何发展，任何一种学科，在探讨所关注的研究对象时，在解释上都存一定的局限，不可能穷尽一切问题，尚存一些本学科无法完整解答的领域。在具体的研究实践中，学科间的互相交叉或研究方法借用就显得十分必要而可行。当然，这并不等于说学科之间存在着优劣之分。在科学研究上，各个学科所关注的问题、运用的方法、语言等都有着它独特的系统。

就经济史而言，它是历史学和经济学的交叉学科。有着确定的研究对象，并形成了一套具有独特风格的语言表达和研究方法。据吴承明先生所论，"经济史是研究过去的、我们还不认识或认识不清楚的经济实践（如果已认识清楚就不要去研究了）"[①]。显而易见，经济史研究的基础就是依据历史资料，研究过去。毋庸置疑，只依靠史学方法来研究经济史，存在着先天不足。这是因为传统的史学不可避免地会出现如下五种现象。一是史学是叙述式的，缺乏分析，又常是事件和史例的罗列，或用单线因果关系将它们联系起来，缺乏整体性、结构性的研究；二是强调历史事件、人物和国家的特殊性质和个性，而不去研究一般模式和存在于过去的普遍规律，因而解释是个别的和相对主义的；三是在考察史料时采用归纳法和实证论，这种经验主义的方法不能在逻辑上肯定认

---

① 吴承明：《经济学理论与经济史研究》，《经济研究》1995 年第 4 期。

识的真实性。他们在解释史料和做判断时，缺乏公理原则和强调个性，主要凭史学家的主观推理和直觉；四是或是根据伦理、道德取向来评议是非、臧否人物，或是认为一切是受时间、地点和历史环境决定，无绝对的善恶；五是脱离自然科学和社会科学来研究历史，认为历史学的唯一目的是真实地再现和理解过去。① 在经济史的研究中，引入其他学科的研究方法，并非史无先例。由于经济史与经济学的密切关系，在研究中，引入诸多经济学理论与方法。吴承明先生通过对经济学理论和方法的全面洞察，认为可用于中国经济史研究的主要经济学理论是经济计量学方法、发展经济学方法、区域经济史方法、社会学方法、系统论方法。②

虽然经济史研究的是过去，但归根结底，其关注的中心还是人类的经济活动。如抛弃人这一主体，那么研究必定是不完整的，将出现这样或那样的不足。由于历史学和经济学方法在使用中的种种局限，导致传统的经济史研究对人类经济发展不能做出全面、完整的解释，而使一些研究领域陷入困境或误识。但随着学科的日益膨胀和发展，经济史的研究通过引入除经济学之外的一些其他学科的理论和方法，柳暗花明又一村，为经济史研究走出困境弥补不足找到了新的支点。于是，人类学的视野成了经济史研究又一重要支点。

人类学是研究人的科学。人类学兴起之初，关注的主要是人的衍生、演变和发展以及与人有关的一切社会、文化现象，也就是关注整个人类的发展状况。其视角是广泛的。它包括体质人类学和文化人类学两大类。在文化人类学中，又分化为考古人类学和语言人类学。具体研究的对象主要是一些非西方社会的原始人群。20 世纪以来，在原来广泛人类学的基础上逐渐形成了社会和文化人类学，专门对社会和文化进行专门系统深入的探究，不再追求对整个人类历史的构建。③ 其方法也是基于田野工作对小型社会和人群进行深入研究，着重强调政治、经济、技术、法律、艺术、宗教等社会生活的各个方面，这些方面并非独立于

---

① 吴承明：《论历史主义》，《中国经济史研究》1993 年第 2 期。
② 详见吴承明《中国经济史研究的方法论问题》，《中国经济史研究》1992 年第 1 期。
③ 王铭铭：《想象的异邦——社会与文化人类学散论》，上海人民出版社 1998 年版，第3—15 页。

社会、文化和其他方面而存在和运行，而是一个与其他方面有着联动关系的复合体中的一部分。

人类学视野下的经济史研究是对人类过去历史发展各阶段的经济活动进行研究，目的在于探寻人类经济是如何运行与变迁的。在传统的经济史研究与人类学研究中，在关注人类过去经济运行与变迁时，无论在经验方面，还是在观念方面，都存在一些不足。人类学研究主要基于田野工作，深入考察工作对象的经济运行系统，很少考虑经济运行的时间维度，也不考虑经济结构的历史变迁。传统的经济史研究，一方面对下层人民的经济活动的研究注视不够；另一方面也很少考虑一些非经济运行中所潜伏的经济因素，只把经济制度抽象出来而丢弃了交织其间的"非经济性"要素的研究。在非市场经济社会中，"经济被嵌合在社会之中"。即使是在市场经济社会中，经济同样也不是独立存在的系统，在其经济性特征上还交织着诸多复杂的、自然的、社会的、文化等因素。因此，人类学视野下的经济史研究的范畴，除了各历史发展阶段下人们的经济活动和经济制度外，还应包含与之密切相连的社会的和超经济因素的各种制度。

二　人类学视野下经济史研究的范畴

人类学视野下经济史研究的范畴和意义，实质上就是经济人类学的研究范畴在历史发展过程中的具体运用。因此，对经济人类学的兴起、流变、关注的对象和研究特点的讨论，反映出来的即是人类学视野下经济史研究所要关注的问题。经济人类学的研究，主要存在两种形式：第一种方式是形式主义者。这种方式是以市场经济理论作为理论分析的基础。主要有经济民族史、新马克思主义经济人类学和纯粹形式主义者三个派别。第二种方式是以波朗尼为代表的实在主义学派。

20 世纪初，布劳尼斯拉维·马林诺夫斯基在其著作《西太平洋的远航者》一书中，从人类学的视野对美拉尼西亚西部特罗布里恩德群岛居民的经济活动进行考察。在特罗布里恩德岛上，存在和流行着一种具有礼仪性赠予交换系的"库拉圈"。在"库拉圈"内，岛上居民使用贝制手镯和项链各顺着逆和顺时针方向循环流动。在马氏看来，"库拉"

交易蕴含着经济的交换，其交换的范围以"库拉圈"为限。这种"库拉圈"，既是岛民的合作圈子，又在维护岛民群体内外的地位等级方面起着重要的作用。这种"库拉"交换的施行者是有着传承关系的社会圈子，并非偶然的个人组合。马氏这一研究，被称为经济民族史研究的典范。在他的影响和带动之下，产生了两种不同的研究倾向。

一种倾向是马林诺夫斯基的学生莱蒙德·弗士为代表的功能主义。他们认为所有的社会行为和制度都应该从其客观功能去探讨。世界上的任何一个民族，他们各自独特的行为，其实都是在居住的特定气候条件下为保障食物供给而产生的。这一认识，被日本经济人类学大师栗本慎一郎称为是一种表层的肤浅认识。第二种倾向认为不能仅从社会行为的结果来探讨社会行为的含义。从结果视之，共同体中必然要进行财物供给和内部分配，通过某种形式实现这种经济功能的行为或制度，然而，这些行为和制度却并非是一种独立的行为，而是嵌合在礼仪、习俗之中。

新马克思主义经济人类学，其代表是法国的莫里斯·戈德利尔。戈德利尔注重的是历史发展的阶段性，而不是历史的普同性。这是在接受了马克思唯物史观和发展阶段论基础上产生的，他还主张把血缘关系引入唯物史观来认识作为经济基础的所谓"生产"关系。而不是把生产关系简单地看作生产工具和生产者的自然结合。另外，戈德利尔还指出，"亚细亚生产方式"不该被排斥在人类历史上五种生产方式之外，应该把它视为一种世界性的、普遍的生产方式。此外，戈德利尔还称："马克思之所以伟大，就在于他通过对商品、货币、资本等的分析，'真实地再现了'在资本主义生产方式中以颠倒的形式表现在人们的日常生活中或观念上的各种事实，阐明了社会关系所带有的那种虚幻性。因此，必须建立一个关于生产方式的理论。这也是因为：从社会关系的表层经纬中，无法直接解读生产关系的真正本质。关于这一点必须反复强调的是，经济基础永远决定上层建筑，这种静态的理论并不是马克思所提出的。……"[1]

---

① ［法］莫里斯·戈德利尔：《境界，人类学中的马克思主义的历程》，巴黎，马斯佩罗出版社 1973 年版。转引自［日］栗本慎一郎《经济人类学》，王名等译，商务印书馆 1997 年版，第 23 页。

纯粹形式主义者的主要代表人物是爱德华·莱克莱尔、斯科特·库克和普莱特纳。该流派在研究原始社会的经济时，有意识地引入新古典经济学理论作为理论基础进行分析。而普莱特纳运用数理经济学的方法分析原始社会的经济。这种方法，虽然有长处，但也存在本身不可证明是否可靠的缺陷，而使这种分析方法令人不足信。

实在主义学派的主要代表人物是波朗尼，他指出，研究人类发展史上的经验性经济，必须运用经济的实在性含义。在人为生存而对自然的依赖和对他人的依赖关系之上，产生经济的实在含义。实在含义的经济是指人与自然环境、社会环境之间的变换或交换。在这样的认识基础上，必须摒弃原经济史研究中形成的有碍揭示经济本源的分析模式。日本文化人类学者山口昌男在《关于历史人类学或人类学的历史学》一文中曾指出："传统的以社会经济史为主体构建的那个历史学范式已土崩瓦解，它的模型与概念也行将穷尽。对这一事实认识得越晚，历史研究中的病态——在观念上被格式化了的历史——就会越发恶化。"①

波朗尼指出，在市场经济观念基础之上，交易、货币和市场被看作是本质上不可分割的三组元素。通过具体的考察，波朗尼揭示出交易、货币和市场在本质上各有其独立的起源，而且，其他大部分经济制度从起源上也大都是独立的。即使是在现代的市场经济中，许多经济制度表面上看是连在一起的关联体，究其实，这种关联只是一种功能性连接，它们各自都有着不同本质的起源。

以波朗尼为代表的实在论派，对具体的历史解释提出的三个问题，即什么是共同体问题？如何解释共同体的经济同"外部"的关系问题？历史上出现的"剥削"或经济中的所谓"剩余"的概念问题。这三个问题，是现代经济人类学与历史学、社会经济史学交叉领域所需更新的。对这三个问题的解答，其实就是经济人类学研究的起点。中国学者陈庆德指出，经济人类学的具体分析范畴主要包括了生产要素的社会运用；交往形式与民族性结构；交往工具与符号含义系统；制度构建的过程；社会经济类型的多样性存在；社会经济过程中的民族与民族关系；

---

① 转引自［日］栗本慎一朗《经济人类学》，王名等译，商务印书馆1997年版，第45页。

经济与社会的总体性等方面。①

　　日本经济人类学者栗本慎一郎在讨论波朗尼的实在主义经济人类学的基础上指出，一个民族、一个社会、一个共同体，都拥有自己固有的一种深层理念系统。研究的目的就是要在这些深层理念系统中探讨一切物象的本源含义。探讨这种深层理念的方法，就是去解读作为社会符号体系的象征系统。对象征系统的理解是十分重要的，历史学家用自己的文化价值体系"外在地"去诠释历史或带着浓厚的感情色彩解读文化，其关键就是不能解读象征系统。② 栗氏的这一论述，十分明确地指出了经济人类学的研究范畴的实质。在经济史的研究中，除了继续保持经济在社会生活中的基础地位的研究，还需关注经济活动的非独立性和经济制度在本源上的非物质性的理念，从而在经济史的研究中，全面把握人类经济的表层运行和深层实质。

三　经济史研究的人类学方法

　　经济史是研究历史上各个时期的政治经济学。利用人类学的视野进行经济史的研究，并不是要用人类学取代经济史，而是用人类学的视野来解读历史资料，使经济史研究实现本源意义上的揭示。因此，不论是在世界观意义层面上，还是在具体的论证层面上，人类学的理论视野仅仅是一种方法。这正如恩格斯所指出的一样："马克思的整个世界观不是教义，而是方法。它提供的不是现成的教条，而是进一步研究的出发点和供这种研究使用的方法。"③ 根据人类学学科发展形成的诸多理论模式，我们选择其中的几种，④ 具体地来论述与经济史研究的可通性，其目的在于为经济史的研究寻找新视角和方法。

（一）古典进化论的理论视野

　　人类学古典进化论兴盛于 19 世纪中后叶，它确立的标志是巴斯蒂

---

① 详见陈庆德《经济人类学》，人民出版社 2001 年版。
② ［日］栗本慎一朗：《经济人类学》，王名等译，商务印书馆 1997 年版，第 62 页。
③ 《马克思恩格斯全集》第 39 卷，人民出版社 1974 年版，第 406 页。
④ 本文所述人类学的理论方法主要参照夏建中的《文化人类学理论学派——文化研究的历史》（中国人民大学出版社 1997 年版）一书中的相关部分。

安 1860 年出版的《历史上的人》一书。泰勒的《原始文化》与摩尔根的《古代社会》则被人类学界视为古典进化论理论的成熟标志。进化论者强调用人类本质的一致性观念来说明文化发展的单一性。认为各族文化都是遵循着同一路进化的，尽管时间上存在不一致的现象，但进化的各个阶段在程序上却是固定的。整个世界是依自然法则运行的，因此自然科学使用的方法，社会科学也可使用。

在传统的经济史研究中，深受进化论的影响。如我国史学界有关人类社会发展阶段讨论：原始社会、奴隶社会、封建社会、资本主义社会、社会主义社会五种生产方式的划分和依次更替，则是进化论被凝固理解而衍生的理论。进化论在人们认识人类的整体发展中起着十分重要的作用。如摩尔根通过对易洛魁族群分析后进一步对原始社会的原始或蒙昧与野蛮两个时代进行阶段的细分。指出在蒙昧低级阶段，人们以野果和坚果为食物；在蒙昧的中级阶段，人们食用鱼类和使用火；在蒙昧的高级阶段，人们发明了弓箭。在野蛮的低级阶段，人们掌握了制陶技术。在野蛮的中级阶段，人们开始驯养动物和种植粮食，并能用土坯和石头来盖房；在野蛮的高级阶段，人们掌握了冶铁术和铁器的使用。文明时代，人们发明和使用文字。这一理论为研究原始社会提供了范式，推进了人们对早期人类社会的认识。当然，在经济史研究中，对进化论的使用不应该凝固为教条，而应该重视进化论所指出的人类是一个动态发展的这一思想，否则将会走向顽固。

（二）传播论理论视野

德国学者拉策尔是创立传播论的先驱。他于 1891 年出版的《人类地理学》一书，是传播论兴盛的直接影响源。传播论分为德、奥历史传播学派和英国的极端传播学派两派。拉策尔指出："因为所有的历史事件都是在空间中发生的，所以我们应该可以通过度量历史事件发生的空间范围来度量历史事件的时间流变，或者说可以用地球的钟来度量时间。"① 另外，在拉策尔的理论中，他认为，物质文化是各族之间历史

---

① 转引自王铭铭《想象的异邦——社会与文化人类学散论》，上海人民出版社 1998 年版，第 26 页。

联系的证明，因此，他特别热衷物质文化现象的探讨。在传播论学派中，值得一提的是，弗里茨·格雷布内尔对弗罗贝纽斯提出的"文化圈"概念进行了系统的阐释。认为世界文化的历史，是由若干文化圈及其组合在世界范围内迁徙的历史。

在经济史研究中，有关农作物、经济作物和动植物的引进等问题，历来受到研究者的重视。人类学传播论理论视野，在经济史研究中有着极为广阔的前景。它不仅是研究不同种族、不同国度之间经济影响的直接工具，也对研究同一种族、同一国度不同地区之间的经济影响有启示作用。尤其是依据"文化圈"理论，可以在经济史研究中构建"经济圈"的研究范式。当然，在经济史研究中不能只强调传播辐射的单向性和无限辐射能力，还应注意传播的相互性以及传播的深入程度。

（三）历史特殊论理论视野

历史特殊论学派的创始人是美国人类学家博阿斯。博阿斯理论的重点是特殊论与相对论的文化观以及文化区理论。博阿斯十分注意各种文化的特殊历史，指出世界许多相似的文化现象，既不是传播论所能解释的，也不是历史进化的一致性体现。因此，对待一种特定的文化，应该研究该文化走过的独特历史，而非研究全人类普遍文化的历史。博阿斯及其弟子相对"文化圈"提出"文化区"的概念，指出，同一文化区有着共同的历史传统，而同一文化圈只是文化特征上相似。

在历史特殊论理论视野下，经济史研究必须充分重视社会经济运行过程中的各种特殊的文化历史，以避免经济史研究走入误区。比如在研究民族商贸时，应该注意民族的历史发展、传统文化、习俗、宗教信仰等因素。

（四）法国社会学理论视野

法国社会学派的主要代表人物有戴维·埃米尔·杜尔克姆、莫斯、列维—布吕尔和赫尔兹。社会学派主张从社会的内部规则和整体进行研究，反对把社会和文化的元素分化出来排列。在社会整体观的基础上，杜尔克姆提出了社会形态学方法。以此来认识社会各组成要素的数量和性质，以及这些要素的结合方式和程度。此外，杜尔克姆还提出"集体观念"或"集体意识"的概念。

在经济史研究中，运用法国社会学理论视野，探讨社会经济运行的内部规则和对某一社会的经济进行整体性研究，并分析该社会经济的各组成部分，以及这些组成部分的构成和关联程度。这样，在对某一地区、某一族群、某一社会、某一国家的一定阶段的经济发展进行研究时，就可避免传统经济史研究中容易出现的"选精"与"集粹"的研究模式，[①] 从而使经济史研究更接近社会经济发展的真实本源。

（五）功能主义的理论视野

20 世纪 20 年代，拉德克利夫·布朗的《安达曼岛民》和马林诺夫斯基的《西太平洋上的航海者》两书的出版，标志着英国功能主义人类学派的诞生。功能主义者主张文化是一个整体，任何一种文化现象都应该放到文化整体中去考察。在文化整体中，任何一种文化都发挥着独特的功能。

在功能主义理论视野下，注重的是文化现象所起的作用，而欠缺这种文化现象的时间维度的考察。马林诺夫斯基在分析特洛布里恩德岛上的"库拉"交易圈时，直接分析这种习俗的社会功能，指出"库拉"是一种具有经济交易功能的习俗和礼仪。在把功能主义用于经济史的研究时，除了应对每种经济成分、经济制度或经济现象的作用分析外，还要充分意识到功能主义这种从手段——目的的分析方法的表面现象，从而深挖掘表层作用下经济实质。

（六）结构主义的理论视野

结构主义的创始人是列维·施特劳斯。结构主义者所指的结构包含两层含义：一是各个事物的构造形式或外表；二是各个事物的组成成分或构成原料。结构主义强调文化的整体和总体性特点，注重研究联结和结合诸元素的关系网络，而不对单个元素进行研究。

在结构主义理论视野下的经济史研究，对历史资料所展现出来的各

---

① 李伯重：《"选精"、"集粹"与"宋代江南农业革命"——对传统经济史研究方法的检讨》，《中国社会科学》2000 年第 1 期。

种经济现象，应把它视为一个完整的整体，考察各种经济现象之间的关联作用，而不是具体地研究每一种经济现象。只有通过存在于各种经济现象之间的关系，才能解释经济整体的部分。否则就不能全面把握经济整体的内涵。例如，传统的经济史研究中，一般认识生产工具的改进会带来生产力的发展和提高。然而，在经济史的研究中会发现，虽然生产工具的改进会带来生产力的提高，但是生产工具与生产力发展水平却非是相一致的。在生产力发展很高水平时，也往往存在着落后的生产工具。因此，单独对生产工具或者生产力进行研究，是不能揭示经济整体的发展本质的。只有关注生产工具与生产力联结的关系网络，才能把握经济整体中的生产工具的实质。

在人类学视野下对经济史进行研究，既非视人类学研究为万能，提倡用它来取代经济史学科的独立性；也非要求经济史研究一定要采用人类学的理论方法；同时亦不是对经济史研究与人类学研究方法进行简单的结合，而是在进行经济史研究时，选用人类学的理论方法来弥补经济史研究的不足与缺陷，以便全面深入地认识历史上的经济变迁状况和实质。当然，这种理论和方法的选择必须视具体的情况而言，史无定法①。在经济史的研究中，由于研究的基础是历史资料，因此对选择哪种理论和方法进行研究，应该根据研究的问题需要和资料等条件做出选择。

缪坤和

---

① 吴承明：《中国经济史研究的方法论问题》，《中国经济史研究》1992 年第 1 期。

少数民族经济发展模式选择中非正式制度作用的研究

——以一个白族社区为例

我国是一个统一的多民族国家，少数民族经济在国家经济发展进程中占有举足轻重的地位。党和政府向来重视民族问题，致力于促进少数民族经济的发展，并取得令人瞩目的成就。新中国成立之初，国家为少数民族地区提供了很多特殊的政策和经济支持，使民族地区的民主改革和社会主义改造得以顺利进行；"一五"计划时期大批重点建设项目和工业产业落户于少数民族地区中心城市；"三线"建设时期全国生产力布局战略性向西转移。这些举措使少数民族地区经济得到长足发展。然而，这种发展是由于正式制度的人为改变，而不是正式制度和非正式制度随着历史、经验、技术等条件的改变所引发的协调变迁。少数民族经济的发展与国家的"制度预期"和"政策预期"仍相距较远，投入与回报（产出）不相称①。少数民族地区的贫困问题仍然十分严峻。诚然，政府做出的正式制度安排在很大程度上减小了制度设计的成本，加速了少数民族经济的发展。但是，这种"输血"式的帮扶带来的却是少数民族经济自身"造血"能力的低下，经济主体内在的发展动力并未得到有效地激发。经济社会的发展是整体性的，正式制度可以在一夜之间发生变化，而非正式制度却是逐渐衍化的，并对正式制度具有支持和补充的作用。正式制度一旦缺乏相应的非正式制度配合，就可能导致制度运行成本和监督成本的提高，甚至出现社会、经济秩序混乱的局面。20世纪80年代以后，我国生产力布局发生了急剧变化，建设重点向东部倾斜，少数民族经济发展遇到了一些难以突破的瓶颈。由于自身

---

① 龙远蔚等：《中国少数民族经济研究导论》，民族出版社2004年版，第66页。

发展能力的欠缺，少数民族聚居区与汉族聚居区的发展差距不断拉大。

随着现代经济全球化的到来，以及中国社会结构性变革的深入，人们的发展观也发生了巨大变化。发展意味着社会的变革，即促进各种传统关系、传统思维方式、传统生产方式、传统生活方式朝着更为"现代"的方向转变的变革过程①。因此，全面综合发展是经济、社会、政治、文化等各个方面整体性的变迁过程。不仅正式制度要改革，而且以思想观念和价值规范形式存在的非正式制度也需要改变。这样才能实现正式制度与非正式制度的协调和相互支持，共同促进经济社会协调发展。为了加快少数民族和少数民族地区的发展，20世纪90年代以来，我国政府再次调整生产力布局，实施西部大开发战略。少数民族的发展问题日益成为社会热点问题。在新的发展时期，少数民族能否在经济发展和社会进步中优先受益、切实受益？如何增强自身的发展能力？如何有效应对发展带来的机遇与挑战？如何加速自身的开放，融入现代化进程？这些问题提示我们在少数民族经济发展中非正式制度的作用不容忽视。

在少数民族经济发展中，非正式制度的作用十分突出，这种作用是持久的，沉淀于历史进程中的，不仅影响着少数民族经济活动的形式与社会结构，而且在这一过程中影响着各民族独特的经济发展模式的选择。同时，随着我国改革开放的不断发展，少数民族的意识形态、价值观念、风俗习惯、伦理道德等非正式制度也在悄然变化。新旧体制的矛盾、新旧观念的激烈碰撞，需要我们分析少数民族经济发展的深层次原因——非正式制度。因此，在选择经济发展的方式、方法时，要特别重视非正式制度的作用，掌握非正式制度的特点，才能从根本上把握少数民族经济发展的规律，采取有效的发展手段，实现少数民族的发展与进步。

一 周城的经济变迁

（一）周城村概况

周城村隶属于云南省大理白族自治州大理市喜洲镇，东临洱海，西

---

① 温军：《民族与发展——新的现代化追赶战略》，清华大学出版社2004年版，第3页。

靠苍山，北接蝴蝶泉，距丽江 120 公里，南距喜洲 5 公里，距大理古城25 公里。214 国道（滇藏公路）南北向穿村而过，与 214 国道平行的大丽公路从村庄的东面经过。沿两条公路，北可抵洱源、剑川、鹤庆、丽江、中甸，南可达大理、下关等地，交通便利，四通八达。辖区面积为4.7 平方公里，村落外围矩形巷道约 3 公里。总人口 9395 人，2120户①，其中白族人口占总人口的 98%。

周城村地势西高东低，平均海拔为 2190 米，这里气候温和，雨量充沛，全年最高气温为 20.5℃，最低气温为 10.1℃，年平均气温为15℃，年平均无霜期为 260 天，年均降雨量为 1078.9 毫米。周城村依山傍水，水资源十分充足，村庄南面有苍山十八溪的霞移溪（又叫周城河），村北有棕树河，皆由西向东注入洱海。

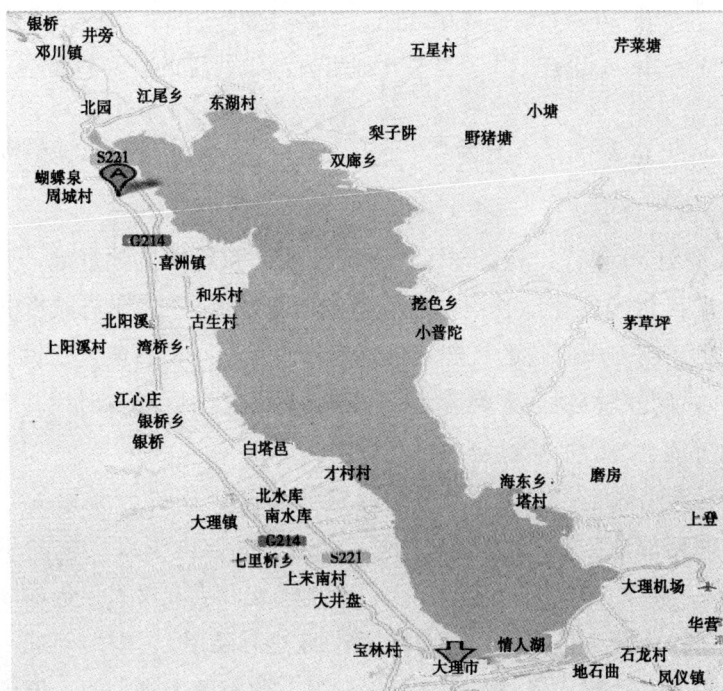

周城地理位置图

周城村现有耕地 2600 亩，人均不足 0.3 亩，主要分布于村庄东面

---

① 《周城村村委会 2009 年度人口统计（内部资料）》2009 年。

（呈台阶状伸至洱海之畔，即下坝区）、西南面（即村落后苍山云弄峰下，即上坝区），土壤属酸性沙士。主要种植水稻、小麦、蚕豆、玉米，偶尔也种植少量的土豆、豌豆、黄豆、高粱以及油菜、蓝靛、摸摸香等经济作物。农户饲养的家畜主要有黄牛、水牛、奶牛、马、猪、骡子等，家禽主要是鸡、鸭、鹅、蜂、兔等。

1. 建制沿革

周城是古代河蛮自固的城邑之一；唐初曾在这里设置过神泉县、龙亭县；以后隶属史城（即喜洲）；明代属大理府宏圭乡；清代属太和县上乡上半铺；民国时期改称云沧乡；1949 年 12 月至 1952 年，周城被改名为周城自然村；1953—1954 年称周城乡；1955—1961 年称周城高级社；1962 年称云峰乡，属周城公社，下设周城、龙泉、塔充、龙佛 4 个大队；1963—1964 年称周城大队，下设 32 个生产队；1965 年称周城大队，下设 16 个生产队①；现为大理市喜洲镇所辖的一个村委会，下设 16 个村民小组。

2. 社会发展历程

1）古代社会

20 世纪 30 年代，苍洱地区曾发现十余处新石器文化遗址，其中与周城村咫尺相接的苍山苍浪峰就有五处。50 年代，又在周城村北部农田中发掘出新石器时代的生产工具：一把石斧、一把石凿。这说明，周城村自古就是苍洱地区人类劳动、栖居的地方之一。远古时代，人们在周城的土地上过着原始社会的经济生活。

公元 581 年至 738 年，隋、唐政府先后对云南推行频繁的开边政策，洱海西部地区经历战争数十次。在此期间，由于汉文化的不断进入，洱海一带的部落群体逐渐接受了大批汉人，吸取汉人先进的生产技术和文化。公元 7 世纪，包括周城所在的"河赕诏"，因地理原因，与古喜洲河蛮在政治、经济、文化方面联系。此时的大理平原，原来血缘氏族公社的分配制度为新的农村公社的分配制度所逐步代替②。

公元 8 世纪 30 年代（开元末年）南诏在唐王朝的直接扶植下，统

---

① 郝翔、朱炳祥等：《周城文化》，中央民族大学出版社 2002 年版，第 76 页。
② 李正清：《大理喜洲文化史考》，云南民族出版社 1998 年版，第 106—107 页。

一了洱海地区。公元784年，南诏迁都大厘（今喜洲），奠定了王国的政治制度基础。从此，周城的社会经济制度产生了巨大变化，奴隶制社会逐步取代原始农村公社，其经济关系制度转为奴隶制经济。

公元929年，段思平在洱海地区积极地进行起义活动，经过7年努力，攻破下关，推翻了云南的最后一个奴隶制政权——"大义宁国"，建立号称"大理国"的封建制度政权。周城坐落在原南诏王都附近，地缘经济有着得天独厚的条件，到了大理时期，其社会经济更是呈现出繁荣兴旺的局面。

公元1225年，忽必烈平定大理。公元1260年在大理设总管府，置大理元帅府。公元1382年明军攻克大理，大理总管统治宣告结束。明初，政府在元代设置的云南行省的基础上，改路为府，安置州县。元明时期剧烈的社会政治变动，涤荡着原来农村公社制的残余和封建贵族领主的势力，士族地主经济受到打击，庶族地主阶级悄然兴起，周城所在地区进入封建社会中期。

明末清初，周城的社会经济发生了巨大的变化。大规模的移民屯田"改土归流"，使得地主经济在更为广阔的空间范围内迅速发展起来。农业、手工业的生产水平有较大提高，商品生产和流通也有所扩大，同内地的经济联系更为密切。

2）近现代社会

清朝、民国年间，周城的封建农业经济中，土地只在原公社范围内出卖、转让或赠予，不得出售给公社以外的人的习惯被打破。"在这种所有制下，在解放前的几十年中，少数地主、资本家集中了大量土地，而广大农民则丧失土地成为佃农（包括喜洲、城北、周城等14个乡）。"[①] 周城的手工业较为发达，其中以染织业最为有名。手工业的发展也带动了周城运输业的发展，并滋生了集市贸易。虽然近代周城手工业发展迅速，但它依然属于封建经济。其手工业、运输业等的发展受制于种植业，产品的交换亦离不开自给自足的制约。而且手工作坊都是季节性生产，是农业生产闲时的主要副业，其产品销售对象在很大程度上依靠农村市场。这说明，周城近现代社会在解放前的社会性质仍然没有

---

① 李正清：《大理喜洲文化史考》，云南民族出版社1998年版，第133—134页。

根本的变化。

1949 年 11 月，周城解放。从此，周城的社会结构发生了根本改变。1952 年 4 月至 6 月，在党和政府的领导下，周城人民进行了土地改革，实现了"耕者有其田"的理想。同年 10 月，周城组织变工队（季节互助组）不久转入互助组（常年）。1955 年，周城组织初级社。一年后，初级社转入高级社。解放初期，生产关系的多次调整，适应了当地落后的社会生产力发展的要求。1958 年，周城成立人民公社。该体制持续到农业生产责任制的实行。

1984 年，周城村率先在大理市落实家庭联产承包责任制，极大地带动了当地社会结构的再次飞跃。周城的农业基础得到稳定，产业结构更加多元化，经济成分由单一集体经济向多种经济成分共同发展转变，人民的物质生活和精神生活水平同步提高。1994 年，周城村被国务院评为民族团结先进单位，1996 年被国家文化部命名为"扎染艺术之乡"，1997 年列为全国百家精神文明示范村，1997 年大理市委、市政府授予周城"小康村"称号，1998 年大理白族自治州授予其"亿元村"称号，1999 年文化部社会发展司授予其"中国特色经济村"称号。2007 年 1 月被省人民政府公布为省级历史文化名村。周城，一个新型农村集镇正在兴起。

（二）周城村经济发展模式的变迁

在漫长的历史进程中，周城村的经济发展模式随着时代的变迁进行着相应的选择。1949 年解放，以及 1978 年改革开放拉开序幕，是周城经济发展模式变迁中的两个重要转折点，它们把周城经济发展模式的变迁划分为三个时期。

第一个时期：解放前的传统经济模式

根据《苍洱境古迹考察报告》记载，新石器时代的洱海地区，人们以血缘为纽带形成一定的群体，散居在山顶或缓坡上，过着半穴居的生活，经营着附近的农田。周城是一个靠近洱海的村落。在 20 世纪 50—60 年代，在周城北部和山上曾经陆续发掘出新石器时期的生产工具，如石斧、石凿等。从这些生产工具考证以及文献记载可以发现，远古时期周城附近一带居民的生产以农业为主，且主要种植旱地作物，兼顾狩猎。南诏国时期，周城地区的农业耕作技术有了明显提高。汉族地区很流行的二牛三人犁耕法在这里得到了普遍应用。这样的犁耕法，一日可以耕地约 4 亩，比过去效率大大提高了。大理国时期，冶铁业的发展促使农业生产工具进一步改进。铁农具得到广泛使用，二牛二人或一牛二人犁耕法逐步代替了原来的二牛三人犁耕法。元、明两朝都在周城进行过屯田，在一定程度上促进了当地农业生产的发展。明朝时，周城地区几乎全部使用一牛或二牛牵引、由一人或二人驱犁的耕作方式；许多内地的优良品种也在周城得到推广种植。近代以来，周城因土地贫瘠，耕作技术落后，水利灌溉极差，旱、涝、洪等自然灾害频繁，农民生产积极性不高，以上诸因素严重影响了农业生产，亩产量非常低，农业收入少[①]。

但是，人多地少的矛盾在周城村自古就存在，只靠农业生产的收入难以维持生计。到隋末唐初，手工业从农业中逐步分离出来。据《西洱河风土记》记载："其土垅稻、麦、菽、豆、种获变与中夏同，而以十二月为岁首。菜则葱、韭、蒜、菁，果则桃、梅、李、柰。有丝、麻蚕织之事，出绢、丝、布、麻，幅广七寸以下，染色有绯帛。早蚕以正月生、二月熟。畜则牛马猪羊鸡犬。"从这段文字资料中可以看到，农业、畜牧业、手工业已经有了初步的分工。公元 829 年，南诏从成都等地掳来各类工匠数万人，内地先进的生产技术得到传播，南诏地区的纺织技术提高到和内地一样的水平。樊绰在《蛮书·云南管内物产第七》中记载："蛮地无桑，悉养柘，蚕绕村。村邑人家，枯林多考数项，耸于数丈。正月初蚕已生，三月中茧出。抽丝法稍异中土。精者纺丝绫，亦织为锦乃绢。其纺丝入朱紫为上服。锦文颇有密臻奇采，蛮及家口悉不许为衣服。其绢极粗，原细入色，制如裘被，庶贱男女许以披之。亦有刺绣，蛮五并清平官礼衣悉服锦乡，比上缀波罗衣。俗不能织绫罗。自太和三年，……如今悉解织绫罗也。"大理国时期周城一带的手工业技术发展到相当高的水平。例如《桂海虞衡志·志器》上说："蛮毡，出西南诸蕃，以大理为最。"《岭外代答》卷 6 也说："其（毡）上有核桃纹，长大而轻者为妙，大理国所产也。"可见，当时手工艺品制作精美，

---

① 中央人民大学历史系：《云南大理周城志稿》，1985 年版，第 23 页。

在内地获得了好评。清末民初，周城的手工业十分发达。主要的行业有织布、染布、铁器、银器、篾器等。新中国成立之初，周城村共有私营工商业户 480 户，登记情况如下：

表 1   **私营工商业户情况**

行业	户数	行业	户数	行业	户数
染布	317	做鞋	10	木器	15
织布	58	粉丝	27	酿酒	12
乳扇	17	黄丝	5	篾器	19

数据来源：中国人民大学历史系：《云南大理周城志稿》，（内部资料）1985 年版，第25 页。

手工业的发展促进了商业的兴起。在南诏时期，周城的一些精通手工技艺的人开始外出糊口赚钱，成为游商走匠，即《蛮书》中所说的"河赕贾客"。南诏政府设立了管理贸易的机构——禾爽，首都大厘城（喜洲）是南诏的贸易中心。周城紧临喜洲，凭借地缘经济优势，贸易十分通畅，商品经济具有一定的规模。到大理国时期，周城开始出现固定的商业交易场所。周城的集贸市场南北各以大青树为标志，每逢下午，商贾小贩云集，邻近村庄也来交易。清末民初，在周城的行商坐贾中形成了一些著名的商号，如德信和、德义和、复镇祥、裕金和四大商号，他们主要经营扎染布、布匹、棉花等产品，销售地主要在云南各地，最远的到达缅甸、泰国。

在解放前数千年的经济发展中，周城村由于受到自然条件的限制，耕地面积少，而人口却不断增加，单一的农业经济难以解决周城人民的生存问题。周城又因地缘与另一个重要的白族社区——喜洲，在经济、政治、文化方面有着极其紧密的联系。在喜洲经济发展的带动下，周城逐渐形成了以农为主，工、商共同发展的经济模式。

第二个时期：1949—1978 年社会变革中的经济模式

由前述可知，农业在周城村的经济发展中从来不是唯一的产业。从南诏、大理国时期开始，手工业的兴起，逐渐带动了商业、运输业的发展，周城村呈现出多种产业并举的经济发展模式。解放后，周城村和中国其他少数民族地区一样，经历了社会、经济大变革。由于特殊的时代，在特殊的政策指导下，周城村原有的经济发展模式与传统割断了。

解放以后30年的发展中，农业成为周城村的主要产业，而其他产业的发展十分缓慢，甚至停滞。

1. 农业

解放后，通过土地改革、农业生产合作等政策的实施，调动了周城人民的生产积极性。政府领导当地人民积极改善水利条件，改进农业耕作技术，周城村的农业逐步得到恢复和发展。农业生产成为这个时期周城村的主要产业。

1）耕地。耕地面积有所增加，但毕竟土地资源是有限的。到1984年实行家庭联产承包责任制时，耕地面积比解放前仅增加了489亩。"人多地少"是周城村自古以来存在的矛盾，耕地面积的增加并不能从根本上解决周城人的贫困问题。1970年，3260亩耕地中60%为水田，40%为旱地。周城村的旱地主要分部在320国道以西至苍山脚下的上坝区，这里因苍山石灰石顺流而下，土壤略显白色，厚仅一市尺，含沙量大，保水保肥能力差，土质贫瘠，产量较低。1971年水稻亩产692斤，玉米亩产497斤。

表2　　　　　　　　　耕地面积情况（亩）

解放前	1970 年	1978 年	1984 年
2900	3260	3400	3389

数据来源：中国人民大学历史系：《云南大理周城志稿》，（内部资料）1985年版，第25页。

2）水利。水利条件在很大程度上限制了周城村的农业生产发展。解放前，由于水害和干旱，周城村一般粮食单产仅为二三百斤，每户平均四五百斤。洱海虽然近在咫尺，但周城村地势西高东低，必须借助一定的水利工程，方能利用。从1954年至1976年，在各级政府的大力支持下，周城人民修建引水渠4000米，横沟7300米，水库3座，水泵站1座，三级抽水站1座。周城人民在与大自然的即期斗争中，取得了显著的成绩，但是由于技术性原因，全村水利建设还是不能满足农田灌溉的需要。

3）牲畜。1956年至1957年间，由于组织高级合作社，一切牲畜家禽都收归集体社队的饲养场，加之1958年至1961年"大跃进"和三年自然灾害，周城村土地翻耕的主要畜力——牛的数量不断减少。而1960年下半年，撤销集体食堂后，允许私人饲养牲畜，周城村的牲畜养殖量逐渐回升。

表3 **牲畜养殖情况**

年份	1956	1958	1961	1962	1965
牛（头）	759	660	359	586	891
猪（头）	—	—	—	1131	1543
羊（只）	—	—	—	25	239

数据来源：中国人民大学历史系：《云南大理周城志稿》（内部资料）1985年版，第25页。

2. 工商业

1952年，周城村成立了工商业联合会；1954年对私营工商业进行了社会主义改造；1959年至1961年，集体手工业停办，私人手工业更是罕见。从1949年至1961年，手工业收入只占周城村经济总收入的30%。总体看来，周城村的手工业发展十分缓慢。1952年，周城设立了供销社，成为当地商业网点的骨干；1955年，登记的个体经商户为151户，共有资金740136000万元。解放后，周城村的私人马帮被集体马帮所代替。1959年，周城村的马帮拥有400多头骡马，并在平定西藏叛乱中负责运输粮草。叛乱平定后，周城马帮被取消。

新中国成立后，由于受到"左"的思想和政策影响，周城村的农业生产得到重视，但并没有显著起色；而工商业活动被认为是资本主义受到批判，周城村的手工业和商业的发展遭受挫折。1975年人均收入为113.8元，1978年为118元，仅增加了4.2元，人民生活非常贫困，仅靠农业生产不可能让周城村的经济有长远发展。

第三个时期：1979年以来民族特色经济发展模式的兴起

十一届三中全会以后，在各级党委、政府的高度重视和大力支持下，周城人民从实际情况出发，不断加大农村各项工作的改革力度，采取了行之有效的措施，使周城村的经济从缓慢发展逐步走向快速前进的道路。

实行家庭联产承包责任制后，周城白族的生产积极性空前高涨。但是，人多地少的现实要求周城白族对传统的生存方式进行自我调适，单一的产业模式已经难以满足人们日益增长的物质文化需要，周城村迎来了又一次重大的经济发展变革。

1. 农业经济比重大幅下降

1956 年至 1984 年，周城村总人口从 5093 人增加至 7571 人[①]；2009 年，人口达到 9395 人。同时由于国家和集体征地、修筑道路占地、私人建房占地等原因，耕地面积不断减少，2009 年耕地面积为 2600 亩，人均不足 0.3 亩。为了缓解人多地少的矛盾，周城白族自觉主动地引进推广科学技术，采取了引进和推广良种；广泛施用化肥；大量使用农药；进行实验田试点；定期举办黑板报专刊宣传有关科技知识等措施，粮食产量有了很大提高。长期以来，周城村的农业发展受制于水害和干旱。1954 年至 1976 年进行的水利建设，仍然没能从根本上解决农业用水问题。1983 年至 1984 年，周城村又修建了南北两个抽水站用于抗旱；1985 年，斥资 160 万修建了以洱海为水源的四级抽水站，自然引水渠道 15 条。基本上实现了农田水利化。1997 年，周城村在农作区开通了 16 条机耕道，其中下坝区 11 条，上坝区 5 条。基本上形成了机耕交通网络。

现代科学技术的使用，极大地提高了生产效率，农业生产由粗放经营转向精耕细作。但是，整个社区人多地少的问题仍然难以解决，粮食产量的提高抵消不了人口增加和土地减少之间的矛盾。

周城村拥有历史悠久的传统手工业和丰富的旅游资源，交通便利；白族人民思想开放，有从事工商业的传统。这一切都为周城村发展非农产业奠定了基础。从农业生产中解放出大批的剩余劳动力，逐步转移到第二、第三产业。1978 年全村有 85% 的劳动力从事农林牧渔业，至 1999 年下降为 8%[②]。农业剩余劳动力的大量转移，不仅促进了生产向专业化和社会化的发展，而且使农民收入来源多元化，增加了村民的收入，解决了周城白族的温饱问题。1996 年人均收入突破 2000 元，1997

---

① 此人口数据资料来源于《云南大理周城志稿》，第 7 页。其中除 1960 年（4355 人）人口出现负增长外，其他各年均呈正增长。

② 此数据根据周城村委会人口统计报表整理。1999 年，总劳力 6698 人，其中从事第一产业即农业的劳力为 535 人，占总劳力的 8%，从事第二、第三产业的劳力 6163 人，占总劳力的 92%。

年周城荣获"小康村"称号，2009 年人均收入达到 5650 元。

在周城村的经济领域中，农业虽然是一个不能缺少的部分，但它在整体经济中所占的比重却日益下降。相反，工商业、旅游业等行业却蒸蒸日上，它们在整体经济中所占比重已远远超过了农业。表4 显示：1984 年实行家庭关产承包责任制后，农业在全村经济总收入中所占比例不断减小，1998 年至今，基本保持在 4%—5% 的水平；而第二、第三产业在全村经济总收入中所占份额显著增加。在农村改革不断深化的过程中，农业经济已经不再是周城的骨干经济，传统的自给自足的小农经济已逐渐被现代经济所取代，一种以第三产业为核心的社会经济新格局正在周城村兴起。

表4　　　　　　　　　　　　周城村产业构成变化情况表

年份＼项目	全年总收入（万元）	第一产业		第二产业		第三产业	
		（万元）	比重（%）	（万元）	比重（%）	（万元）	比重（%）
1978	86.5	64	74	—	—	22.5	26
1987	750.47	108.82	14.5	—	—	641.65	85.5
1998	13081	654.05	5	10150.86	77.6	2276.09	17.4
2008	39785	1635	4.1	13953	35.1	24195	60.8
2009	43760	1801	4.1	15327	35	26632	60.9

资料来源：周城村委会《农林牧渔业综合统计报表》、《经济收支情况统计年报》。

2. 非农产业蓬勃发展

在进行第二、第三产业的行业选择时，一些具有传统优势的民族特色行业首先得到恢复和发展，建筑业和扎染业在周城村的产业结构调整中发挥了重要作用。民族特色行业的发展、便利的交通、保存完好的民风民俗又为周城村发展旅游业创造了良好的机会。非农产业正在成为周城村经济结构中的主导成分。

1）建筑业。周城的建筑业在南诏大理时期就已经达到了较高的水平，周城白族民居建筑造型美观，结构严谨，宽敞舒适，土木或砖木结构，屋架防震性能好，建筑形式多样。建筑业在中国仍然属于劳动密集型产业。该行业具有就业门槛低、劳力需求大等特点，是农村剩余劳力就业创收的一条捷径。长期的建筑实践，成就了周城村大批的建筑工匠，1980 年，周城村成立了一支有 200 多人的建筑队，到外地承包工程。由于精心施工，以优质工程一炮打响，很快打开局面，迅速发展。现在周城的建筑队已发展到 50 余个，2000 多人，近 1/4 的劳动力转向了建筑业。周城建筑队在石路铺设、房屋建筑等领域打入省内 8 个地州，不仅在省内站稳了脚跟，还打进了缅甸、老挝等周边国家。近年来，建筑业收入在全村经济总收入中的比重保持在 8.8%，占周城村民家庭收入的 1/3。

2）扎染业。扎染，中国古代称为"绞缬染"，在我国已有 1500 年的历史。周城地区的扎染最先开始于明末清初时期，代代相传，至今已经有约三百年的发展历史。大理的染靛业在民国《大理县志稿》中曾有记载，《大理县志稿》引明万历《云南通志》说："出太和（大理），叶椭圆形，花淡红而小，茎赤色有节，植之者刈去梢及根，种其茎数节即能发生，秋初刈叶以浸之，至蒸发时和以石灰搅之，注于缸底者即靛也。凡染青紫色皆用之，获利甚大。今北乡周城、江渡、塔桥、阳乡等村产靛甚多。"这一关于蓝靛栽种和浸染工艺的记录，说明周城的蓝靛染色业已有上百年的时间。新中国成立初期，周城的染布业共有 317 户，在村内所有手工业的收入中名列前茅①。大理周城白族扎染技艺经文化部提请，已于 2006 年被国务院公布为第一批国家非物质文化遗产保护名录。

1984 年，周城村利用建筑队上交的资金，投资 3.5 万元创办了"蝴蝶牌"扎染厂；1985 年又投资 38 万元，将其扩建为"大理市周城民族扎染厂"。该厂最兴盛的时期是 1988 年到 1989 年，年产值达到 700 万—800 万元。经过多年的探索和实践，扎染厂的生产、销售运行机制不断完善，形成了统一下料、统一印样、分散扎花、统一浸染、分户拆线、统一漂洗、统一销售的产销模式②。虽然扎染厂的职工人数从未超过 50 人，但是分散加工与集中加工综合统一的方式调动了全村76% 的劳动力，每个家庭都参加到这项生产中，1984—2001 年，平均每年周城村妇女扎花费达 150 万元，户月均收入 300 元，扎染厂年均纯利润达 50 万元③。20 世纪 80 年代扎染产品主要销往日本，在日本大阪

---

① 云南编辑组：《白族社会历史调查》（三），云南人民出版社 1991 年版，第 217 页。
② 在调查中了解到，这一产销模式至今仍然在个体扎染家庭作坊中使用。
③ 董秀团：《大理周城白族扎染工艺调查》，《民族艺术研究》2002 年第 11 期。

的国立民族学博物馆中，还有关于大理周城扎染的专题展览；90 年代以后则转向供应国内市场，主要是省内的旅游市场和民间市场。

周城民族扎染厂的发展也带动了个体扎染加工企业的发展。周城村经营扎染作坊的家庭长期以来保持在 20 户左右，但是发展异常迅速。1999 年，个体扎染经营的收入为 854 万元，是民族扎染厂收入的 1.8 倍。目前，个体家庭扎染作坊仍然沿用民族扎染的产销模式，因此，2006 年民族扎染厂停厂后，周城"家家做扎花"的局面并没有任何改变。扎花的收入也占周城村民家庭收入的 1/3。扎染在周城村的经济结构中有着不可替代的地位。

3）旅游业。20 世纪 80 年代初，"旅游"对中国人而言还是一个陌生的词汇。周城白族从来也没有意识到本民族的婚嫁习俗、土特产品、民族服饰、说唱艺术、寺院庙宇、民居院落、古塔古洞，甚至青石小巷等，都潜藏着巨大的财富，都是周城村发展旅游业良好的内在基础。从外部条件来看，周城村处于交通要道，南通大理、下关，北达丽江，与著名的蝴蝶泉风景区咫尺之遥。可以说周城优越的地理位置，相得益彰的自然风光和人文景观，为周城旅游业的发展提供了契机。以 1984 年为例，周城共接待游客 621 批。其中，国外游客 100 批左右，分别来自英、法、美、德、意、日、加、泰、缅、尼加拉瓜等十几个国家①，给周城带来了良好的经济效益。

为了适应旅游业发展的需要，1995 年周城投资 623 万元兴建了集"吃、住、游、娱"为一体的蝴蝶泉宾馆。1995 年至 1998 年，经营总收入 349 万元，上缴国家利税 20 余万元。周城村还在 214 国道的基础上兴修了商贸旅一条街，在全长 2.2 公里的街道上，集中了商业、扎染贸易、旅游食品销售、旅游工艺品加工销售、饮食服务、文化娱乐等经营内容，不仅推动了农村市场经济的繁荣，而且为远道而来的旅客提供了便捷的服务。周城旅游的发展，刺激了许多行业的兴起，如饮食业、运输业、民族服饰加工业等。2009 年周城村商饮、服务收入达 24008 万元，占全村经济总收入的 54.9%。旅游业为核心的相关行业俨然已经成为周城村的主导产业。

————————

① 中央人民大学历史系：《云南大理周城志稿》，1985 年版，第 108 页。

4）其他行业。食品加工、交通运输、缝纫加工、竹器编织、木料加工、家具制造、汽车维修、家电修理等行业在周城村的经济发展中也是不可或缺的一部分。例如，1987年周城村创办的金花奶粉厂①，在20世纪90年代年产值达300万—400万元，为全村经济发展做出积极贡献；运输业也在全村经济总收入中占5.6%的比重。

表5　　　　　　2008年、2009年周城农村经济收入表（单位：万元）

年份	2008	2009
总收入	39785	43760
农业收入	1281	1409
牧业收入	356	392
工业收入	10444	11487
建筑业收入	3509	3840
运输业收入	2222	2444
商饮业收入	14220	15640
服务业收入	7588	8368
其他收入	165	180

资料来源：周城村委会2008年、2009年《农林牧渔业综合统计报表》。

2008年、2009年的周城村经济收入数据表明：非农产业得到了巨大发展，非农经济在周城村的经济构成中已居主导地位。周城的产业结构正朝着健康的城镇化方向发展。以旅游业为核心，其他各行业配合，形成了相互交叉的网络体系，成为社区经济发展的主要动力。

（三）周城村经济发展模式的特征

通过对周城村所经历的三种经济发展模式的回顾，有助于我们认识不同发展阶段经济发展模式的一般特征。

1. 传统经济占主导时期，不可控因素制约作用突出

1979年以前，与我国其他少数民族地区一样，在周城村经济中农业居于主导地位。尽管解放前周城村的工商业有了一定程度的发展，但

①　2007年改制后，更名为大理金花乳业有限责任公司，资产总额为1000多万元，固定工人10多名，临时工20多人。2009年产值为1400万元。

只是对农业经济的补充。从原始采集中衍化而来的农业，为人类直接提供了维持生命的物质需要。与原始经济相比较，它已然是一种效率很高的经济。但是，它只不过满足了人类生存的基本需要。由于资源和自然力等不可控因素的制约，人们无法获得更多的财富来满足经济发展的诉求。

一方面，土地资源是传统经济发展中最大的约束因素。资源的有限存量、人口增长的数量迟早都要使传统经济达到其资源边界。人类经济要继续发展，就必须寻找新的方式，开拓新的发展空间。于是，另一种新经济形态有可能在社会内部开始孕育。在周城村，耕地与人口增长之间的矛盾长期存在，为了解决生存问题，工商业作为对农业的一种补充形式发展起来，但是并没有改变当地整体贫困的状况。

另一方面，传统经济受自然力的制约程度很大。人类对诸如气候变化、四季交替等自然力只能认识和利用，而无法加以改变。不可控的自然力包含着经济增长的最大边界，在这个边界内，人控生产力提高得越快，对自然潜力的利用程度越大，当接近或超过自然系统的约束边界时，人控生产力提高的边际生产率递减[①]。在前述中，我们知道周城村自古以来饱受旱涝灾害之苦，对当地的农业生产造成了不可估量的损失。

因此，传统经济是一种生存经济模式。人力难以控制的自然力量对人类生产、生活的诸多限制，决定了在这种经济发展模式中，经济的进一步发展必然遇到种种阻碍。

2. 从传统经济向现代经济过渡时期，二元经济特征明显

刘易斯认为，发展中国家从传统经济向现代经济转变时，会出现传统经济部门与现代经济部门同时并存的二元经济格局。如果用该理论来分析少数民族地区经济发展的现状，那么，我们从中仍然可以看到二元结构在微观上的存在。

改革开放以来，由于制度变迁、技术创新、资源约束等原因，农业

---

① 张孝德：《模式经济学新探——中国市场经济模式的选择与创新》，经济管理出版社 2002 年版，第 65 页。

生产出现了大量的剩余劳动力。家庭联产承包责任制的逐步落实，使农民在生产中有了更多的自主性，一部分农民转而从事非农行业；农业科学技术的推广应用，提高了农业生产的效率，大大减少了在生产中对劳动力的需求；耕地面积不断减少，人口数量增加，使农业边际剩余处于递减的困境中。此时，人口由传统经济增长的动力因素变成了经济衰退的阻碍因素。工业经济的发展则可以提供解决这一难题的可能。在现代工业部门内部，大量使用厂房、设备等再生性资源，雇佣劳动力为利润而生产，其规模随生产的发展和资本的积累而不断扩大，而且扩大的速度又可以超过人口的增长。因此，工业部门有可能吸收农业中的剩余劳动力。

在周城村，我们可以看到在解决农业人口剩余问题时，集体和家庭工商业发挥了积极有效的作用。非农产业的兴起和发展，吸收了大量的农业剩余劳动力。从长远来看，非农产业的发展将是少数民族地区最终走向现代经济发展模式的依托。

综上所述，我们可以看到周城村经济发展模式的不同选择深刻地影响着周城村的经济变迁。历史上周城村因为人多地少的矛盾，必须寻求其他生存办法，形成了多种产业并存的模式；在当代选择经济发展模式时，周城从本村传统优势行业入手，符合周城的实际情况，村民具备一定的发展能力，观念上也能够接受，这样的选择为社区经济发展奠定了资金基础，进而使旅游业迅速发展起来。民族传统产业、旅游业、其他现代产业之间已经形成密切关联。产业结构从单一向综合发展，既是周城白族为了适应有限的自然环境和不断变化的社会环境做出的必然选择，也是社区自我调适而导致的一种社会经济变迁。尤其是在现代化进程迅速发展的今天，周城人民已经认识到单一的产业模式很难再满足人们日益增长的物质文化需要，产业结构的城镇化是社区经济发展的必由之路。

周城村的经济发展模式是当代经济欠发达的少数民族地区村落经济发展颇具特色的模式，它的基本特征是以民族特色产业带动旅游业，以旅游业促进产业结构城镇化，所以发展迅猛。周城村闯出了一条适合少数民族经济腾飞的道路。

经济发展是连续性的，在选择某种经济发展模式时，要联系本民族、本地区的历史传统，在发展现代经济的同时，兼顾传统经济发展模式，人们今天的选择与昨天的历史和文化有着难以割舍的必然联系。

二 周城村经济发展中非正式制度的深刻影响

经济发展模式选择实质上就是一个地区对生存和发展方式的选择，这种选择应该是以嵌入在一定习俗、传统和行为准则中的非正式制度作为依据和标准的。一个地区所做出的经济发展模式选择最终能否使当地经济获得发展，关键在于这种选择能否与当地非正式制度相契合。也就是说，当一种经济发展模式被选择时，非正式制度在一定程度上应当为这一选择行为提供价值根据，并大大提高降低交易成本、强化激励机制、提高经济绩效的可能性；否则它可能会干扰经济的正常运行，阻碍制度的变迁与创新，从而影响经济发展的速度和效益。从这一意义上来说，真正制约人们经济行为的那些结构，即使只是非正式制度，在经济发展模式的选择中也是非常重要的。

马克斯·韦伯认为，"哪怕仅仅是纯粹的、没有形成惯例的'习俗'这一事实的存在，在经济上也可能具有深远的意义"①。周城村在经济社会变迁中所取得的成效有目共睹。除了自然环境、国家政策等因素的作用之外，非正式制度在其中亦扮演着重要的角色。周城村在宗教、建筑、服饰、餐饮、习俗等方面，保存了浓厚的民族文化传统，被誉为"白族民俗的活化石"。这让人们时刻都能感觉到非正式制度在当地社会经济生活中的影响。尽管（绝大多数）非正式约束并不能被详述，且对其显著性进行无争议的检验也是特别困难的事②。本章尝试从风险意识、商品观念、开放务实精神、关系信任等层面着手，呈现影响周城村当代经济发展模式选择的非正式制度，旨在阐明作为民族传统生产生活方式重要组成部分的非正式制度在当地经济发展模式的选择中不

---

① ［德］马克斯·韦伯：《经济与社会》（上册），林荣远译，商务印书馆1998年版，第356页。

② ［美］道格拉斯·C.诺思：《制度、制度变迁与经济绩效》，杭行译，格致出版社、三联书店、上海人民出版社2008年版，第50页。

可忽略的作用和影响。

（一）风险意识：少数民族经济发展的内生变量

风险是一种造成危险、损失的特殊的可能性。在大陆农耕文化熏陶下成长的人们一般都养成了保守本分、惧怕风险的性格特征，许多少数民族都习惯于仰仗自然的恩赐，凭借辛勤的劳动获取生产资料和消费资料。除了必须面对的瘟疫、自然灾害和危险，人们不愿意从事其他的风险活动，对结果不确定的事件是采取避之而唯恐不及的态度[①]。全球化的扩张和社会流动性的增强使广大少数民族农村面临着一系列传统的与新型的社会安全风险。增强少数民族的风险意识，培育其应对风险的能力，是当代经济发展中必须重视的问题。

1. 周城白族风险意识产生的根源

农业与工商业一直是推动周城经济发展的动力。在生产中，周城白族人民要面对进行农业生产客观上存在的自然风险、人地矛盾产生的生存风险、参与工商业活动带来的市场风险。这就使当地人的生活长期浸润在风险之中，风险意识成为构建地方性知识的重要一环。

自然风险。历史上，周城是一个旱涝灾害频发的地区。流经周城村的周城河、棕树河都是季节性河流，冬季无水，栽秧、泡麦只能靠天下雨，如果遇到大旱年份甚至要过了芒种才能栽秧，或者先播种玉米，下雨后再犁掉玉米改栽秧苗；而每逢雨季，尤其是七八月，雨水集中，极易引发山洪、泥石流，两河河水暴涨，常夹带大量泥沙，冲堤毁田。历代也曾多次对两河进行治理，但效果并不明显。由于得不到根治，两河河床竟高了地面两三米，河堤残破，洪水一来，肆意泛滥。"脚踏罗锅底，头顶九塌山，身背四破菁，两边流害河"、"沙皮石底土层薄，危害就在两条河，天旱地冒火，下雨冲一坡"[②]，这两首流传于周城的民谣便是苍山和两河对当地危害的写照。据记载：1954 年 7 月连降暴雨，形成泥石流，洪水挟带泥沙石块冲入周城河、棕树河，塌方的地方贮藏

---

① 肖兰、普卫明、肖永慧：《少数民族理财思想对新农村建设的影响——以云南为例》，《产业与科技论坛》2008 年第 11 期。

② 转引自郝翔、朱炳祥《周城文化——中国白族名村的田野调查》，中央民族大学出版社 2001 年版，第 93 页。

水后，水便裹着沙石顺山坡冲下来，冲毁了数十户人家、上百亩良田①。由于水害和干旱，周城村一般粮食单产仅为二三百斤，每户平均四五百斤。

　　干旱、洪涝是周城农业生产经常遭遇的灾害。因此，生产中的自然风险他们并不陌生，甚至是他们日常生活的一部分，没有什么特殊的②。农民应对自然灾害的风险意识是长期积累的结果。伴随着自然风险而来的是收入的锐减，这就意味着他们将遭遇更大的生活、生存风险。只有在生产、生活中采用各种方式来规避自然风险，才有继续生存的机会和可能。解放前，除了自发地运用千百年来积累下来的经验外，周城人只能把减少自然风险的愿望寄托于传统节俗中，栽秧会③成为人们期盼风调雨顺的表达。解放后，在各级政府的领导和支持下，周城白族积极推广科学种田、兴修水利设施，旱涝灾害带来的风险大大降低。不论是组织栽秧会，还是采用新的技术手段，恰恰表明周城人民对风险是有明确的意识的。

　　生存风险。周城村自古以来就是一个人口稠密的村落。尽管缺乏历代人口、耕地的统计数据，但是从周城传统的经济发展模式可以做出合理推断，农业收入非常有限，人口和土地之间存在着十分突出的矛盾，因此，《大理县志稿》卷62载："周城至阁洞傍，皆男耕女织。"④ 从可以搜集到的数据看（表6、表7），新中国成立到20世纪末，周城人口保持高速增长，进入21世纪后，由于计划生育政策普遍发挥了作用，人口基本保持在9400人左右，一直是云南省人口最多的自然村；而解放后到改革开放前的30年中，农业被作为周城的主体产业来发展，在此期间通过垦荒造田⑤，耕地面积略有增加，但是改革开放后，由于基础设施建设征地、依法转让土地做多种经营、私人建房占地等原因，耕地面积大幅减少。

----

　　① 云南编辑组：《白族社会历史调查》（三），云南人民出版社1991年版，第216页。
　　② 王道勇、江立华：《居村农民与农民工的社会风险意识考察》，《学术界》2005年第4期。
　　③ 栽秧会是周城一带的白族在每年栽秧时节特有的农事风俗。
　　④ 转引自《白族社会历史调查》（三），云南人民出版社1991年版，第213页。
　　⑤ 根据《白族社会历史调查》（三）记载：1956年在花甸坝垦荒造田200余亩，1967年至1969年在霞移溪南岸造田160亩，1971年在周城河两岸河滩上造田146亩。

表6   **人口数变化情况（人）**

年份	人口数
解放前	3800
1956	5093
1968	5607
1976	6949
1984	7571
1999	9181
2009	9395

〔1984年以前数据来自《白族社会历史调查》（三），第211、215页；1984年以后数据来自周城村委会《家林牧渔业综合统计报表》〕

表7   **耕地面积情况（亩）**

年份	耕地面积
解放前	2900
1956	3100
1969	3260
1978	3400
1984	3389
1998	3040
2009	2600

〔1984年以前数据来自《白族社会历史调查》（三），第211、215页；1984年以后数据来自周城村委会《家林牧渔业综合统计报表》〕

丧失耕地会使农民陷入更严峻的风险之中，生活难以为继，生存受到威胁。对此，他们会谋求更多的生产途径，如从事商业、手工业等力所能及的活动，以减小生存对自己的影响。人口增加和耕地减少造成的生存风险在周城由来已久。周城人自古就有从事工商业活动的习惯，通过把农业生产中闲置的资源转移到其他行业，从而降低生存风险。但这种转移又增加了他们遭受市场风险的概率。

市场风险。仅靠农业生产难以解决周城白族的生存问题，他们养成了外出做生意的习惯。这使周城白族很早便开始面对市场风险。解放前，周城的商人有两类：一类是行商，他们资金较少，收入微薄，主要活动于周城及附近村落的集市。这些小摊小贩对商品价格波动、供求关系变化的应对能力极弱，所以，不少人破产倒号，回归农业。另一类是坐贾，他们资金雄厚，经营范围包括扎染布、织布、棉花等，活动范围遍及云南各地，并与泰国、缅甸等国有密切的商业往来。限于当时的交通运输条件及获取信息途径的落后，许多商人在经营中从决策到落实之间有相当的滞后性，这意味着当他们做出决策时，并不知道销售时的产品市场价格，因此承担了很大的价格波动风险。在现代市场经济中，由于产品市场和要素市场价格波动导致的收益不确定，常常困扰着周城人。例如，1998 年受东南亚经济危机的影响，市场竞争非常激烈，生产成本大幅上涨，周城民族扎染厂当年的销售收入极低①。近年来，由于当地扎染行业不规范、生产原材料价格上涨、扎染费用提高等原因，周城村的扎染业在巨大的市场压力下苦苦支撑。

周城白族在长期的工商业活动中，逐渐认识到市场为他们提供了资源和空间，使他们依靠自身的能力改变生活成为可能，学会利用市场获利十分重要。在对扎染经营户的调查中，笔者了解到，市场行情对他们的经营活动影响很大。他们对市场变化的信号有一定的敏感性，重视批发商及零售客人对产品质量、工艺的反馈，40 岁以下的经营者还能利用互联网了解国际流行的时尚元素。他们越来越意识到市场的无常与无情。

2. 风险意识对少数民族经济发展的影响

新制度经济学认为，在经济活动中，人们面临着一个复杂而且充满不确定性的环境，加之人的理性是有限的，对环境的认识能力也是有局限性的。人们对经济决策中的风险会有不同的反应。在漫长的发展过程中，在与不确定性博弈的过程中，各民族都形成了一定的风险意识，但是，由于各族人民的生存环境、文化背景不同，他们在面对风险时持有的态度、采取的应对方式也不相同，因此，就使风险意识在各民族的经济发展中发挥着不同的作用，成为经济发展内生变量。风险意识对经济发展的影响是双重。它既可能促使人们在经济活动中寻求有效措施对危险进行防范，进而推动经济发展；也可能让人们因担心损失而放弃努

---

① 1995—1999 年，周城民族扎染厂的平均销售收入为 536.4 万元，而 1998 年仅为 380 万元，远远低于平均水平。

力，最终成为经济发展的绊脚石。

一方面，风险意识的存在，能够激发人们开拓进取的勇气，促进社会分工、专业化发展和市场范围的扩大，从而促进经济发展。风险是人类难以回避的，只有尽力去驾驭它，降低它带来的损害，才能使生存、生产、生活得到改善。从周城村的发展中可以看到，在传统经济时期，人们对自然风险的规避能力极低，再加上人地矛盾引起的生存风险，使周城白族生活极端贫困。自然风险和生存风险使他们清楚地认识到唯有拓展其他行业，才有生存的可能。因此，从南诏、大理国时期开始，他们就从事手工业和商业经营。周城的社会分工初露多元化的端倪。在一些行业中，专业化程度颇高，如建筑业、扎染业，成为远近闻名的行业。周城的建筑从业者、扎染产品走出周城，开拓了更加广阔的市场。这些发展都为周城最终走上多种经营之路做了一定的铺垫。因此，风险意识可以说是经济主体追求利益的自觉性的折射，从经济发展需要个体自觉推动的角度来说，它的作用是积极的。

另一方面，风险意识的存在，可能阻碍人们预计未来收益的尝试，难以实现从传统发展模式向新型发展模式的转变，从而阻碍经济发展。在经济现代化进程中，随着社会分工、专业化发展和市场范围的扩大，传统的生计方式能否突破固有的模式，能否超越既存的水平，能否实现现代化转型，对少数民族经济的发展至关重要。但是，一些少数民族对外来事物往往缺乏了解和认同，甚至因为害怕这些新鲜事物带来风险而加以拒绝。例如，居住在黔南瑶山地区的瑶族群众，以"赶山"为生计，生存境况极度贫困。当地政府投入了大量的人力、物力、财力帮助他们发展农业生产，但是他们对政府的安排并不接受。生产对当地瑶族来说是一种新的生存方式，为规避风险，当地瑶族群众对这一新的生产方式采取回避的态度。

周城前水后山，耕地面积难以扩大；巨大的人口基数，使周城的人口增长率居高不下；苍山和两河造成的旱涝灾害，时时威胁着周城农业生产的"安全性"。周城白族人民似乎已经处于斯科特所说的"已被河水淹到脖子"的境地。如果仅依靠农业收入来解决生存问题，将承担更大的生存风险，只有"冒险"从事其他行业，或许还能找到缓和人地矛盾的办法。正是在这种严峻的客观条件的压力之下，农业生产中长期难以改善的"不安全"因素，使周城白族在从传统农业社会向现代工商业社会的转变中更具有适应性和风险意识，勇于尝试的冒险精神。在市场经济中，风险无处不在，只有勇于面对风险，才能迎来经济的进一步发展。

（二）商品观念：少数民族经济发展的价值支持

价值观念是非正式制度的重要组成部分，是反映社会深层结构的观念体系①。一方面，价值观念随着经济的发展而变化；另一方面，它又反作用于经济发展。也就是说，经济的发展决定了价值观念的产生与发展，同时新的价值观念能够激发经济主体的活动冲动和热情，成为加速经济发展的精神动力。

商品观念是人们对商品及商品活动进行价值判断和选择、确立价值取向和追求的趋向，是价值观念在商品经济活动中的体现。长期以来，少数民族地区由于受自然经济的影响，商品经济发展缓慢，人们普遍缺乏商品观念。许多少数民族都地处偏僻，与外界交往不多，主要从事单一的农业生产，一般都重农轻商观念深重。这使西部市场经济发展的交易费用剧增，加大了制度创新成本。在产品基本满足自身消费需要后，就失去了经济活动的内在动力，没有努力发展经济、改善自己生活状况的冲动②。因此，在现代市场经济中，应当把培育少数民族的商品观念作为经济发展的价值支柱加以重视和研究。

1. 周城村商品观念在经济活动中的映射

对于那些收益很低、土地很少、人口较多、产量变化大又没有什么其他工作机会的农民来说，生存第一的模式应当说是非常适用的。……在家庭层次上有许多生存方案，我们可以把它们归类为"自救"。方案可能包括小买卖、小手艺、做挣钱的临时工，甚至可以移居他乡③。正是由于自古以来农业生产中存在的"不安全"因素，使周城白族人民

---

① 王文贵：《互动与耦合——非正式制度与经济发展》，中国社会科学出版社2007年版，第157页。

② 刘卓珺：《非正式制度与西部地区经济发展模式关系分析》，《经济问题》2005年第2期。

③ ［美］詹姆斯·C. 斯科特：《农民的道义经济学》，程立显等译，译林出版社2001年版，第31—33页。

不得不把生存之道拓展至更多样的行业中。周城的商业是在手工业萌芽和发展的过程中出现的。交换是在分工的基础上产生的，"如果没有分工，不论这种分工是自然发生的或者本身已经是历史的成果，也就没有交换"①。周城的手工业在南诏、大理国时期萌芽，元、明两代得到发展，清末民初已十分发达，商业交换应运而生并获得发展。在现代市场经济到来之前，周城白族人民已经积累了一定的商业经验，商品意识得到加强，市场观念有了提高，因而他们能够较快适应社会经济的变迁。周城白族重视商品交易，并鼓励从中获取正常的利润，这样的商品观念在一系列商业实践中充分展现出来。

集市。大理国时期，周城就已经出现固定的交易场所。不论是农村集市，还是庙会集市，都是在没有受到现代市场经济任何影响下自然形成的。

1）周城街

在奴隶制时代，周城村就出现了集市，但是由于生产力水平低下，商品交换较少，也没有固定的交易地点。随着农业、畜牧业和手工业的迅速发展，商品交换日趋频繁，到大理国时期，周城已经形成"以村为市，逐日街"②的景象。周城街以村中心两棵大青树为起始标志。每天午后，商贾小贩云集，邻近村庄的村民也来交易。与大多数农村集市赶街日之间要间隔数日不同，周城街历来每天都赶，一方面说明周城村相对于周围村落而言，人口较集中，商品需要较多；另一方面也提示我们商品交换已经成为周城白族人民日常生活的重要部分。1995年，为了繁荣经济，周城村在214国道的基础上兴修了商贸旅一条街，南起仁里邑，北至蝴蝶泉，长约2.2公里。商贸旅一条街的经营范围包括旅游工艺品加工销售、扎染贸易、餐饮服务、文化娱乐等项目。如果没有商品观念的指引，这样的举措很难实现。

2）蝴蝶泉会

蝴蝶泉会起源于何时，现在仍需考证。但是在徐霞客的《滇游日记》中对此已有记载："泉上大树，当四月却发花如蛱蝶，须翅栩然，

----

① 《马克思恩格斯选集》第2卷，人民出版社1972年版，第101页。
② 大理市商业局：《大理市商业志》，1993年版，第54页。

与生蝶无异。又有真蝶千万，连须钩足，自树颠倒悬而下，及于泉面，缤纷络绎，五色焕然。游人俱从此月，群而观之，过五月乃已。"[①] 由此可知，农历四月游泉赏蝶的习俗至少在明代就已经有了。自《徐霞客游记》问世后，慕名而来的人便络绎不绝，蝴蝶泉成为举世闻名的风景奇观。20 世纪五六十年代，郭沫若为蝴蝶泉写下的动人诗歌，以及电影《五朵金花》的热映，使这个兼具美丽自然景观和丰富人文内涵的地方声名鹊起。随着旅游业的发展，每年农历四月十五前后便有大批游客慕名而来。在此摆摊设点，进行交易，一时人流摩肩接踵，生意兴旺。

商号。清末民初，周城出现了一些知名的商号。如，染布业有：德信和（杨茂山）、德义和（杨菁山）、复镇祥（桂品清）、裕金和（杨学禹）、复玉和（杨锡章）、丽江设号（苏步程），主要经营扎染布、织布、棉花等商品，其贸易范围遍及云南各地，远达泰国、缅甸；铁器业有：天字号（苏步其）[②]。辛亥革命以后，周城地区的商业发展进入了一个鼎盛时期，其标志是四大商号的相继出现，在周城一带形成垄断经济，它是著名的喜洲帮的一个分支，为喜洲帮的形成、发展以及以后的垄断滇西起了奠基互补作用[③]。其中周城第一大商号德信和（1925—1949）资金最为雄厚，历经数十年，在周城长盛不衰，经几代积累，在村内盖起了高门大院的瓦房（现周城幼儿园园址），堪称全村的首富，也是喜洲地区较为闻名的一个商号。

马帮。解放前，许多周城白族因生活所迫，外出做小生意，绝大多数是赶马帮。全村马帮很多，一千几百匹马，各帮人数不等，骡马少者一二匹，多者十余匹，主要往来于丽江、下关、维西、鹤庆等地[④]。马帮运输有自驮自卖和替人运输两种形式。在明末清初，周城的马帮最为兴盛，被誉为"西南山地之舟"[⑤]，为当地的商业发展做出了重要贡献。

商俗。商业习俗是商业交往中形成的具有群体性、倾向性的习惯方

---

① 转引自云南编辑组《白族社会历史调查》（三），云南人民出版社 1991 年版，第151 页。

② 云南编辑组：《白族社会历史调查》（三），云南人民出版社 1991 年版，第 217 页。

③ 郝翔、朱炳祥等：《周城文化》，中央民族大学出版社 2002 年版，第 74 页。

④ 云南编辑组：《白族社会历史调查》（三），云南人民出版社 1991 年版，第 219 页。

⑤ 郝翔、朱炳祥等：《周城文化》，中央民族大学出版社 2002 年版，第 75 页。

式和行为规范。追求财富的美好愿望在一些商业习俗得到体现，从某种意义上来说是周城人民商品观念的反映。在周城村，对财神的崇拜在一定程度上体现了村民们这样的认识：商品经济比农业经济有更大的风险，希望能够得到神的保佑，使自己能够在充满风险的商品竞争中得到"意外的"钱财，避免"意外的"亏损①。

1）财神

在周城的两个本主庙中都供奉有财神。在一年一度的本主节中，跳财神也是其中的一项仪式。

2）春节节俗

在周城村有大年初一财神童子拜新年的习俗。如果主人愿意就提前请邻居家的小男孩在初一清早来自己家拜年。届时小男孩到了主人家门外就开始高声祝贺："生意好，生意好"，或"财神到，财神到，今日童子来庆贺，庆贺主人新年好，来年出门皇财归"。主人待他祝贺完毕后，给他一些点心和压岁钱。

3）神龛

周城白族也在家中设置神龛。清末供奉"天地君亲师位"；民国时期许多家庭改为供奉财神、寿星、麻姑、大公鸡等画像；新中国成立后至"文化大革命"结束，由于政治原因，各家神龛只挂领袖像；改革开放以来的神龛突出了财神崇拜，有的家户还专门设置了财神位，供奉骑虎执鞭的赵公明。

周城的家庭商业有较长的历史渊源，在一定程度上可以这样说，目前在周城村商业的兴盛是对被中断的历史的重建。当代周城白族农民的商品观念萌生于传统社会中的商业交换，部分地在民俗中体现出来，从这个意义上看，传统社会中的周城白族人民已经产生了市场经济的需求。当现代市场经济来临之际，他们不仅有思想上的准备，而且有迅速适应的能力。反之，人们的商品意识、市场意识、竞争意识和效率意识，又有助于发展市场经济。

2. 商品观念对少数民族经济发展的影响

从周城村的发展中我们可以看到，商品观念成为一种常态嵌入白族

---

① 朱炳祥：《民族宗教文化的现代化——以三个少数民族村庄神龛变迁为例》，《民族研究》2002年第3期。

人民的生活中。作为非正式制度的商品观念在少数民族经济发展中起到价值支持的积极作用。

第一，商品观念有助于激励人们突破轻商、厌商传统观念的束缚。由于闭塞、生产力发展水平低、社会分工不发达等原因，许多少数民族过着自给自足的生活。在不少人头脑中固守着"力农者安，居商者危"的观念，以经商为耻①。轻商、厌商的观念成为许多少数民族地区发展市场经济的巨大障碍。恩格斯指出，传统是一种巨大的阻力，是历史的惰性力。少数民族轻商、厌商的观念是在长期的历史过程中形成的，要改变这种传统观念就应该着力培育和增强人们的商品观念。商品经济要求人们以交换为目的进行生产，劳动产品在不同社会分工的人们之间进行交换才能满足需要。因此，商品买卖是推动经济发展的一种手段。周城白族商品观念较强，对从事市场经济活动的价值和意义持肯定的态度，重视商业经营。这种观念在当地经济活动中，就表现为人们积极参与商业活动，周城集市的形成与发展、近现代周城商业的繁荣、商业习俗在人们日常生活中的广泛存在，都说明周城白族的经济行为趋向于重视商业、乐于从商的价值取向与目标，其结果是周城经济的快速发展。而对于那些商品观念淡薄的少数民族而言，他们的经济会体现出轻商、厌商的观念倾向，其结果可能会导致非经济性价值观与社会发展要求的对立，从而阻碍经济的发展。因此，突破传统消极观念的束缚，培育和增强少数民族的商品观念，对经济发展有重要作用。

第二，商品观念有助于激发人们脱贫致富的愿望。贫困是少数民族地区面临的最突出、最严峻的挑战。少数民族地区经济发展长期滞后的原因是多方面的，如自然条件恶劣、社会发展程度低、政府的支持与投入力度不够等，但是，许多少数民族对贫困表现出的忍受、屈从的态度，也严重阻碍着当地经济的发展。至今不少地区仍然停留在"吃饭就种田，喂猪等过年，养鸡鸭换点盐巴钱"的状况，对商品交换和商品流通缺乏强烈的意识，使丰富的自然资源没有得到开发利用，形成了"抱着金饭碗去讨饭"的被动局面②。安贫思想在无形中

---

① 宋蜀华、陈克进：《中国民族概论》，中央民族大学出版社 2001 年版，第 220 页。

② 张细移：《制约我国民族地区经济发展的非正式制度分析》，《商场现代化》2006年第 8 期。

限制了人们追求更多财富的努力。市场经济是逐利的经济，商品观念鼓励人们追求正常的利润。在自由竞争中，既能够促进财富的增加，又表达了对个人辛勤劳动的尊重。在周城村的案例中我们可以看到，经商实际上不仅是当地人寻求生存之道的选择，更是摆脱贫困梦魇的有效途径。通过商业活动获取财富，改善经济生活，是周城白族经济发展的灵魂。

第三，商品观念有助于抑制机会主义。在一些少数民族村寨，当某个村民开办了饭馆或小卖部后，全村的人都会来白吃白拿，使其无法经营下去。这种平均主义的思想实际上也是通过"搭便车"，即不付成本去获取收益的倾向，产生的偷懒、欺骗、偷盗等机会主义行为[①]。克服机会主义倾向虽然要用正式制度来制约，但是正式制度存在着许多无法达到的空间，这些空间只能用非正式制度来自觉维持。商品观念有助于在社会上形成一种有效和积极的风尚，鼓励人们通过诚实劳动获得财富，从而克服和抑制人与人交往中的各种机会主义行为倾向。在田野调查中，周城村的干部在谈到当地社会治安时说："我们村的人去打架都会先想想，我有没有钱去打架？"这说明商品观念已成为当地有效的抑制机会主义的手段。

综上所述，商品观念需要在一定的经济基础上才会形成，它一旦形成就不仅要求社会经济活动体现相应的价值评判和取向原则，而且要求人们的经济行为也要趋向同样的价值目标。因此，商品观念潜在地决定了经济主体的行为，进而对社会经济行为起到调节作用。每个民族都有追求经济发展的诉求，在现代社会中，商品观念体现了人们在经济利益关系上的一种自觉的能动性、目的性。培育和增强商品观念将对少数民族经济进一步发展发挥重要作用。

（三）开放务实：少数民族经济发展的精神构件

我国少数民族地区大都地处内陆腹地，沙漠戈壁、高原山地的阻隔造成了他们与外界在空间上的隔绝，严重影响了这些地区与外界的经济

---

① 罗能生、胡舜：《制度、非正式制度与经济发展》，《湖南财经高等专科学校学报》2001年第12期。

文化交流。一些少数民族在这样的自然环境中形成了一定的封闭保守思想，从而阻碍了经济发展和生活改善，使少数民族聚居地错失了改革开放和社会转型带来的如专业化商品生产、非农产业发展、技术革新、市场开放等新的发展机遇①。随着社会的发展，空间上的封闭正在逐步被打破，而存在于人们思想观念中的封闭性则更需要被摒弃。市场经济是开放的经济。它需要少数民族打破封闭的观念，培养开放务实的精神，这样才能加快经济发展，实现民族繁荣。

大理洱海地区的白族自古以来与外界，特别是与汉族在政治、经济、文化上保持着密切的联系。本主崇拜即是这种联系在白族宗教信仰中的折射。这种独特的非正式制度，赋予了他们较其他少数民族更开放务实的精神。而近年来周城村经济的快速发展，正是开放务实精神在民族经济发展中发挥积极作用最好的例证。

1. 本主崇拜赋予白族开放务实的精神

本主是白族村寨的保护神，是"本境福主"、"本境土主"、"本境鬼主"的简称。白族语称"本主"为"岛博"、"武僧"，"岛"是"大"的意思，"博"是对男性长者的尊称，因而"岛博"的意译应为"大老爷"。"武僧"意为"主人"②。"本主"或"土主"，是汉族所加的称谓③。

本主崇拜是白族文化的一个重要组成部分，也是白族共同心理素质的一种表现④。宗教人类学认为，中国传统的民间信仰与其说是反映了人与自然/超自然的关系，还不如说是反映了人与人的社会关系。在这种宗教体系中，人们更关注的是它在现实社会中的运作，而不是宗教本身的教义、教规⑤。因此，我们也就不难理解本主崇拜所具有的开放性与务实性。在当代经济发展模式的选择中，这种开放务实的心理特征使

---

① ［芬兰］奥特·卢娃：《少数民族在地方经济发展中的作用——吉林省延边朝鲜族自治州的个案》，《社会科学战线》2000 年第 4 期。

② 李东红：《白族本主崇拜思想刍议》，《云南民族学院学报》1991 年第 1 期。

③ 李缵绪：《白族"本主"文化简论》，杨政业：《本主文化论》，《大理州文化局新闻出版（内部）》2000 年第 1 期。

④ 杨政业：《试述本主信仰对白族民族意识的凝聚作用》，《云南师范大学学报》1990 年第 3 期。

⑤ 庄孔韶：《人类学通论》，山西教育出版社 2005 年版，第 395 页。

周城白族人民思想比较开放，更容易接受新鲜事物，做出适当的经济决策。

本主崇拜的开放性。从本主崇拜的形成看，本主崇拜是巫文化、佛教、道教、儒家文化涵化的结果。萌芽于白族先民"鬼教"、"巫教"信仰的本地宗教已存在了数千年，至南诏初期，佛、道两教相继传入洱海区域，儒家思想也不断输入。本地巫文化与佛、道、儒等外来文化通过整合、重新包装后，形成了白族本主崇拜的独立体系①。本主崇拜不仅是本地宗教发展的结果，也是外来宗教地方化的结果。可见，本主崇拜从源头上就是一种开放的宗教形式。

从人们崇拜的本主偶像看，本主神系涵盖了几乎各种形态的神祇。既有属于原始宗教范畴的自然崇拜（如大理上阳溪内光村的石头本主、洱源凤羽铁甲村的树疙瘩本主）、图腾崇拜（如龙王本主）、英雄崇拜的神灵（如斩蟒英雄段赤诚、杜朝选），也有具有明显的人为宗教色彩的佛教神（如观音老祖、大黑天神）和忠臣孝子（如南诏王师杜光庭、洱源凤羽雪犁村本主李氏三兄弟）、节妇义士（如柏洁夫人）等儒家典范人物。成为本主神并无统一的标准，不分等级，不分尊卑贵贱，不分民族，不分男女，不分年龄大小，甚至不分宗教，只要有功于民而受到人们尊敬的，都可以列为"本主"②。

从本主崇拜与白族人民生活的联系程度看，人神之间以开放的态度坦诚相待。在人，白族全民信仰本主，信徒并不存在类似入教的宗教仪式，作为白族人，一生下来就已经是本主的信士。人间的婚丧嫁娶、红白喜事，各种大事小情，都可以向本主祈求祷告。本主崇拜中也没有严格的教义教规对信众进行约束，只有不成文的信条被广大信徒恪守。在神，本主不是完美无缺的化身，也有人的寻常特点，甚至是普通人的"缺点"，但正是本主的人性化，才使人与神之间建立起亲密、坦诚的关系。族人民的生活向本主全面开放，本主的神性与人性也向人们全方位展现。

---

① 杨政业：《白族本主文化》，云南人民出版社2009年版，第35页。
② 李缵绪：《白族文化》，吉林教育出版社1991年版，第47页。

本主崇拜的务实性。本主崇拜又是一种功利性极强的"现世宗教"①。首先，本主崇拜带有非常明确的功利目的，白族人民希望通过对本主的祈祷和膜拜，实现"为士者程高万里，为农者粟积千钟，为工者巧著百般，为商者交通四海"②的愿望，这样目的明确的心理期待与现实中不同社会分工的发展目标是完全一致的；其次，本主神系会因需要而不断地扩大，只要村民们认为他们需要某一方面的庇护，便在庙中本主神堂之上再添一尊专司此职的神③；再次，白族人民崇拜本主并不是为了"来世"的幸福，而是为了得到"现世"的回报，例如大理祥云地区的白族把本主崇拜的目的概括为达成"十二种心愿"④，即寿连绵、世清闲、兴文教、保丰收、本乐业、身安然、龄增寿、泽添延、冰雹息、水周旋、家清吉、户安泰，这些祈求都与信徒的日常生活休戚相关。由是观之，本主崇拜中功利、现世的诉求深刻揭示了白族人民务实的价值取向。

2. 当代周城经济在开放务实精神的引导下快速发展

民族宗教与民族心理之间存在着一种内在联系。本主崇拜是白族社会中一个显著的文化现象，折射出白族的民族性格特点⑤，在一定程度上已经成为影响白族经济发展的一种非正式制度。本主崇拜赋予白族人民开放务实的性格特点，使周城人在历史上面对发展困境时，激发人们开拓进取；在当代经济发展模式选择中更具有求实务实的眼光和魄力，推动着周城白族人民走上勤劳致富之路。

改革开放之初，贫困是摆在周城人民面前的一个亟待解决的问题。而国家在政策上的转变，为周城白族充分发挥自己的经济智慧提供了正式制度的支持，使他们自己的非正式制度的积极作用得以发挥。

周城的农业生产由于受自然灾害和人地矛盾的影响，土地承载力很低，农业剩余十分有限。由此造成的结果是农民在土地上投入高昂的成本，收益却很少。要解决生存问题，必须发展新的生计方式，利用一切

---

① 李东红：《白族本主崇拜研究述评——兼谈本主研究的方法论问题》，《思想战线》1997 年第 5 期。

② 云南编辑组：《白族社会历史调查》（四），云南人民出版社 1987 年版，第 184 页。

③ 李东红：《白族本主崇拜思想刍议》，《云南民族学院学报》1991 年第 1 期。

④ 参见王丽珠《白族"本主"信仰研究》，《民族研究动态》1991 年第 1 期。

⑤ 参见缪坤和《白族本主崇拜所反映的民族性格》，《思想战线》1996 年第 2 期。

资源为发展经济服务。20 世纪 80 年代初，凭借紧临蝴蝶泉的地理优势，周城村抓住机遇，促进了旅游业在当地的兴起，并成为主导产业①。周城村之所以取得这样好的发展成效，与周城白族干部、群众的开放务实精神是分不开的。一方面从政府来说，周城村的干部带领群众围绕旅游业兴办了一系列集体企业。1983 年创办了周城的第一人集体企业——周城食馆，附设旅店、冷饮店、照相馆等辅助设施，可谓开了当地旅游服务的先河。1995 年，为了更好地满足游客的需求，又投资623 万元兴建了集食宿、会议、民俗表演等于一体的蝴蝶泉宾馆，为游客提供吃、住、游、娱一条龙优质服务。1984 年开办的扎染厂，既是对传统手工业的发扬，又为旅游业增色不少。旅游业是关联性很强的产业，在它的带动下周城的运输、餐饮、娱乐、民族手工业等行业也蓬勃发展起来。另一方面从村民来说，他们对发展经济的机会是敏感且乐于争取的。1984 年，周城村已拥有 14 个集体企业，尚未出现个体私营企业。3 年后，个体私营企业已达 166 个，1998 年多达 708 个。个体私营企业成为全村重要的经济组成部分。

本主崇拜赋予了周城白族人民开放务实的精神，在追求财富的过程中，他们既不随波逐流，任由现代化淹没自己的民族特点，也不囿于传统的藩篱，勇于接纳新鲜事物，从而使自己获得更多的发展机会。这些事实在一定程度上显示了周城白族人民重商开放、包容豁达的民族心性和民族气质，这种民族心性和气质的代代相传更有利于民族经济的开放性发展，并影响和推动着经济社会的发展。可见，民族文化的开放性特质，必然会带来开放性民族经济的繁荣；或者说开放性民族经济之所以得到长足发展与开放性的民族文化特质是分不开的②。

3. 开放务实精神在少数民族经济发展中的作用

通过周城村的发展，我们可以看到开放务实精神在少数民族经济发展中具有积极的影响。

---

① 这里需要补充说明的是，与蝴蝶泉相邻的桃源村也是一个白族村落，但是到目前为止，该村对蝴蝶泉这个旅游资源的利用仅限于出租土地给大理市旅游局修建停车场和小商贩经营旅游纪念品的摊位，每年约有 300 万元的收入。旅游业在该村几乎是一个空白。

② 佟拉嘎：《民族文化的开放性特质对民族经济发展的影响——以蒙古族民族文化与内蒙古民族经济发展为例》，《前沿》2008 年第 2 期。

　　首先，开放务实精神有利于降低信息成本，减少不确定性。新制度经济学认为，市场经济是一种信息经济。信息的作用在于降低交易过程中的不确定性和风险，从而促进技术、信息交流，提高劳动生产率。显然，对于少数民族地区而言，观念上的封闭保守，使他们对外界的信息持拒绝或怀疑的态度，一方面在利用信息时的费用高昂，市场信息稍纵即逝，而许多人都希望从别人的示范效果中来估算自己的可能收益，当示范效果显现时，信息可能已经不再能够带来多少收益；另一方面造成信息不畅，增加了市场风险，在一定程度上抑制了潜在的、可能的贸易机会，商品交换难以发展。相反，开放务实的精神却能够使人们抓住发展机遇，获得更多的收益。

　　其次，开放务实精神有利于扬长避短，在更大范围内获得配置资源的机会，合理开发利用资源。在市场经济中，市场也是资源配置的一种手段。少数民族要参与其中，使自身的比较优势、后发优势充分得到发挥，必须转变封闭观念。只有打破封锁，打开门户，学习先进地区的经验，加强各地区、各部门的经济交往，大办促进横向经济联合，按区域经济的要求，促进资金、设备、技术和人才的合理交流，发展经济技术合作，才能促进本地区经济的发展①。

　　最后，开放务实精神能够使人们感受到来自外界经济与文化的刺激，从而加速少数民族的社会经济变迁。在《经济增长理论》一书中刘易斯写道：从某种意义上讲，"可接近性是一种资源。可接近性对刺激经济增长起了决定性的作用。它刺激了贸易，从而扩大了需求，鼓励了努力，并促进了专业化。它也引起了不同习惯与思想的各族人民之间的融合；而这就活跃了思想，刺激知识的增长，并有助于维持制度的自由与灵活。在解释任何一个民族的经济活力时，可接近性程度应该起着相当大的作用"②。按照这一思路，显然，一个社会的开放程度越低，与外界的经济、文化交流障碍就越多，所能感受到的来自外界的经济与文化的刺激也就越少，其社会经济变迁也就越缓慢。在当代，少数民族的社会经济变迁是不可避免，也是不可抗拒的，以开放务实的精神对待

---

　　① 张克武、周严：《论我国少数民族地区的对外开放》，《民族研究》1996 年第 1 期。
　　② 转引自程厚思、邱文达、赵德文《边缘与"孤岛"》，《中国农村观察》1999 年第 6 期。

这一过程，才能为本民族的继续发展提供新的生机。

（四）关系信任：少数民族经济发展的双刃剑

在不同的文化背景和发展阶段所孕育的信任结构各不相同，它作为一种非正式制度对该社会经济行为主体合作意识的形成有着举足轻重的影响，并最终影响到经济发展模式的选择。

中国传统文化所规定的人们对世界的认知角度和倾向，是集体主义。人们习惯于通过群体特性来解释个人特性，个人只有服从于集体，利益才能得到满足，价值才能得到体现。集体主义的文化信念，导致了特殊主义人际关系的盛行，社会交往的半径仅限于亲缘、地缘的范围之内。这在相当程度上产生特殊主义信任：凭借与行为者的特殊关系而认定行为对象身上的价值至上性[1]。因此，关系信任支撑下的经济合作是非常有限的。

这种现象在今天的周城村经济发展模式选择中是普遍存在的。大理地区受汉文化影响深远，关系信任普遍存在于白族人民的社会交往中，作为非正式制度的关系信任对经济合作的影响也有一些值得思考和剖析之处。

1. 周城村经济发展中的关系信任

经济合作在亲缘关系信任中实现。费孝通说："乡土社会里从熟悉得到信任……乡土社会的信用并不是对契约的重视，而是发生一种行为的规矩熟悉到不假思索时的可靠性。"[2] 因此，传统社会主要是通过一种被人情、伦理强化的非正式的制约机制来规范人们的经济行为，这样的结果是使人们的合作对象往往只限于亲缘关系网络之内，而无法也无力向生人、外人和其他族群或经济体扩展[3]。为了进一步说明这个问题，下面陈述一些访谈材料。

1）扎染经营户：D·SK[4]：我家以前就是搞扎染的。我父母（20

---

① 赵泉民：《中国乡村合作经济困境的制度经济学分析——基于文化禀赋比较的视角》，《天津社会科学》2009 年第 4 期。

② 费孝通：《乡土中国》，三联书店 1985 年版，第 5—6 页。

③ 赵泉民：《中国乡村合作经济困境的制度经济学分析——基于文化禀赋比较的视角》，《天津社会科学》2009 年第 4 期。

④ 按照民族学研究惯例，本文所提及的访谈对象均采用拼音字母缩写。

世纪）80 年代初开始经营扎染作坊。我初中毕业后就在作坊里帮忙，学了一些生产上的技术，也摸索（方言：摸索出之意）一些经营方面的门道。由于经营扎染的时间很长了，也积累了一点资金和销售关系，所以生意做得还可以。2008 年下半年，村委会通知扎染厂要卖，我跟家里人商量后决定买下来，可以扩大生产规模。第二年初，我花了 290 万元买下了扎染厂。买厂的钱大部分是贷款，小部分是积蓄和向亲戚借的。2009 年我的产值大概是 150 多万元，照这样的情况看，我估计五六年就可以回本了。我的厂现在固定的工人有 8 个，都是亲戚朋友，包吃，一个月 1200 元工资。另外，家里的几个女人主要负责接待零售的客人。

2）服装经营户：Y·NH：我家姊妹六个，加上爷爷、奶奶、父母亲、大姐夫和小侄儿，有 12 口人。能劳动的只有 5 个，家里负担很重。1984 年我家开始缝白族服装卖。后来几个姐姐都成家了，我们就在几家人之间分了工：大姐能说会道，专门负责对外联系业务，她接了生意回来，我们要聚在一起开个会，商量一下各家缝的数量；二姐、三姐做零售；四姐专门缝；五姐做扎染。生意好我们自己做不完的时候，就把裁剪好的面料发给其他亲戚家做。有钱大家一起赚。

3）建筑承包人：Z·ZH：1986 年我 14 岁跟二伯到宁蒗做工程。因为年纪小，就从最简单的工种做起。我除了木匠不会，其他工种样样拿得起来。到 1995 年，我开始自己承包工程。我哥负责财务和买材料，这是最重要的环节，搞不好我们就要亏本，要由我最相信的人来做；大侄儿管理施工现场，都是我手把手教的；二侄儿负责喷油漆、铝合金门窗加工和安装；我的老友①负责墙体的灰浆；妹婿的姐夫负责抹灰；媳妇管家里的财务，主要是监督我的支出。来帮我忙的都是亲戚，我很放心，他们不会跟我玩手脚。

经济合作在地缘关系信任中的"弱表达"。在中国传统社会中，实现交换和组织信任关系的"共同价值观"，既包括人们对亲缘关系的认同，也包括对地缘关系的认同。费孝通先生认为，在乡村社会中，家庭只是社会圈子中的最小一轮，离开"家庭圈"、"亲属圈"之后，重要

---

① 即结拜兄弟或姊妹。

的社会圈子就是"邻居圈"。"远亲不如近邻"即是地缘关系信任的体现。生活在同一空间内，是产生地缘关系信任的前提，人们不一定有血缘或姻缘关系，但是人与人之间普遍存在着"人情信用卡"①。因此，基于地缘关系信任的经济合作是可能的。但是，在周城对扎染业进行的田野调查中，笔者看到了不同的情况。作为周城村庄经济和家庭经济的支柱行业，目前扎染业发展中暴露出一些严峻的问题，而由于地缘关系信任的缺失，使这些问题难以得到根本的解决，威胁着行业的生存和发展。

第一，利润低。这主要是由两方面原因造成的：一是由于竞争激烈，经营户之间恶性竞争，互相压价。例如，一块扎染桌布（长110cm，宽160cm）的零售价，卖家一般要55元左右，但最终可以在40—45元成交。二是生产成本不断增加。上例中桌布的生产成本根据花色的复杂程度在36—42元，也就是说，零售利润在3—4元。

第二，产品附加值低。周城的扎染产品处于初级加工阶段，产品种类十分多样，包括服装、床上用品、鞋帽包、装饰品等。但是产品除了生产加工成本之外，没有其他附加值，这也影响到了产品的品质。人们都知道周城是"扎染之乡"，但让人遗憾的是这里并没有形成一个所谓的名牌产品，更谈不上品牌效应。大理州的巍山县大仓乡，也是远近闻名的扎染乡。近年来，大仓乡大力发展高档扎染产品的设计和精加工，价格定得较高，但销售情况却很好。

第三，产品的文化品位有待提升。许多研究者都认为扎染在一定程度上体现了白族文化的内涵②。作为周城旅游业的重要一环，扎染业需要进一步明确产品的文化定位，使游客不仅只是为了购买扎染产品而来，还要在购物过程中得到更多的文化体验，才能延长产业链。在周城

---

① 李培林：《新社会结构的生长点——乡镇企业社会交换论》，山东人民出版社1993年版，第49—52页。

② 金少萍认为扎染已从满足生活需要的物质领域上升到了白族人的精神境界，从日常用品升华为精神信仰，构成周城白族特有的民俗文化事象（参见金少萍《白族扎染——从传统到现代》，云南人民出版社2001年版。）；董秀团认为：从某种程度而言，扎染是周城村民内心意识的外化表现形式之一。每一幅扎染图案，都表现出他们对生活的一种理解和认识，也蕴含着他们对人生的一种向往和希望，反映了周城人民的性格特征和民族心理。（参见董秀团《大理周城白族扎染工艺调查》，《民族艺术研究》2002年第11期。）

建立大理民族扎染博物馆①等措施，对提升扎染文化的品位，带动当地旅游业的发展将会起到一定作用。

周城现有 18 家私营扎染作坊，在调查中问及"你认为周城现在扎染业存在的主要问题是什么"时，受访者普遍做出的回答是："不规范，商户间互相压价，恶性竞争，基本上没多少利润"；又问"是否愿意成立一定的组织来对扎染业进行规范管理"时，受访的 18 人中有 14 人回答"愿意"，另外 4 人回答"无所谓"；问"成立这种组织会给扎染业带来什么好处"时，18 人回答"可以统一价格"，其中还有 1 人补充"可以统一注册商标，提高对外的竞争力"；再问"以前成立的扎染专业合作社②为什么没有发挥作用"时，受访者给出了两种回答：一是"意识差，一些人只顾自己的利益，各行其是"；二是"合作社基本上也不能为我们的生产经营做些有用的事"。

从以上调查问答中可以看到，尽管一些人也意识到合作可能给他们带来一定的好处，但是各扎染经营户之间的合作基本是不存在的。家族以外信任缺乏，致使无关系的人很难组成社团③。一般地，组织能为个人提供必要的生存与发展条件，个人从中可以从中获得归宿感和实现更多的公平与利益。行会、合作社之类的组织更多是依靠地缘关系或行业关系建立。在周城，合作中的地缘优势和行业优势并没有得到较好的利用，同行业的人之间缺乏地缘关系信任，这给行业和地方经济发展带来了一些消极影响。

2. 关系信任在少数民族经济发展中的双重作用

在周城村的经济发展中，亲缘关系信任发挥了积极的作用，但是在超出亲缘关系以外的地缘、业缘关系中，人们之间的信任程度有所下降，从而使关系信任显现出一定的消极作用。因此，关系信任在少数民族经济发展中具有双重作用。

亲缘（包括血亲关系、姻亲关系）关系中的信任不是通过法

---

① 金少萍教授曾提出"创建周城白族扎染工艺文化博物馆"的设想；在调查中，扎染经营户 D·SK 也明确表示如果有条件，他愿意自己投资建立博物馆。

② 2005 年，为了解决扎染行业中面临的问题，规范管理，理性竞争，在村委会的牵头下成立了扎染专业合作社。

③ 赵泉民：《中国乡村合作经济困境的制度经济学分析——基于文化禀赋比较的视角》，《天津社会科学》2009 年第 4 期。

律、规章来保证，而是通过习惯或传统等非正式制度加以确定和保障，这种无条件的信任使经济合作得以实现。建立在亲缘关系信任基础上的经济合作不是单纯的经济活动，而且还包含着大量的社会交往和社会交换的内容，它得以实现正是那些无形的非正式制度发挥作用的体现。因此，关系信任在少数民族经济发展中具有一定的积极作用。

第一，在亲缘关系网络中，人们可能获得更多的资金、人力、技术、信息等方面的支持，获得更多的发展机会。上述案例中，D·SK投资收购扎染厂时，不计较风险，向他伸出援助之手的，主要是有亲缘关系的亲戚；Z·ZH 的建筑技术是从二伯那里学到的，现在他又把相关技术传授给侄儿。我国少数民族地区与东部汉聚居区相比较，信息、技术等资源仍然十分匮乏，从正常渠道获取资源、信息有较大的困难，这时人们就会借助于非正式制度，通过关系信任获得更多的帮助。

第二，关系信任能够节约成本。亲友们会经营同一行业或相关行业，可以互相关照，从而节约了组织成本和交易成本，如 Y·NH 所有家庭成员都共同参与到服装加工的生产、销售各个环节中，在面对复杂多变的市场时，形成一种有效可靠的、可以互相保持的支撑，并分享"有钱大家赚"的原则带来的利益。关系信任在个人与环境之间达成了一种节约成本的"默契"，也就是说，人们可以利用关系信任，使个人在经济活动中开拓可预期的活动空间和时间，使个人与外部世界的关系更加确定，从而大大简化了人们认知和选择的过程，便捷地获取各种信息、资源，节约了信息费用，有助于减少进行选择时所耗费的时间和成本，节约交易费用。

第三，关系信任在一定程度上降低了道德风险。在非正式制度所组成的共同体中，成员具有普遍认同的习俗、价值、社会规范以及人格化的特殊信任关系，它保证了经济交往合作的顺利进行，降低了机会主义的欺诈和背叛行为发生的可能性。关系信任能帮助经济主体之间建立一种参考构架或取向，因此他们就可以在一个复杂的、不确定的以及信息超载的市场领域里，相应地采取明智的行为，从而减少因风险性和不确定性所带来的成本，并可以在对经济活动进行长期预测的情况下获得长期的收益①。上述案例中所提及的 D·SK 向亲友借钱买厂、Y·NH 家把订单分给家里人做、Z·ZH 对亲友的"放心"本质上体现的都是基于特殊关系的信任，彼此信任也是互相约束的一种形式。因为一旦失信，便会在一定范围内承受巨大的道德和舆论压力。

关系信任在少数民族经济发展中的消极作用主要有：

第一，关系信任可能会造成行业经营的封闭性，成为经济发展的无形障碍。一般来说，在关系信任基础上从事同一行业或相关行业的人们要转行或扩大经营范围可能存在一些困难，一方面是获取其他行业的信息成本较高；另一方面是可能会失去亲友们的互助网，寻找有效可靠的支持也有一定难度，可能会造成更大的经济压力。

第二，关系信任可能增加家庭企业的管理难度。社会学家科尔曼认为，家庭企业以家庭成员和亲属为主有可能给企业带来一定的损失，因为挑选人员的范围被局限在以家庭和亲属关系为基础的小圈子内，职工的平均质量不一定太高②。雇员可能由于工作失误给企业造成损失，雇主要碍于面子可能并不追究，那么其就只能承担损失，而一旦追究责任，则可能影响双方的信任关系。

集体主义文化支撑下的"熟人信任"，是一种带有强烈情感色彩的关系信任，在此基础上形成的合作，也只能是从属于情感需要或使情感物化且在家族范围内进行的低度信任合作。福山认为，信任可以在一个行为规范、诚实而合作的群体中产生，它依赖于人们共同遵守的规则和素质③。对周城而言，人们有共同的文化基础，积极培育一种新型的信任关系，才能真正汇聚发展农村社会经济的合力。

通过上述分析我们可以看到，周城白族人民并不需要克服太多文化上的障碍，就能够对新制度产生一种诉求，并较快地适应市场经济，这说明正式制度的变迁与他们的内在需求是吻合的。在市场经济的进程中，风险意识、商品观念、开放务实精神和关系信任等非正式制度对周

---

① 陈立旭：《市场逻辑与文化发展》，浙江人民出版社 1999 年版，第 361 页。

② ［美］詹姆斯·科尔曼：《社会理论的基础》（上册），邓方译，社会科学文献出版社1992 年版，第 121 页。

③ ［美］弗朗西斯·福山：《信任——社会美德与创造经济繁荣》，彭志华译．海南出版社 2001 年版，第 30 页。

城村的经济发展显现出一定的干预能力，为寻求某种对现实制度的突破提供了可能，并且转变为经济实践活动，深刻影响着周城村的经济发展。

周城村的非正式制度带有一定的市场经济的色彩，保留着开放务实、求利致富、诚信守序的价值观，在这种思想下形成的经济模式是有能力适应市场的经济，是能够与现代市场经济链接的经济。这也充分说明，少数民族的非正式制度能够成为经济发展的内生变量，激励或抑制人的经济行为选择，降低或节约交易成本，促进民族地区的经济发展。因此，积极、有效地发挥非正式制度对少数民族经济发展的促进作用十分重要。

三　非正式制度对少数民族经济发展的作用机理

当我们着意"深描"那些广泛影响着社会经济生活的非正式制度时，并不是要展现制度变迁中的"无序"与"混乱"，而是为了说明正是这些非正式或不规范的行为规则的存在，才使我们能够理智地对经济发展模式进行选择。一方面，作为经济活动赖以进行的社会形式，非正式制度不但制约着人们的行为选择，而且限制着正式制度对经济发展的作用，因此，它会对社会的经济绩效产生重大影响；另一方面，非正式制度在"制度的渐进演化方面起着重要作用，从而成为了路径依赖的根源"[1]。非正式制度的萌芽、生长是一个漫长的过程，一旦形成便根深蒂固，并在经济发展中表现出顽强的生命力，使我们在发展经济时和对经济发展模式进行选择时不能不考虑这些制约因素。

非正式制度对人们的经济行为起着潜在的作用。在某种程度上说，非正式制度限定了经济发展模式的选择，使经济按照一定的轨迹发展，并形成一定的模式。而非正式制度也并不是一成不变的，随着时代的变迁，它也会相应调整，以适应发展的需要。

---

① ［美］道格拉斯·C.诺思：《制度、制度变迁与经济绩效》，杭行译．格致出版社、三联书店、人民出版社 2008 年版，第 62 页。

（一） 非正式制度对经济发展模式的限定

经济发展模式的选择是通过使用一定的发展手段，实现一定的发展目标。但是这种选择不是随意就能做出的。就少数民族经济的发展规律而言，由民族文化特征所赋予的人们的行为选择方式，是民族共同体经济活动中最基本的变量。这种"选择"不是随意的，而是受到各种因素的制约，如人们的价值观念、道德意识、行为偏好、行为能力、制度因素、地理环境等因素，都会以不同的方式影响或制约人们的"选择"①。因此，一个地区经济社会的发展模式与其传统文化价值有着深刻的联系，人们的价值观内在地限定了他们对发展目标的选择和对发展手段的运用②。也就是说，在经济发展模式选择中，什么是正确的发展目标和恰当的发展手段，取决于那些人们自然而然遵循着的非正式制度。

1. 非正式制度与经济发展目标的选择

非正式制度中包含着经济发展所要达到的发展目标和所主张的价值趋向。目标是发展模式的核心，任何经济社会发展模式的选择和运用都是由其内在的目标体系先导和控制的③。经济的利益本质决定了经济发展的目标是为了满足一定的利益。客体是否具备满足主体利益的特性，主体的利益是否得到了满足、在多大程度上得到了满足，是由人们的价值取向决定的。因此，作为经济本质的利益不仅是事实性的存在，也是社会的存在，它存在于社会现实之中，在一定的文化体系中才是有意义的④。可见，人们在设定目标时，必然受到所处的社会的非正式制度的制约。非正式制度为经济社会发展提供了一定的观念模型和行动指南。非正式制度的核心目标和功能无疑在于培养、塑造全面发展的人，为整个市场经济社会创造有意义的世界。丹尼尔·贝尔指出，"每个社会都设法建立一个意义系统，人们通过它们来显示自己与世界的联系。这些

---

① 龙远蔚等：《中国少数民族经济研究导论》，民族出版社 2004 年版，第 54 页。

② 戴庆中、王良范等：《边界漂移的乡土——全球化语境下少数民族的生存智慧与文化突围》，中国社会科学出版社 2008 年版，第 160 页。

③ 肖卫东：《中国经济社会发展目标模式演进的经济社会学分析》，《重庆工商大学学报》（社会科学版）2010 年第 4 期。

④ 蒙爱军：《经济的利益关联性及利益大小衡量》，《特区经济》2007 年第 3 期。

意义规定了一套目的，它们或像神话和仪式那样，解释了共同经验的特点，或通过人的魔法和技术力量来改造自然。这些意义体现在宗教、文化和工作中。在这些领域里丧失意义就造成一种茫然困惑的局面。这种局面令人无法忍受，因而也就迫使人们尽快地去追求新的意义，以免剩下的一切都变成一种虚无主义或空虚感"①。

经济发展过程要受到非正式制度的牵制，这意味着人们在特定的非正式制度下使共同的价值标准通过制度化而得到确立和稳定化，使个体的评价与选择行为在更大范围内得到同一性的关联并凝结出共同的社会价值目标，激励该非正式制度环境中的人们对经济与社会的发展做出相应的贡献。因此，在特定非正式制度背景下的经济发展模式选择，发展目标在不同的非正式制度框架中会有不同的要求和取向，适当的发展目标只能是特定非正式制度制约下的目标。

周城村的非正式制度对从事市场经济活动的价值和意义持肯定态度，从而赋予了当地人参与市场活动的动机。因此周城白族村民重视财富，注重经济效益。由于旱涝灾害带来的农业生产不安全，使村民长期自觉积极地抗灾，以最大限度地减少自然灾害造成的经济损失；经商传统下形成的浓厚的商品观念，使他们勇于追求财富，以勤劳致富为荣；对主体文化的亲和，使他们始终保持开放、务实的心态对待外界的变化，以求实现自身的脱贫致富。周城白族人民早已意识到在追求更幸福生活的过程中经济发展的重要性。

随着经济的发展，各种社会公共利益也得到进一步满足。从1992年开始，周城村开始为60岁以上老年人发放养老补助金，月支付约1万余元，2006年被大理市政府授予"敬老先进村"称号；1983年周城幼儿园成立，这在大理农村乡镇实属首创；周城卫生所为甲级卫生所，公共医疗卫生达到初级卫生保健标准，儿童计划免疫接种率保持在90%在上，孕妇、儿童系统管理率达到90%；万人刑事案件发案件常年控制在4件以下，社会治安良好。诚然，经济繁荣为周城村文教卫生等公共事业的发展奠定了基础。但是，我们也不能否认周城村人的经济

---

① ［美］丹尼尔·贝尔：《资本主义文化矛盾》，赵一凡等译，三联书店1992年版，第197页。

发展目标并没有仅仅局限于经济的增长，以人为本的社会经济协调发展才是当地人追求的发展目标。

2. 非正式制度与经济手段的运用

人类并不是为行为而行为，为活动而活动，行为或是活动都是手段，是有所为而为的①。人们总是选择他们认为正确的方式和手段来发展，而他们的"正确"与否的标准，是通过其价值判断来确定的②。在现实的生存环境中，非正式制度在很大程度上决定了人们能否控制环境并与环境实现良性互动，以使人得以经济、有效地从外部环境中获取维持基本生存的物质生活资料。因此，选择什么样的发展手段时，非正式制度已经提供了节约成本的参考和借鉴，激励或抑制着人们的选择活动。

非正式制度能够提供降低成本的手段。首先，非正式制度是一种简化机制。在现实世界中，由于环境的复杂多变，信息往往是不对称的，条件也常常是不确定的，人并不可能时时刻刻都做出理性的决定、采取理性的行动。因而人的理性是有限的。在面对充满风险的外界时，人们只要可能就会求助于传统的或习惯的选择，甚至是不假思索地用习以为常的规则来简化自己的行为。这些规则大部分来自非正式制度，即使在最发达的经济体系中，正式制度也只是决定行为选择的总体约束中的一小部分，人们行为选择的大部分行为空间是由非正式制度来约束的③。非正式制度实际上充当了一定知识和信息的载体，其中所蕴含的知识或信息能为经济行为主体提供"不假思索"的行为习惯，从而简化了决策过程。

其次，非正式制度是一种预测机制。在一定群体中得到认同的非正式制度，使人们行为的范式固化，并设定了人们行为的界限，实际上是为人们提供了相当的信息，使人们对彼此的行动可以做出合理的预测。正如弗兰克·梅里安所说："一个人仅当所有其他人的行为是可预测的

---

① 费孝通：《乡土中国》，三联书店 1985 年版，第 83 页。

② 戴庆中、王良范等：《边界漂移的乡土——全球化语境下少数民族的生存智慧与文化突围》，中国社会科学出版社 2008 年版，第 160 页。

③ ［美］道格拉斯·C. 诺思：《制度、制度变迁与经济绩效》，杭行译. 格致出版社、三联书店、上海人民出版社 2008 年版，第 50 页。

并且能够正确地预测的时候，才能在任何规模的群体中理智地选择或计划。这意味着，很显然地，其他人不是理性地选择而是机械地根据一种固定的已知方式来选择。"[1] 由于非正式制度蕴含着社会共识和一致性，它能帮助在经济主体之间建立一种参考构架或取向，因此他们就可以在一个复杂的、不确定的以及信息超载的市场领域里，相应地采取明智的行为，从而减少因风险性和不确定性所带来的成本，并可以在对经济活动进行长期预测的情况下获得长期的收益[2]。

最后，非正式制度是一种节约机制。对于处在从传统经济模式向现代经济模式转变中的广大少数民族地区来说，一种维系社会组织和制约人们行为的非正式制度的形成过程，就是人们在反复计算"成本—收益"中寻找成本较低规则的过程。与传统生产、生活方式相关联的观念、习俗等非正式制度在个人与环境之间达成了一种节约成本的"默契"，也就是说，人们可以利用非正式制度，使个人在经济活动中开拓可预期的活动空间和时间，使个人与外部世界的关系更加确定，从而大大简化人们认知和选择的过程，便捷地获取各种信息、资源，节约了信息费用，有助于减少进行选择时所耗费的时间和成本，节约交易费用。

从周城村的经济发展中，我们看到民族传统手工业在其中发挥了重要作用。在调查中，绝大多数村民之所以会选择从事某一行业，都是因为"家里一直在做"。人们的经济活动半径与非正式制度涵盖的半径基本是重合的。以血缘关系为核心的家庭是传统经济社会中一种成本最低的组织。因为家庭成员同属于一个非正式制度体系，不需要为经济组织付出额外的代价，只要付传承和学习的成本，甚至不需要学习就可以在这种非正式制度的约束下共同劳动。虽然这样的经济组织没有复杂的规章制度和组织结构，但其运行效率很高。非正式制度既是一种可以免费利用的资源，也是隐性知识传播的主要途径。

非正式制度能够提供抑制机会主义的手段。非正式制度指导和规范着人们的行为，因而它具有道德经验性的评价功能。经济行为的合理与

---

① 转引自陈立旭《市场逻辑与文化发展》，浙江人民出版社 1999 年版，第 361 页。
② 陈立旭：《市场逻辑与文化发展》，浙江人民出版社 1999 年版，第 361 页。

否，就取决于特定非正式制度中的价值标准和价值判断，因此非正式制度为人们提供了一套激励或抑制经济行为的系统。体现在经济交往中的非正式制度，意味着一种既定的信息，对于交往的双方而言，自己和对方将会做出什么样的决策、采取什么样的行动都是可以预期的。如果有人违背非正式制度，就会受到谴责，并为此付出成本。

"经济人"追求个人效用最大化的本性和组织对人的行为计量和约束的困难，必然造成人们"搭便车"，即不付成本去获取收益的倾向，产生偷懒、欺骗、偷盗等机会主义行为[①]。要减少"搭便车"现象就必须培养正确的价值观和伦理观。克服机会主义倾向虽然要用正式制度来制约，但是正式制度存在着许多无法达到的空间，这些空间只能用价值观念、伦理道德来自觉维持。当社会形成一种有效和积极的道德风尚，大多数人能够自觉地信奉共同的价值观念和伦理道德时，就能够有效地克服和抑制人与人交往中的各种机会主义行为倾向，降低交易成本。

周城村的非正式制度在社会经济生活中对于维护社会经济秩序，减少欺骗、偷盗等机会主义行为，起着不可忽视的作用。这些非正式制度对于激发生产积极性，减少偷懒、"搭便车"行为和其他机会主义行为，提高经济绩效，都起了十分积极的作用。笔者在田野调查中明显地感觉到，在周城，绝大多数白族农民都以"诚信"为本，在自己的商业经营实践中也经受了诚信原则的考验。D·SK告诉笔者："有一种围腰的本钱是20块，我一般卖25块。导游都说我卖得太便宜，让我卖到50块，我觉得有点'昧着良心'。"这样良好的商业氛围，使机会主义受到抑制，周城白族也在其中收获了更多的利益。

（二）非正式制度与经济发展模式的选择

非正式制度对少数民族经济发展的影响，不仅表现在发展目标的选择和发展手段的应用并取得成功上，而且也导致经济制度变迁的路径依赖。所谓路径依赖，是指在制度变迁中，存在着报酬递增和自我强化的机制。价值信念、伦理道德、习惯以及意识形态等统称为文化的东西即

---

① 罗能生、胡舜：《制度、非正式制度与经济发展》，《湖南财经高等专科学校学报》2001年第12期。

非正式制度，是造成路径依赖的重要因素之一。也就是说，我们的社会衍化到今天，我们的文化传统，我们的信仰体系，这一切都是根本性的制约因素。我们必须仍然考虑这些制约因素。即我们必须非常敏感地注意到这一点：你过去是怎么走过来的，你的过渡是怎么进行的。这样，才能很清楚未来面对的制约因素，选择我们有哪些机会[①]。格雷夫也认为："制度结构之所以表现出路径依赖，是因为过去的行为、文化传统、社会结构和组织都影响着价值观念和社会实施机制的发展，从而压制了背离于旧有行为模式的灵活性。"[②]

新制度经济学的上述理论，无疑适合于对少数民族经济在制度变迁过程中出现的路径依赖问题进行分析。在社会变革过程中一些新的制度安排之所以难以有效地得以实施并发挥功能，除了利益因素以外，价值信念、伦理道德、习惯以及意识形态等非正式制度安排，也是造成制度变迁过程中路径依赖的重要因素。非正式制度会对社会成员形成一种压力，人们被迫或自愿地采取某类规则来行事，即使有创新者试图在行动中"试错"，也是在非正式制度允许的范围之内尝试。而对于大多数人来说，遵循那些在过去与成功有关的习惯做法和常规做法，才是"理性"的选择。这样，我们也就不难理解，周城村白族在选择行业时为什么对传统产业存在较强的依赖性。

如果说经济的本质在于追求利益，那么，我们从前述的周城村的非正式制度中可以看到一些"重利"的价值倾向，如有一定的风险意识、商品观念浓厚、开放务实、亲缘合作密切等特征。而我国一些少数民族的非正式制度中更多表现出的是一种"轻利"的价值取向[③]，如商品意

---

① 卢现祥：《西方新制度经济学》，北京中国发展出版社2003年版，第84页。

② Grief, A. 1994, "Cultural Belief and the Organization of Society：A History and Theoretical Reflection on Collectivist and Individualist Society". Journal of Political Economy, vol. 102, No. 5. 941. 转引自王文贵《互动与耦合——非正式制度与经济发展》，中国社会科学出版社2007年版，第133页。

③ 在一些研究者的研究中，谈及少数民族非正式制度时常常将其归结为"小农意识根深蒂固，市场观念淡漠"［参见李红梅《非正式制度约束与西部民族地区经济发展》，《湖北社会科学》2008年第2期。］"产权意识淡薄，财富积累意识差"［参见张锦鹏、苏常青《少数民族经济发展过程中非正式制度约束分析》，《中央民族大学学报》（哲学社会科学版）2003年第3期。］等。笔者认为，虽然非正式制度具有阻碍经济社会发展和制度创新的负功能，但是，我们也应该看到非正式制度所发挥的正功能。

识淡薄、封闭保守、宗族礼治等特征。这两种迥然不同的价值观，使他们各自在面对现代商品经济浪潮的冲击时，表现出不同的适应能力，对预期经济效益产生不同的追求，形成不同的经济发展模式。

预期效益

		高	低
	适应性强	A	B
非正式制度	适应性弱	C	D

对于处在从传统经济模式向现代经济模式转变中的广大少数民族地区来说，这种模式的选择是一个制度创新、变迁的过程，就是从经济发展水平较低的 D 模式，发展到经济发展水平较高的 A 模式。但由于非正式制度变迁的渐进性和刚性，与之相适应的经济发展模式选择也是逐步实现的，即形成从 D→B→A 或从 D→C→A 两种模式。

第一种模式：D→B→A

对当代的周城村而言，由于在本主崇拜的熏陶下形成了开放务实的观念，周城长期以来与外界政治、经济、文化保持密切联系。这样开放的民族所具有的非正式制度自然适应能力极强。而且，周城白族并不避讳对财富的渴望，这使他们对预期经济效益有着更高的追求。这样的非正式制度自然降低了正式制度交易成本，个人努力能够变成预期经济收益，从而促进经济发展和社会进步。在这种结合之下，周城村目前形成了图中 A 的经济发展模式。在这种模式下，现行制度与经济主体的需求是一致的，因而他们会努力维持和强化现有制度，形成经济的良性循环①。

第一种模式可以用来说明周城村的经济发展模式选择。非正式制度的适应性越强，就越能够提高经济效益。在周城村漫长的历程中，由于处于交通要道，与白族文化中心——喜洲自古以来在政治、经济上的密切联系，以及自身发展的先天局限，周城只有以开放来接纳外界，发展

---

① 刘卓珺：《非正式制度与西部地区经济发展模式关系分析》，《经济问题》2005 年第2 期。

现代经济所需要的市场意识、竞争意识、诚信意识已经具备雏形。因此出现了经济发展的模式 B。但是此时，由于历史的原因，周城村人难以追求较高的经济收益。一旦时机成熟，古老的周城村与现代经济相遇时，具备良好适应能力的非正式制度就会成为一种动力，失去经济发展模式的变迁，实现模式 A。诚然，自改革开放以来，周城村的发展日新月异，但是它的非正式制度中对现代经济适应性较弱的部分——合作意识，也造成一定的困扰，但是，我们有理由相信，这样一种适应性极强的非正式制度，是可能发生变迁的。在周城村的调查中，引进外资兴办的金花奶粉厂，就是一个可喜的信号。

周城村的非正式制度带有一定的市场经济的色彩，保留着开放务实、求利致富、诚信守序的价值观，在这种思想下形成的经济模式是有能力适应市场指挥的经济，是能够与现代市场经济链接的经济。这也充分说明，正是由于周城村白族人民观念上的开放与进步，在一定程度上促进了经济发展的速度和水平。

第二种模式：D→C→A

第二条路径是我国多数少数民族经济发展模式选择正在经历的。非正式制度的适应性越弱，越需要外力帮助才能实现发展模式的转变。在政府和外界的扶持下，他们可能追求较高的经济效益，形成模式 C。此时，又有两种可能：

一是随着经济的发展，非正式制度从传统转向了现代，从而真正达到模式 A，这也是一种理想的结果。这种情况说明，外界帮扶所采取的发展手段是与该非正式制度相契合的。例如，在 20 世纪 60 年代，为了发展地方经济，在西双版纳地区，森林被大面积砍伐，代之以橡胶、茶叶、甘蔗等经济作物。经济作物产业使得当地政府和人民获得了可观的经济效益，推动了当地经济的发展，促进了人民生活水平的提高。但是，随之而来的是生态环境的变化为经济的发展付出了沉重的代价。从 20 世纪 80 年代开始，环境保护问题受到了政府和当地人民的高度重视。随着确定森林权属，加强以法护林、建立自然保护区、开展植树造林等恢复森林的工程逐步启动，在当地政府与居民的共同努力下，森林植被又重新得到有效的恢复。这些积极变化与傣族崇尚水的非正式制度是密不可分的，水文化作为傣族一种重要的社会传统，对保持傣族居住区的人与自然环境的和谐起到了积极的作用。这就是新制度经济学中所说的正式制度与非正式制度相适应，才能充分发挥其作用①。

二是预期经济效益仍然较高，但还是在外力作用下才实现非正式制度对现代经济的"伪"适应，这样即使达到模式 A，也会失去这个民族的灵魂。新中国成立之初，我国少数民族地区经历了社会、经济两大跨越，各少数民族因此而发生了积极的变化。但是，这种变化并不是内生的。在外力作用下发生的"转型"，使一些少数民族出现"返型"现象。例如，云南省金平县拉祜族在党和政府的帮助下本已出林定居，得到当地政府的大力扶持和帮助。但他们的经济发展，却明显落后于当地的壮、傣、苗、瑶等民族。实行家庭联产承包责任制后，这里的部分苦聪人又重返森林过起游耕生活。如该县者米拉祜族乡的六六新寨，1990—1993 年间有 12 户人家搬回了原始森林②。1994 年，者米拉祜族乡又有 38 户农民重返老林，当地政府把他们找回来后，1995 年上半年又有 26 户人家人去房空③。由此证明了在经济发展模式的选择中，非正式制度的重要影响。

（三）少数民族非正式制度变迁的途径

当少数民族遭遇现代经济时，只有促成其非正式制度向着更加开放的方向变迁，才能增强其适应能力，促进民族经济的发展。也就是要剔除原有的非正式制度中阻碍现代经济发展的羁绊，挖掘、保存和吸纳与市场经济相吻合的部分，从而改造原有传统的非正式制度。然而，正如诺思所言："尽管正式约束可能由于政治或司法决定而在一夕之间发生变化，但嵌入在习俗、传统和行为准则中的非正式制度可能是刻意的政策所难以改变的。"④ 因此，在一定的空间和时间中，非正式制度的变迁会非常缓慢。非正式制度的变迁关键在于实现人的观念转变，建设社

---

① 郑晓云：《水文化与生态文明》，云南出版集团公司、云南教育出版社 2008 年版，第 25—27 页。

② 李银：《金平力帮原苦聪人和芒人脱贫》，《经济参考报》1997 年 12 月 19 日第 4 期。

③ 晏红兴：《重返老林的启示——云南省苦聪人考察报告》，《中南民族学院学报》2001 年第 3 期。

④ ［美］道格拉斯·C. 诺思：《制度、制度变迁与经济绩效》，杭行译，格致出版社、三联书店、上海人民出版社 2008 年版，第 7 页。

会主义市场经济体制要求人们具有与之相适应的价值观念、能力水平、道德素质和思维方式。这就需要注意以下几点：

首先，培育和完善文化传播机制。不同社会体系间的文化传播、交流、吸收和融合，会直接影响到一个社会或族群内部的风俗、习惯、习俗、惯例和法律制度以及政治制度的改变①。现代社会是开放且流动的，任何民族都不能避免与其他文化接触、交往，进而发生文化变迁。多元、开放的文化环境为人们的经济行为提供了广阔的空间，能够促使人们走出原有的生活窠臼，在现代化的锻炼和磨砺中冲刷旧有的习俗传统，用现代的新的思维模式和观念系统来重新分析和面对现实，冲撞并松动原有模式的锁定链条，实现对旧有习俗的扬弃和相关非正式制约的制度变迁，以达到发展经济的目的。周城村的经济仍然存在许多需要进一步发展和完善的地方，但是，对于这样一个具有开放特质的群体，在与现代主流文化的交流与碰撞中，更利于非正式制度向着适应现代经济发展的方向变迁。

其次，提高和加强学习能力。培育和完善文化传播机制，最重要是培养当地人的学习兴趣并提高他们的学习能力，积极引导人们对新文化元素或特质的有效模仿②。一方面通过发展现代教育，努力提高少数民族人口素质，树立与社会经济发展相适应的时间观念、效益观念、市场观念和创新精神。在调查中笔者了解到，20 世纪 80 年代，周城的党政领导为了鼓励学生勤学上进，每年 9 月都划出专款用于对成绩优异的学生、考上大中专及重点中学的学生给予奖励。1998 年，"周城教育奖励基金会"成立，为培养奖励优秀人才做出了积极努力。90 年代初，以周城小学被大理市政府命名为"大理市喜洲镇周城九年制学校"为标志，周城就已经形成了幼儿教育—学前教育—小学教育—初中教育—职业技术教育为一体的具有白族特色的教育新体制③。周城村在教育方面的大力投入，不但提高了本民族的人口素质，而且使当地人更容易接受新鲜事物，具备迎接新挑战的能力。另一方面，发展公共文化事业，加

---

① 韦森：《文化与制序》，上海人民出版社 2003 年版，第 81—82 页。

② 戴庆中：《文化视野中的贫困与发展——贫困地区发展的非经济因素研究》，贵州人民出版社 2001 年版，第 369 页。

③ 郝翔、朱炳祥：《周城文化》，中央民族大学出版社 2002 年版，第 287—289 页。

强宣传工作，鼓励人们树立开拓进取、勇于创新、开放务实的现代意识，以丰富多彩的形式使人们长期固守的传统价值观在潜移默化中得到改变。1984 年周城文化站成立，一直作为当地重要的文化宣传机构发挥着重要作用，电影放映、图书阅览、文体活动等有益的活动不但使周城人的文化生活丰富多彩，而且培养了当地人积极向上的精神面貌。笔者在周城村进行调查时，曾在文化站的阅览室中看到周城九年制学校的8 名小学生在阅读四大名著，问他们为什么选择这样的书籍，他们说这些书籍比漫画有意思。

　　最后，挖掘和激活可现代化因子。在全球化的背景下，能够主动学习或模仿其他文化在市场活动中的做法和经验，会给"学习者"本身的文化注入新的现代性的建构因素，或者会"激活"这些文化本身包含的"市场化基因"，从而形成这些地区发展市场经济的内在驱动力和建立市场体制的社会文化基础[①]。如果我们深入探寻就会发现少数民族文化中有许多与当今人类生存发展相适应的价值观和生活方式。例如，周城白族的开放务实精神、风险意识、商品观念等，都是生长在白族文化基础上的、适合于现代经济发展要求的可现代因子，这些因子在市场经济发展中，有利于对人的行为进行规范和指导，有利于对交易违约风险的有效制约以及节约正式制度的运行成本，为经济的健康发展提供了有效保证。

　　非正式制度限定了经济的发展目标和方式的选择与运用，人们在经济活动中利用非正式制度提供的"捷径"来估算成本与收益，做出符合非正式制度要求的决定，在经济变迁过程中形成一定的路径依赖。在少数民族经济发展中，关注非正式制度及其变迁可能带来的影响，可以帮助少数民族创造产生新的发展契机的制度，也能够减少非正式制度的不适或变迁的滞后造成的阻碍。

　　在少数民族的经济发展中，非正式制度不仅影响着发展模式的选择，而且限定了其发展目标和手段的选择，从而使非正式制度的变迁表现出一定的路径依赖性。在我国建设社会主义市场经济的进程中，各民

---

　　①　戴庆中、王良范等：《边界漂移的乡土——全球化语境下少数民族的生存智慧与文化突围》，中国社会科学出版社 2008 年版，第 122 页。

族不论主动还是被动，都已经进入其中，只有适应现代经济的发展才能更好地解决族群生存的问题。对于各少数民族而言，非正式制度在社会生活的各个领域都发挥着作用，在选择经济发展模式时，必须考虑到：不论一种经济发展模式本身的性质和状况如何，也不论它曾经给一个地区、一些人带来过什么样的经济效益，如果仅仅是因为"适应"方面的障碍，都可能使它难以在另一地区形成优势，从而导致发展模式选择的无效。也就是说，我们所做出的选择，要与自身的非正式制度相契合，才能实现选择的有效性。

结　语

改革开放三十余年来，周城村逐步摆脱了数百年来影响其经济发展的历史性制约及自然障碍，实现了民族的整体富裕，民族经济发展模式正在由以农业为主的传统经济发展模式向以第三产业为主多业协同发展的现代经济发展模式的转变，其变迁过程中所显示的内在规律对于推进少数民族地区的进步与发展极具启发意义。

第一，理性认识经济之不能，走出民族经济发展的"神话"。

关于少数民族经济的发展，我们曾经构建了这样一个"神话"：只要外界给予少数民族大力的帮扶，仿佛不需要少数民族经济主体的努力，就能够解决所有我们希望解决的问题，使整个社会甚至人的发展状况都进入到一个新阶段。这一"神话"忽视了非正式制度乃至当地人在本土经济发展中的作用。无论是社会的发展，还是人的发展，经济都不是本源。经济在其中所发挥的保障作用是意义重大的，但也是在非正式制度的背景和基础上发挥作用，或者是在非正式制度的既定框架下发挥着作用。非正式制度与经济发展是一种互动与耦合的关系。非正式制度对少数民族经济发展模式选择是非常重要的。处于社会转型期的各少数民族，不论是制度变革还是制度创新，不论是破旧还是立新，最终都要落脚于非正式制度的建设。

在民族经济发展过程中，周城村的白族人民主动适应外界环境的变化，积极参与市场经济，调整产业结构，探索经济自强自立的发展道路，在竞争中壮大经济实力，确立了经济主体地位，在摆脱贫困的束缚中发挥着重要的自主作用。这说明一个民族的进步与发展是难以由强加的外在条件而实现的，只有从非正式制度出发，才能寻找到符合本地实际情况的发展道路，对自身的经济发展和生活改善做出必要选择，实现真正的发展。非正式制度对周城村的经济发展的影响是少数民族中颇为积极的"版本"，这也在提示我们，少数民族独特的民族文化是非正式制度生存的土壤，在民族地区的经济发展中，非正式制度更是起到了尤为重要的作用，一方面它能够促进经济的发展，另一方面它对正式制度做到了有效的补充。由此可见，包括意识形态、伦理道德、宗教信仰、民族文化等的非正式制度具有独特的经济功能。因此，我们必须重视非正式制度在少数民族地区经济发展中的经济功能，而周城村的发展也证实了非正式制度是可以促进经济发展的，我们更应该重视非正式制度对经济发展的促进功能，从而寻找一条适合于少数民族经济发展的有效路径。

第二，彰显非正式制度的价值，以人为本发展民族经济。

任何经济利益都是在一定的规范中才能实现的，实现利益、自由是以人们可以接受的规范为前提的。因此，重视非正式制度在少数民族经济发展中的作用与价值，尊重各民族立足于传统民族文化选择的经济模式、产业结构，才能最大限度地为各民族提供发展的机会与空间，保证各民族现代化道路选择的真实性与有效性。正如戴庆中教授所说："目前对于贫困地区的发展来说，所需要的不只是某种发展水平（在某种意义上这是可以'引进'的），更应该是一种有效的自我发展能力。[①]"这就是说，只有具有发展能力的民族才能成就其民族经济的发展。民族经济发展的根本目标在于实现人的发展，即民族的进步与发展。因此，民族经济的发展过程同时也是民族不断实现进步与发展的过程，这既包括民族社会经济发展水平的提高，也包括民族素质技能的提高，唯有这样的发展才是真正意义上的发展。

实践证明，周城村民族经济的快速发展，给当地带来的不只是社会经济的变革，更重要的是整体的进步与发展。一方面，周城村的经济发

①　戴庆中：《文化视野中的贫困与发展——贫困地区发展的非经济因素研究》，贵州人民出版社 2001 年版，第 363 页。

展模式从原来单一的、以农业为主的传统产业结构发展正在向多元的、以第三产业为主导的现代产业结构转化，生产、生活环境发生了翻天覆地的变化；另一方面，随着民族经济的成长，白族人民的经济主体意识不断强化，他们不仅对社会主义市场经济环境具有很强的适应力、应变力，而且在经济全球化、我国进一步推进改革开放的形势下具有面向世界、面向未来的发展力。

当我们站在各民族特定非正式制度中来看待经济发展模式的选择，就会发现不同经济发展模式中包含着各民族特有的生存智慧选择，在经过了千百次博弈和比较以后，人们选定和追求的是一个生存最优、生存可持续的经济发展模式。

李亚娟

试论云南早期墓葬中贝的货币功能

在云南发掘的春秋至两汉时期的一些墓葬中，出土了数十万枚的海贝。从海贝发掘出土以来，就海贝的功能和用途在学术界引起了热烈地讨论。诸学者从各自的依据而出，精心论证，各抒己见，形成了众多卓见。因为各据所论，这些迥异的立论，既不能说服他见接受己论，也无法推翻他论。本文拟对这些卓见作一综述，在此基础上阐发一点自己的薄见，不妥不当之处，敬请教正。

一　早期贝的种类

据现代科学研究，贝有上百余种的种类。其中又有咸水贝和淡水贝之分。[①] 有学者认为"货币多用咸水贝，装饰多用淡水贝"。[②] 王毓铨先生在其《中国古代货币的起源和发展》一书中称：中国发现的贝总不出两种，一是背顶呈紫色的 Cypraea moneta；二是背顶周围有一黄圈的 Cypraea annulus。

云南早期出土的海贝，属于腹足纲宝贝科，出自暖海。主要有两类：一类是"环纹货贝"（Monetaria annulus），通常长 2.7 厘米，高 1.3 厘米，最长的为 3 厘米，最小的为 1.7 厘米，呈卵圆形，背部高隆，有一圈橘红色的环纹，环纹内有的呈淡褐色，有的呈淡灰蓝色，环纹外呈灰褐色或灰白色；另一类是"货贝"（Monetaria moneta），长 2 厘米，高约 1 厘米，略呈低卵圆形，背部中央隆起，两侧较低平，壳后

---

①　彭信威：《中国货币史》，上海人民出版社 1988 年版，第 23 页。
②　李济：《安阳最近发掘报告及六次工作之总估计》，《安阳发掘报告》1933 年版，第 375 页。转引自王毓铨《中国古代货币的起源和发展》，中国社会科学出版社 1990 年版，第 17 页。

两边突然扩张，并形成结节突起，壳呈黄色，背部有不明显的灰绿色带及纤细的橘红色环纹。此外还有一种"虎斑宝贝"（Cypraeatagris），长约10厘米，背部有大小不同的黑褐色斑点。这种贝在云南发现甚少，不属主要类型。"紫贝"云南亦才发现两枚，长4.8厘米。①

在云南出土的早期海贝中，几乎都没有人为加工的痕迹（只有剑川鳌凤山出土的47枚贝中有46枚被人为加工过），仿制贝亦极少见。而在中原地区出土的早期海贝中，不但有穿孔的，还有众多仿贝制品，如陶贝、石贝、骨贝、蚌壳贝、铜贝等。

对于云南早期贝的用途，仅有考古发掘材料可用，乏于文献记载（现在所知最早记录贝为币的是《新唐书·南诏传》，曰："以缯帛及贝市易，贝之大若指，十六枚为一觅。"），所以争议较大，各执一端。一种意见以方国瑜先生为代表，认为是装饰品；② 一种意见认为是货币，江应梁先生、李家瑞先生、杨寿川教授等学者多持此说。③ 另外，有学者又指出："出土的春秋晚期至西汉时期的贝中，数量最多的无孔贝是作货币使用的，极少数有孔贝是装饰品。"④ 李俊先生在此基础上撰文指出："贝从最初的装饰品，发展到货币贝，最后又退回到普通装饰品，曾经历了很长的过程。"⑤ 还有学者提出既不是装饰品，也不是货币，而是一种财富的标志。⑥ 近来又有学者认为云南早期的贝是一种来自远方为少数特权人物把持的珍藏品，⑦ 也有学者持贝为宗教崇拜物之说。⑧ 以上诸说，都有其可取之处，但也有令人不尽确信之处。究竟作何用途，只有俟将来随着材料的不断丰富，才能做出令人满意的回答。

---

① 以上内容分别参照汤国彦主编《云南历史货币》，云南人民出版社1989年版；杨寿川《贝币研究》，云南大学出版社1997年版。

② 方国瑜：《云南用贝作货币的时代及贝的来源》，《滇史论丛》（第一辑），上海人民出版社1982年版。

③ 江应梁：《云南用贝考》，《新亚细亚》第13卷第1期；李家瑞：《古代云南用贝币的大概情形》，《历史研究》1956年第9期；杨寿川：《云南用贝作货币的起始时代》，《思想战线》1981年第5期。

④ 王大道：《云南出土货币初探》，《云南文物》1987年第22期。

⑤ 李俊：《西南丝绸之路与云南贝币的流通》，《云南文物》1994年第38期。

⑥ 熊永忠：《云南古代用贝试探》，《云南文物》1986年第20期。

⑦ 王东昕：《西汉及以前滇贝非"币"与"装饰品"论》，云南大学历史系编：《史学论丛》，云南大学出版社1999年版。

⑧ 肖艳：《论云南长期使用贝币的原因》，《云南民族学院学报》1999年第1期。

不唯在我国，在亚洲、欧洲、美洲、非洲等一些国家和地区，经学者们研究，都曾存在着一个以贝为货币的阶段。[①] 当然不能由此就断然肯定云南早期的海贝是作货币之用。结合云南早期的商品经济发展状况，这时，尚未达到货币经济时代，交换仍然是物物交换，只是随着交换种类和交换范围的日益扩大，某些商品在交换中常常出现，成为主要的等价物。从出土海贝的情况看，贝不仅是一种重要的商品，同时凭借其特质，很有可能是一种主要的等价物，但还不具备货币形态的属性。而且由于云南社会经济发展的不平衡性以及多样的群体特性，贝在各地具体的社会经济发展中所扮演的经济角色又各不相同。即使在充当等价物的地区，其职能也应是多重的，绝非纯粹地充任某一职能。

二 早期贝在云南各地

1972 年发掘元谋新石器文化遗址，出土海贝两枚，[②] 这是目前云南发现的最早时期的贝。但数目甚少，而且在其他同时期的遗址中均未发现，因此这两枚贝是否属于新石器时代的遗物，疑问尚多，不能断然肯定。为后期掺杂进去的可能性似不易排除。就算是当时的舶来品，但在当时的社会经济发展条件下，甚少发生交换行为，即使发生也是在群体名誉下进行的简单的物品交换，是一种商品，而不是交换中的一般等价物。

从现今考古发掘材料视之，云南早期的贝主要分布在滇池地区和洱海、中甸、大关等部分地区。1972 年在江川李家山发掘的 27 座古墓中，在 11、17、18、20、21、22、23、24 号 8 座古墓中出土有海贝，共重 300 余公斤，约有 11.2 万多枚，大部分堆放在墓底西北角。17、24 号墓还有部分海贝放置在贮贝器或铜鼓中。[③] 通过对 21 号墓进行的放射性碳素测定年代为 2500±105 年，约公元前 5 世纪，值春秋晚期。[④]李家山墓地出土文物分为早、中、晚三期，时间从春秋晚期直至东汉

---

① 详见王毓铨《中国古代货币的起源和发展》，中国社会科学出版社 1990 年版；彭信威《中国货币史》，上海人民出版社 1988 年版。

② 云南省博物馆：《元谋大墩子新石器时代遗址》，《考古学报》1977 年第 1 期。

③ 云南省博物馆：《云南江川李家山古墓群发掘报告》，《考古学报》1975 年第 2 期。

④ 中国科学院考古研究所实验室：《放射性碳素年代报告（四）》，《考古》1977 年第 3 期。

初。出土海贝的古墓属早期。①

1955—1960 年在晋宁石寨山发掘的 50 座古墓中，17 座出土了海贝，共重 400 余公斤，约 14.9 万余枚。② 这些土坑墓的时代，早到战国末期，晚至西汉中、晚期。出土海贝的 17 座古墓，除 9 号墓外，其余均为西汉中期以前的墓葬。③

1979—1980 年对呈贡天子庙古墓群进行发掘，44 座古墓中，第 41 号出土了海贝，共 1500 枚。41 号墓经放射性碳素测定年代为战国中期。④

上述三处遗址，从地域范围看，都在滇池区域。据考古发掘材料视之，这一时期滇池区域的社会经济发展已具相当水平，商品交换也具一定规模，在商品交换中当有部分商品充当等价物。据万历《云南通志》卷一"全省风土"条载："交易用贝，按：《说文》曰：古者货贝而宝龟，至周而有泉，至秦乃废贝行泉。……秦灭六国，惟楚公子庄蹻王滇，故楚独存；秦虽使常颇于滇中略通五尺道，然未尝属秦，故货贝之在南中独不变者，岂秦法未尝入滇耶？于此亦可以考世矣！……汉世之泉固尝行于滇也，然泉不若贝之简易不欺，故泉不水，而贝至今以为货。"⑤ 所载虽也是后人对古事进行追忆，不能尽信。但就滇池区域社会经济发展水平以及贝放入墓葬中的事实，在贝的经济的、社会的、文化的、政治的等众多职能中，亦有作为一般等价物的可能性。

1980 年剑川鳌凤山发掘的 217 座古墓中，81 号墓出土土海贝 43 枚，155 号墓出土海贝 1 枚，159 号墓出土海贝 3 枚。除 155 号墓出土的海贝外，其余 46 枚都有孔贝，置于死者头部。鳌凤山古墓经放射性碳素测定年代为春秋中期至战国末西汉初。⑥ 与剑川海门口铜石并用遗址相距不远，在同一条河流沿岸。海门口与鳌凤山时期前后相继，相隔

---

① 云南省博物馆：《云南江川李家山古墓群发掘报告》，《考古学报》1975 年第 2 期。

② 杨寿川：《贝币研究》，云南大学出版社 1997 年版，第 4 页。

③ 云南省博物馆：《云南晋宁石寨山遗址及墓葬》，《考古学报》1956 年第 1 期；《云南晋宁古遗址和墓葬》，文物出版社 1959 年版；《云南晋宁石寨山第三次发掘简报》，《考古》1959 年第 9 期；《云南晋宁石寨山第四次发掘简报》，《考古》1963 年第 9 期。

④ 昆明市文物管理委员会：《呈贡天子庙滇墓》，《考古学报》1985 年第 4 期。

⑤ 转引自方国瑜《云南用贝作货币的时代及贝的来源》，《滇史论丛》，上海人民出版社 1982 年版。

⑥ 云南省文物考古研究所：《剑川鳌凤山古墓发掘报告》，《考古学报》1990 年第 2 期。

约 500 余年，但在海门口遗址没有贝出土。与鳌凤山时期相近的祥云大波那、楚雄万家坝遗址均未发现海贝。但据这两个遗址出土文物所反映的社会经济状况，经济都已发展到相当水平，商品交换现象已然存在。由此也一定程度上说明，海贝流通的区域是有限的。相对于滇池区域来说，在洱海地区流通量不大，尚不是一种通行的等价物。

1988 年，在中甸清理的 43 座石棺古墓中，中布 M5 号墓中出土贝 7 枚，白色，背部已破，长 2.1 厘米，宽 1.3 厘米。经碳素年代测定，中甸的石棺墓年代大致相当于中原地区的西周时期。[①]

1964 年，在发掘大关岔河东汉的崖墓中，3 号墓发现贝 2 枚，同墓还出土 7 枚货泉，22 枚大泉五十和 300 余枚东汉五铢钱。[②]

1979 年，在大理海东一小岛上出土一罐古钱，有 13 枚汉五铢，271 枚大泉五十，61 枚大布黄千，2 枚石贝，1 个陶弹丸。石贝大的一枚长 3.3 厘米，中部最宽 2.7 厘米，一条凹槽贯通两端，槽深宽各为 0.3 厘米，重 22 克。小的一枚长 2.9 厘米，中部最宽为 2.1 厘米，贯通两端的凹槽深宽各为 0.2 厘米，重 10 克。[③]

三 贝的数量及来源

在现已发掘的云南早期的遗址中，江川李家山遗址出土海贝约有 11.2 万多枚，重 300 多公斤；晋宁石寨山遗址出土海贝 14.9 万多枚，重 400 多公斤；呈贡天子庙遗址出土海贝 1500 枚；剑川鳌凤山遗址出土海贝 47 枚；中甸石棺古墓出土 7 枚；大关岔河东汉墓出土 2 枚，总数达数十万枚，近千余斤重，数量极为惊人。

据现代科学研究显示，贝是一种生活在暖海中的生物。云南早期是否产贝，至今尚不曾发现产地。《水经·若水》郦道元注："会无县有骏马河水，……河中的贝子胎铜。"《元史·成宗本纪》载云南用贝道："其贝非本土者，同伪钞论。"这是较早记载云南产贝的文献，但据方国瑜先生

---

① 省文物考古研究所：《云南中甸的石棺墓》，《云南文物》1993 年第 36 期。
② 云南省文物工作队：《云南大关、昭通东汉崖墓清理报告》，《考古》1965 年第 3 期。
③ 田怀清、杨德文：《大理洱海东岸小海岛出土一罐古钱》，《云南文物》1982 年第 11 期。

指出，《水经·若水》中所记"贝子"实为"见存"二字之误；《元史·成宗本纪》所载亦不能充分说明云南产贝。[①] 杨寿川教授曾把晋宁石寨山遗址中出土的海贝请自然科学家鉴定，结论为："其产地是印度洋西太平洋暖水区域，包括印度、菲律宾以及我国台湾、海南岛、西沙群岛等南海诸岛附近。"[②] 这一结论，一方面印证了云南早期与东南亚、南亚存在商品交换关系，另一方面也表明云南的海贝来自这些地区。

那么，这些地区是否产贝呢？《南史》记载地处广州东南的婆利国有紫贝出产。[③]《南州异物志》载："交趾北南海中有大文贝，质白而文紫色。"汪大渊《岛夷志略》"北溜"（在今苏门答腊）条载："地产呗子，海商每将一舶呗子下乌爹、朋剌，必互易米一船有余，盖彼番以呗子权钱用，亦久远之食法也。"这些文献记载也表明，在东南亚、南亚地区有海贝出产。

云南早期与内地、东南亚、南亚等地区有着商品交换关系。据《华阳国志·南中志》"永昌郡"条载："又有毡旄、帛叠、水精、琉璃、轲虫（贝）、蚌珠。"由此言之，云南的海贝是外地流传进入的。同样，在此之前云南早期的海贝，亦似此而来。中原地区用海贝作货币可追溯至夏商时期，司马迁在《史记·平准书》中载："虞夏之币，金为三品：或黄、或白、或赤、或钱、或布、或刀、或龟贝。"可为之证。但云南用贝和中原是没有关联的。[④] 因此，云南早期的贝，非本地所产，是由外地流入的。产地主要是沿太平洋的东南亚及南亚的一些地区。流入的方式以如下两种方式为主：一是海贝作为商品通过交换而来；二是海贝作为礼物被赠送而来。

四　早期的商品交换

至于云南早期商品交换具体情况如何，由于"商品交换在有文字记

---

① 方国瑜：《云南用贝作货币的时代及贝的来源》，《滇史论丛》（第一辑），上海人民出版社1982年版。

② 杨寿川：《贝币研究——中原与云南用海贝作货币的历史考察》，杨寿川编著：《贝币研究》，云南大学出版社1997年版，第7页。

③ 《太平御览》卷807。

④ 方国瑜：《云南用贝作货币的时代及贝的来源》，《滇史论丛》（第一辑），上海人民出版社1982年版。

载的历史之前就开始了"，加之云南如今可供使用的材料不足，所以具
体情况尚难确知。但由于商品交换是由生产力发展水平和社会分工促成
的，结合考古材料和有关记载，尚可勾勒出云南早期商品交换的大致
状况。

据云南新石器时代遗址的现有发掘材料，新石器文化不是单一的文
化，汪宁生教授研究后将之划分为洱海地区、金沙江中游地区、滇池地
区、澜沧江上中游地区、滇东北地区等类型。这些类型既属于同一经济
类型，又有各自的特点。[①] 从这些地区出土的遗物来看，既有稻谷留下
的痕迹，又有动物骨骼以及各种工具和陶制器物，如石斧、石刀、纺
轮、网坠等。由此可见当时社会分工已经出现，农业从畜牧业中脱离出
来已是确事。因为在同一遗址中，既发现各种动物骨骼，又有稻谷遗
物，还有渔猎的工具，说明已经存在原始农业和畜牧业之分。如在元谋
大墩子新石器时代遗址发掘物中，就同时有陶器、谷物炭化物、动物骨
骼和纺轮、网坠、蚌刀、镯、珠子等骨制石制工具物什，[②] 表明元谋大
墩子的居民"过着定居的生活，他们种植粳稻，饲养猪、牛等家畜，并
从事狩猎、捕鱼和采集。他们除了制陶和纺织外，并能制作出骨角蚌
器"[③]尽管反映出来的是人们从事多种经济的生活情况，但也明显地
透露出了社会分工的事实。有分工的存在，交换就有可能发生。由于多
种经济生活的并存，偶然有简单的物品交换关系亦有可能。

在新石器时代，陶器普遍存在，被广泛用于生产、生活。在各个新
石器时代遗址发掘物中，大都发现有陶器碎片，从各个遗址陶器的不同
状况亦可窥见早期交换的影子。据滇池地区新石器时代遗址的发掘，发
现的陶片大致有三种类型：一是泥质红陶，二是夹沙红陶，三是夹沙灰
陶。从这些陶片可以看出，陶器的制作方法、器形、用料、花纹、装饰
等方面都存在着差异。[④] 同样，在洱海地区新石器时代马龙遗址发掘的
陶器，在制作方法、装饰、质地等方面存在着差异，[⑤] 而且"有些陶器

---

① 汪宁生：《云南考古》，云南人民出版社 1992 年版，第 12 页。

② 云南省博物馆：《元谋大墩子新石器时代遗址》，《考古学报》1977 年第 1 期。

③ 汪宁生：《云南考古》，云南人民出版社 1992 年版，第 19 页。

④ 云南省文物工作队：《云南滇池周围新石器时代遗址调查简报》，《考古》1961 年第
1 期。

⑤ 吴金鼎等：《云南苍洱境考古报告》，1942 年版，第 15—41 页。

颈部或肩部还刻划出符号，每器一种，互不重复，当是制陶者的个人标志"。① 陶器的不同以及陶器上制陶者的个人标志，说明陶器来自不同的产地或不同的制陶者。这种情况的出现，当然不能排除交换的可能。当然，必须意识到这种交换在原始社会发生的频率是非常有限的，而且往往发生在群体之间，也即氏族或部落之间。群体之间的交换很大程度上是简单地以物易物，互通有无，交换的物品主要是一些生活必需品或装饰品、宗教用品等。

1957 年，在剑川海门口发现一处铜石并存的遗址，经发掘，共出土铜器 14 件和一块制造铜钺的残石范，石器仍占绝大多数。② 经学者研究，认为它是洱海地区新石器文化的延续和发展，处于原始社会末期，即将解体。③ 这一遗址的发现，说明在云南新石器时代，各地之间已经出现了发展不平衡的状况。"这种不平衡性从新石器时代开始，一直贯串着以后的历史。"④

在人们征服自然的长期生产劳动过程中，随着经验的不断积累，青铜工具出现并逐渐取代石器，进入青铜时代，生产力得到快速发展。在云南，公元前 7—前 6 世纪约春秋中晚期，已存在一种独具风格的青铜文化，到公元前 2 世纪末，逐渐向铁器时代过渡。⑤ 在云南发掘的这一时期的遗址表现出来的社会经济发展水平，较前期均有较大的进步。如在楚雄万家坝、祥云大波那发掘的青铜器，属于生产工具的有斧、锄、凿等；属于生活用具的有釜、勺、匕、豆、尊等；属于武器的有剑、戈、矛、钺、镞、啄、护腕等；属于乐器的有胡芦笙、铜鼓和编钟，另外大波那还出土了巨大的铜棺。⑥ 而晋宁石寨山、江川李家山遗址则是更高发展水平的代表。这些器物多数应为专业分工条件下生产出来的，因为简单的生产条件已很难生产出这样的物品。

《史记·西南夷列传》记载，庄蹻入滇以前云南主要部落的经济生

① 汪宁生：《云南考古》，云南人民出版社 1992 年版，第 13 页。
② 云南省博物馆筹备处：《剑川海门口古文化遗址清理简报》，《考古通讯》1957 年第 6 期。
③ 汪宁生：《云南考古》，云南人民出版社 1992 年版，第 24—28 页。
④ 同上书，第 28 页。
⑤ 同上书，第 32 页。
⑥ 同上书，第 32—38 页。

活大体是："西南夷君长以什数，夜郎最大；其西靡莫之属以什数，滇最大；自滇以北君长以什数，邛都最大：此皆椎结，耕田有邑聚。其外西自同师以东，北至叶榆，名为嶲、昆明，皆编发，随畜迁徙，毋长处，毋君长，地方可数千里。"这段记载反映出社会大分工的结果，一是定居的农业生活，一是迁徙的游牧生活。同时也反映出社会经济发展水平的不平衡性。上述青铜遗址与定居的农业生活关系密切。当是这种生活的残留。而这些青铜遗址又体现出专业的分工迹象，至少手工业从农业中脱离出来已是确事。分工的扩大和逐渐细密，导致人们经济生活的多样化，商品交换成为生活的必需。随着社会生活的日益丰富，人们需求的物什种类越来越多，于是互通有无的商品交换关系就要发生。这种商品交换不仅存在于境内不同经济类型之间，同种经济类型之间因为生产物什的不同，也存在一定的交换关系。在云南早期的商品交换中，还突破了地域限制，同境外诸如内地和东南亚、南亚一些地区也进行商品交换。

云南与内地的商品交换一条主要的途径是通过巴蜀而实现的。其方式是直接与巴蜀进行商品交换。据《史记·货殖列传》记载："蜀卓氏之先，赵人也，用铁冶富。秦破赵，迁卓氏致之临邛，大喜，即铁山鼓铸，运筹策，倾滇蜀之民，富至僮千人，田池射猎之乐，拟于人君。""程郑，山东迁虏也，亦冶铸，贾椎髻之民，富埒卓氏，俱居临邛。"[①]卓氏、程郑之富都是源于冶铸后，把商品出售给云南居民以获利。云南居民通过正常渠道要获得冶铸品，主要存在两种方式，一是用货币购买，二是用自己的所有物换取。显然，滇人这一时期尚达不到货币经济的水平，故只能用商品互相交换。"秦时常頞略通五尺道"，[②] 五尺道的开通，为云南与中原内地商品交换的进一步发展奠定了基础。据《史记》载："十余岁，秦灭。及汉兴，皆弃此国而开蜀故徼。巴蜀民或窃出商贾，取其筰马、僰僮、髦牛，以此巴蜀殷富。"虽是汉初之事，但在此之前这种情况似应存在。

云南与内地进行商品交换的另一条通道是楚庄蹻入云南那条路。

---

① 《史记》卷 129，《货殖列传》。
② 《史记》卷 116，《西南夷列传》。

"楚威王时，使将军庄蹻将兵循江上，略巴、［蜀］、黔中以西。庄蹻者，故楚庄王苗裔也。蹻至滇池，［地］方三百里，旁平地，肥饶数千里，以兵威定属楚。欲归报，会秦击夺楚巴、黔中郡，道塞不通，因还，以其众王滇，变服，从其俗，以长之。"① 庄蹻将兵到滇池，因秦夺楚巴、黔中郡而路断，不能回去。这说明，云南至楚地之间存在通道，至少在庄蹻王滇之前，这条通道上就应该有商品往来。

据考古发掘，"四川'巴蜀文化'出土的'月口斧'与云南刃作半月形的斧钺相同。贵州一些地区也有尖头锄等云南青铜器的发现"②。这些相同的器物，存在两种可能：一是出自同一文化，二是通过经济交往由云南传入。鉴于这类器物在上述两地区不是普遍发现，只是混于其他文化类型中，前一种可能可以排除。由此可见，云南与内地存在着商品交换关系，交换的商品主要以生产、生活用具为主。

云南与东南亚、南亚的一些地区间的商品交换，主要是获取对方的奇异物品，而这些物品是自己不能生产或没有的。如《史记》卷 123《大宛列传》载："天子既闻大宛及大夏、安息之属皆大国，多奇物，土著，颇与中国同业，而兵弱，贵汉财物。"所载虽属汉武帝时期，一方知彼多奇物，一方贵彼物，这种了解和喜爱非一朝一夕之事，在此之前应有交往。云南与这些地区存在着通道。《史记》卷 116《西南夷列传》载："及元狩元年，博望侯张骞使大夏来，言居大夏时见蜀布、邛竹杖，使问所从来，曰'从东南身毒国，可数千里，得蜀贾人市'。"虽说是汉代之事，但这种交往当在汉之前就已发生。从上文考古发掘研究看，云南在这一时期的墓葬中发现众多海贝属外来品。从东南亚、南亚而来。这一事实，证明了云南与东南亚、南亚之间存在商品交换关系。这种交换关系是通过以物易物进行的，而且多是交换双方彼此缺乏但对方拥有的珍奇异物。

五　货币产生的条件

人类一出现，人类社会随之产生。在人类社会发展史上，货币并非

---

① 《史记》卷116，《西南夷列传》。
② 汪宁生：《云南考古》，云南人民出版社 1992 年版，第 40 页。

与之俱来同生共存，而是人类社会发展到一定阶段的产物。根据货币作为价值尺度、流通手段、贮藏手段、支付手段等职能视之，货币在经济活动中最基本的一项作用便是完成商品间的交换。没有商品交换，货币则失去了存在的价值。因此货币产生的一个重要前提便是商品交换的存在。随着商品交换发展的需要，货币脱颖而出。然而商品交换却并非只赖货币才能实现。因而货币何时产生，乃是不可确知的。因为"商品交换在有文字记载的历史之前就开始了。在埃及，至少可以追溯至公元前三千五百年，也许是五千年；在巴比伦，可以追溯到公元前四千年，也许是六千年"。① 但是，货币的起源和演进过程却是可以探知的。

由于货币与商品交换休戚相关，归根结底"货币的根源在于商品本身"②，因此要探讨货币的起源，最终还须从商品入手。马克思指出，"探讨商品价值关系中包含的价值表现，怎样从最简单的最不显眼的样子一直发展到炫目的货币形式。这样，货币的迷就会随着消失"③。商品是用来交换的劳动产品，它具有两个属性，价值和使用价值。商品价值通过交换实现。而交换的发生则又源于社会分工。在人类社会发展初期，存在简单的分工，人们的生产还不是为了用于交换，交换带有偶然性，人们只是将多余的产品进行交换。这种交换形式形成了简单的、个别的或偶然的价值形式。即用于交换的一种商品价值偶然地表现在另一种商品上。随着生产力的发展和社会分工的进一步扩大，商品交换种类和范围也随之扩大，某些商品已经经常地和其他一些商品相交换，它的价值形式表现在多种商品之上，形成了扩大的价值形式。在生产力进一步提高，社会分工进一步推进，交换进一步发展的进程中，有一种商品逐渐从众多的商品中分化出来，成为所有商品的一般等价物，完成商品交换。这样在商品交换发展中，商品的价值表现在唯一的一种商品之上，形成一般价值形式。随着生产力、社会分工、交换的再发展，在商品交换过程中，逐渐形成固定地由一种商品充当交换的媒介，实现商品间的交换。这种固定地充当一般等价物的特殊商品就是货币。因此，货

---

① 《马克思恩格斯全集》第 25 卷，人民出版社 1974 年版，第 1019 页。

② 马克思：《政治经济学批判》，《马克思恩格斯全集》第 13 卷，人民出版社 1962 年版，第 54 页。

③ 《马克思恩格斯全集》第 23 卷，人民出版社 1972 年版，第 61 页。

币的产生是伴随着商品交换的发展而出现的。其本质是固定的充当一般等价物的特殊商品。早在两千余年前，司马迁就根据中国社会经济发展规律指出："农工商交易之路通，而龟贝金钱刀布之币兴焉。"① 所说也是因社会分工的出现，商品交换发展而导致货币的衍生，充当货币的，实质上也是特殊的商品。

这种作为交换等价物的特殊商品，最初选择哪种商品，实属偶然。但通常取决于如下两种因素：它要么选择一种最重要的外来的交换品，要么选择本社会内部生产的一种有用的东西。所以，货币在形成之初，选择哪种商品作为货币，各地差异十分巨大。它的选择是以各地的具体情况为基础的，而不是整齐划一。随着商品交换的发展，随着货币的发展演变，货币又表现出一种趋同的现象，即固定在世所确认的物品上。"金银天然不是货币，但货币天然是金银"② 即是这种发展趋势中的一个体现。当然，商品交换的不断发展，又促使新的货币形态的出现。

纵观人类社会发展史，虽然不同地区、不同时间在货币形成的附着商品上不尽一致，表现出货币类型的多样性，但均因生产力发展，社会分工的不断分化和商品交换的需要而产生。各地形成的货币，尽管纷呈多姿，但在基本职能上都率相一致，本质如出一辙，难脱规臼。显然，云南货币发生的情况亦概莫能外。

在旧石器时代以前，人类从事的社会经济活动主要是采集和狩猎，使用的工具以天然工具和粗糙的打制石器为主。分工是自然地发生的，存在简单的性别、年龄和地域分工。随着生产实践经验的积累，生产力进一步发展，人类迎来了新石器时代和金属时代，发生了两次社会大分工。第一次社会大分工形成原始畜牧业和原始农业的分离；第二次大分是手工业从农业中分离出来。由于社会分工的出现，商品交换关系随之产生。

据考古发掘材料揭示，云南是人类发源地之一。迄今为止，虽然从猿到人的演变过程在云南尚缺材料证明，但人类发展的几个典型的基本时期均有考古发掘材料。人类社会前奏阶段发现有"开远森林古猿"

---

① 司马迁：《史记·平准书》。
② 马克思：《政治经济学批判》，《马克思恩格斯全集》第13卷，人民出版社1962年版，第145页。

和"禄丰腊玛古猿"化石。举世闻名的"元谋人"牙齿化石则是我国现在已知的最早的人类化石。晚期古人类化石发现有"丽江人"和"西畴人"。另外还在路南、呈贡等地发现旧石器遗址。新石器时代的文化遗址在云南分布十分广泛，主要有洱海地区、金沙江中游地区、滇池地区、澜沧江中上游地区、滇东北地区等几种类型。金属时代的遗址在昆明、楚雄、大理等地都有发现。公元前 7 世纪至前 6 世纪时，云南已存在着一种独具特点的青铜文化。[①] 由以上考古材料视之，云南人类社会的发展历程呈现出连续演进的态势，不仅无一例外地发生了社会大分工，促进了商品交换关系的发展，还有着自身发展的特点。缘于云南特殊的地理环境和不同的民族群体，又使同一时期不同地区的发展参差不齐，存在较大差异。这一现象，从当今的民族学调查材料亦得到充分反映。这些特点，形成了云南社会经济同期发展的多样性和层次性。因此，云南社会的商品交换在相同时期的不同地区或不同群体间已表现出纷繁芜杂、各不相同的状况。在如此条件下衍生的货币亦是形态各异。

结　　语

　　云南出土的早期海贝，主要分布在大理地区、滇池区域、昭通地区等区域。海贝并非云南本土所产，系从印度洋、太平洋等暖海区经东南亚、南亚而来的舶来品。流布在交通沿线经济较为发达的地区，为少数人所拥有。在云南这些地区早期的小墓中，尚未有海贝出土。出土海贝的都集中在一些大墓，而且数量较丰。在这些大墓中出土的海贝，无论是用作装饰品，还是用作货币，或者用作宗教用品，或者作为珍藏品等可能，作为随葬品被精心地加以保存，而且还数量众多的堆在一起，或者放入已颇具身价的贮贝器中，一种舶来品享受如此待遇，显然，在当时，海贝是社会上的一种财富的代表。当然，这种财富观是具有时间和空间的范围的。在云南此时的社会，作为难得的舶来品，是一种财富，价值颇大；而在像印度洋和太平洋沿岸产贝之地，却是普通之物，不名几文。在云南，随着时间的推移，海贝的含金量也是在不断减轻，逐渐

---

　　① 以上考古材料均来源于汪宁生《云南考古》，云南人民出版社 1992 年版。

为社会普遍共有。

一种不易得来的舶来品，作为财富被少数人拥有，又由于其自然特质殊异，定然被赋予诸多特性。因而，不论是作为装饰品，抑或作为艺术品、珍藏品，或者作为宗教崇拜物等，都是海贝这种殊异品在云南早期当时条件下极易衍生的功能。这些功能的衍生，更进一步发展了海贝的社会价值，增强了海贝的含金量，成为世所追求的尤物。当然，即使没有衍生的这些功能，在当时条件下，海贝依然处于世所追求的尤物地位。而一旦获得这种尤物地位，人们追求的欲望是无法磨灭的。因此，海贝无论发生何种功能都是人们可以认可的。正因为这种特殊的地位，使得海贝的功能是多样发展的。

而从经济人类学的研究表明，"原始经济或非市场的货币，最初是先于任何功能而存在于社会（包括经济在内）中的一种对象物。这种对象物，必然是为人们所珍重和崇拜的、拥有精神威力的东西，有时甚至成为维持共同体的精神支柱。只有这样的物，才是货币的原初形式"①。故而，在云南早期，海贝这种殊物，完全具备了作为货币的潜质。这种云南早期社会财富的一般代表，作为交换手段和支付手段当然不会被社会排斥。当然，海贝最终能否成为货币还在于云南早期人们的选择。

从云南早期当时所处的经济环境以及海贝的出土情况和唐以后明确知道海贝为币的事实，不可否认，货币功能是此时期海贝的一项重要功能。众所周知，云南很早就和南亚、东南亚之间有着经济联系。也即人们通常所言的"南方丝绸之路"就是赖此而闻名的。东南亚、南亚国家和地区传统上是一个以海贝作货币的地区，并逐渐形成了一个十分庞大的贝币市场。流入云南的海贝在流通领域起到了货币的作用。② 因为有这种功能的发生，因此在大关崖墓中才有贝与铜钱放在一起和大理海东铜钱罐中放置仿制贝的现象。与确定无疑的货币放在一起保存，其货币功能显而易见。有学者还从云南早期商品经济发展状况来论证此时海贝为币。这是很有卓见的。但这类学者指出，海贝的细碎性及其特质适

---

① ［日］栗本慎一郎：《经济人类学》，王名等译，商务印书馆1997年版，第116页。
② 林文勋：《云南古代货币文化发展的特点》，《思想战线》1998年第6期。

应了云南早期商品经济发展水平所要求的货币形式。从海贝在当时社会的殊异性视之，加之贝钱同存、贝少钱多的出土情况也表明，海贝在这一时期是极为珍贵的，尚不会在云南早期社会中作为一般货币而普遍流通，而是作为贵货在一部分人手中流动。所以在一般平民的小墓中难以发现海贝，只在富有的大墓中发现。有的学者还指出：贝是滇国与印度和东南亚国家进行交易的"外汇"。[①] 这是一个颇有见地的见解，与当时海贝在云南的特殊地位相符。只是并非仅局限于滇国的对外贸易，在对内的大额交易中也同样具有货币的功能。进一步言之，云南早期墓葬中出土的贝，人们赋予了它众多的功能，正是这些贝作为货币的特性使然。"原始经济及非市场经济的货币，是一种有着各自不同起源、用于交换手段或支付手段等特定目的的'有限目的货币'。这种货币，一旦在社会上普遍地被当作财富的一般代表，它就过渡为一种更高层次的社会性存在物，从而取得了若干其他功能。"[②]

缪坤和

---

① 张增祺：《滇国与滇文化》，云南美术出版社 1997 年版，第 169 页。
② ［日］栗本慎一郎：《经济人类学》，王名等译，商务印书馆 1997 年版，第 124 页。

行动的"嵌入性"

——以银行贷款中的社会网络为例

一 经济社会学中的"行动"：
从"原子化"到"嵌入性"

在传统经济学的基本假定中，"行动"是具有固定偏好、以追求利益最大化为唯一目标的，是"原子化"的个人行动；行动主体不与其他主体联系，不涉及任何社会关系——是一种方法论上的个人主义（Smelser. N & Swedberg. R，1994）。与经济学不同，社会学的基本假定是"社会人"，经过"社会化"的过程，个人把存在于社会中的东西内化于自身，因而使自身及其行动成为了社会的产物。正如迪尔凯姆所说："在社会生活里没有什么不在个人的意识里的，这是显然的事情；不过，差不多个人意识里所有的一切都是从社会里来的。假使是在离群索居的境况之下我们的意识状态的一大部分决不会发生，又假使人类在另一种方式之下团聚，则我们的意识状态也不会是这样发生的了。由此看来，这些意识状态并不在普通人类心理生出来，却是由团聚了的人们依照人数之多寡与关系的深浅而相互发生影响，然后从那影响的方式里生出来的。这是团体生活的产物，也只有团体的性质能够解释它们。"（迪尔凯姆，1985）——"社会人"是存在于历史发展的社会制度以及文化中的人，其行动取决于现实的文化价值和社会关系，而不仅仅是个人的自我利益。

（一）学科交叉与经济社会学的产生

由于世界格局和社会现实发生的变化，社会科学也进行着巨大的调整，"有关学者集合在一个单一结构之中，他们彼此之间有着十分密切的学科联系"（华勒斯坦，1997）；传统的学科建构和界限、对社会科学知识人为的制度性区分变得模糊，甚至被打破。更为重要的是，这种学科间的相互促进对于社会科学的组织架构方面所产生的作用是巨大而深远的——新的研究取向和研究方法开始出现，跨学科交叉研究以及杂交化、整体化的趋势已经清晰可辨；相应地也出现了大量交叉、边缘和综合性学科。

从某种意义上讲，经济社会学就是这样一门学科：它涵盖了经济学和社会学之间的边缘地带，其发展既需要经济学理论基础，又需要社会学的分析方法。把两大学科联合起来共同解释经济社会现象，是高度发展的专业化分工日细、各种现象之间内在联系日深，从而学科之间联系日密的社会发展的客观要求。虽然主流经济学家并不关心社会学问题，但在众多的经济学流派当中，我们仍能发现有些经济学家对经济社会学的发展做出了重大贡献；特别是在"行动"的问题上，德国新历史学派、新旧制度经济学和熊彼特都取得了不同程度的突破（Smelser. N & Swedberg. R，1994）。

德国的新历史学派之中，威廉·罗雪尔、施穆勒和桑巴特等人都对经济制度的研究做出了杰出贡献——而许多经济社会学家认为，经济社会学从某种意义上说，就是一门研究经济制度及其对经济发展所产生影响的学科（Swedberg，1998）。对经济制度的关注意味着经济学家不再就经济发展所受的限制条件本身，比如生产、技术、资本等微观条件进行研究，而且还要对经济条件之外的民族思想、社会意识和文化特征等社会条件加以考虑（威廉·罗雪尔，2009）。因此，德国历史学派传递了经济因素和非经济因素综合考察的经济社会学方法论的传统，把对"行动"问题的分析放到了更广阔的社会空间之中。

以凡勃伦、米歇尔和康芒斯为代表的制度学派广泛地讨论了"制度"对人类社会生活所产生的深刻影响；而凡勃伦对经济社会学的贡献最直接——他也是制度学派中社会学派的代表。凡勃伦在《有闲阶级论》中的分析表明，经济生活严重地受制于社会力量，甚至可以认为是社会力量（社会意识形态和社会阶级结构）控制了经济发展的方向（凡勃伦，1964）。20 世纪 70 年代之后，以科斯和威廉姆森为代表的经济学家发展了经济制度分析方法，形成了新制度经济学。新制度经济学更重视经济学的微观基础，认为行动更依赖"有限理性"的假设前提，而非先前的"绝对理性"（Smelser. N & Swedberg. R，1994）。

此外，熊彼特在《经济分析史》一书中不仅多次强调社会学方法的重要性，而且直接提出并使用"经济社会学"概念作为经济分析工具。他认为，人类行为不仅包括动机、行动、偏好等，而且包括与经济行为有关的社会制度——比如财产制度、政治制度、契约制度等（熊彼特，1996）。这进一步把经济行动及其理性推向了"社会化"的范畴。

（二）马克斯·韦伯："理性驱动"下的"经济社会行动"

社会学家对经济社会学的贡献可以划分为三个阶段（Swedberg，1998）。第一阶段是在 19 世纪末 20 世纪初，以韦伯、迪尔凯姆和齐美尔为代表；第二阶段是 20 世纪 50 年代，以帕森斯、斯梅尔瑟和波兰尼为代表；第三阶段是 80 年代以后，被称为"新经济社会学"时期，代表人物有 H. 怀特、M. 格拉诺维特和 V. 泽利泽等人。其中，马克斯·韦伯是为建立经济社会学做出最持久努力和最出色贡献的社会学家。

虽然受到德国历史学派的文化熏陶，但韦伯仍然积极地接受门格尔学派（即奥地利学派）的经济学思想。与憎恨经济学并想用经济社会学取而代之的迪尔凯姆相反，韦伯把经济社会学视为主流经济学的一个补充。在韦伯的许多著作中，有三部与经济社会学有着极大的关系：《新教伦理与资本主义精神》（1904—1905）；《经济与社会》（1921—1922）；《经济史大纲》（1923）。其中，《经济与社会》一般被视为经济社会学的经典之作，勾画了经济社会学的基本轮廓。韦伯首先从个人开始讨论"经济行为"及"行为的经济取向"，然后探讨了"经济组织及其分类"、"经济的形式合理性和实际合理性"，最后分析了"政治组织"、"意识形态"和各种"国家制度"对经济发展，尤其是资本主义企业经营所产生的影响——可以说，《经济与社会》是古典经济学的一个里程碑，也是经济社会学初步建立的标志性成果。

最让我们关注的是，韦伯提出了这样一种"行动"的分类方式：第一种是经济行动（Economic Action），主要由物质利益驱使，并且追求效用——近似于经济学研究的"经济人"行动；第二种是社会行动

（Social Action），受到习惯、理想或情感驱使以及其他行动者的影响——近似于社会学研究的"社会人"行动；第三种，也是最现实、最重要的一种是经济社会行动（Economic Social Action），才是经济社会学研究的对象。

韦伯对于经济社会行动的理解包括四个方面：（1）个人的行动；（2）主要由物质利益驱使（有时候也会是理念驱使），某种程度上也有情感和传统因素；（3）以追求效用最大化为目的；（4）其他的行动者也被考虑在影响行动的因素之内——从此种意义上说，韦伯认为经济社会学的行动应该是将社会结构、个人经济利益以及传统和情感因素都考虑在内的。

而且在韦伯那里，他并不像大多数社会学家那样对"理性"的应用存有太多的排斥甚至绝望，他认为分析经济行动首先应该从"理性行动"的假设出发——他所谓的"理性"强调的不是行动者拥有完好的信息，而是从行动者想要实现其利益出发的；在利益理论的视角下，韦伯经济社会学的一个基本单位就是利益驱使下的"理性"行动——虽然这种行动是不得不与他人行为、社会结构相适应的。

（三）格拉诺维特："嵌入性"社会经济行动

20世纪80年代之后是新经济社会学诞生和发展壮大的关键时期。在这一时期，把社会学应用于市场研究的先驱是 H. 怀特。到80年代中期，怀特的许多学生开始发表经济社会学著作，尤其是借助于在他指导下所使用的网络研究方法。其中格拉诺维特的成果尤为引人注目，1985年他在《美国社会学杂志》上发表了一篇关于经济社会学的纲领性文章《经济行为与社会结构：嵌入性问题》，开创了利用社会结构或社会网络分析经济行为和经济秩序的经济社会学新纪元。格拉诺维特的理论假设体现了新经济社会学的关键特征，即认为所有的经济制度都是某种"社会建构"；经济制度是通过网络而产生的，然后被凝结到更坚固的社会结构当中（格拉诺维特，1985）。

格拉诺维特以及以他为代表的"新经济社会学"，认为现代经济学家的取向一直都是"理性的行动者"，从而将社会结构排除在了行动者行动的研究范围之外；即便是有些经济学家考虑到了外在的社会结构、社会关系对行动本身的影响，其所扮演的也不过是一个"摩擦力"的角色，而不是核心问题（格拉诺维特，1985）。在这一先验假设下，格拉诺维特认为对于行动的研究一直存在两个极端倾向：个人的"社会化不足"（Under-Socialized）解释和"过度社会化"（Over-Socialized）解释。古典经济学和新古典经济学继承"功利主义"传统强调"社会化不足"，在假设上排除生产、分配和消费中所有的结构和制度因素，且假设竞争市场上的信息是完全与对称的；而"过度社会化"则强调行动者的行为模式，诸如文化、道德、习惯、风俗的影响已经内化于个人心中。

格拉诺维特认为，实际上貌似处于极端两边的"社会化不足"和"过度社会化"解释，实际上遵循的都是一个前提假设——也就是经济学对于社会行动的研究，自霍布斯、斯密以来一直就有的一个前提假设，也是古典经济学和新古典经济学所供奉的一个经典命题：个体是理性的，追求自身利益最大化的"原子化个人"是决策和行动的主体。[①]格拉诺维特认为这样的假设是无法解决"秩序何以形成"中的"信任产生"的问题的（格拉诺维特，1985），于是他提出了"嵌入性"（Embeddedness）的观点，重新定位"行动"——"个人是处于社会关系之中的"是研究个人行动的基本出发点。强调经济行为是嵌入在社会行动中的，也是嵌入在行动者的人际网络结构中的。

与古典、新古典经济学对于理性的态度相反，格拉诺维特强调的是另一个极端："关系主义"——强调关系是行动研究的一个基本出发点，经济行动是嵌入在行动者的人际网络结构中的；而"理性"概念在实际分析中用处有限，甚至是毫无意义的，是"完全不现实的假设"（Swedberg，1998）。而对于行动中"利益"角色的淡化，有可能导致两个危险：一方面，个体成为了网络中的"节点"——这样的"节点"没有任何理性可言，也没有自主能力，完全成为了关系网络的附属物，个人的行动决策不再是一个很好的分析对象，网络代替了个人成为了决策的主体；另一方面，"嵌入性"概念又有可能被无限的夸大，行为仿

----

① 虽然在"过度社会化"的解释中，下级是服从上级的，但这只不过是一群带着"规范、价值"帽子的"原子化个人"，帽子底下的一个个个体仍然是原子化的。

佛可以被任意地进行"社会建构"（Socially Constructed）。

归结起来，韦伯并不排斥物质利益驱使下的个人"理性"和追求效用最大化的"行动"，在某种程度上，经济学的背景决定了他在"理性"和"行动"的问题上具有某种同经济学家相类似的态度，只是考虑了更多的社会、传统和情感的因素而已。相比之下，以格拉诺维特为代表的新经济社会学派则否认"原子化个人"的"理性"假设，也不认同追求自身利益最大化的"行动"决策，而是认为个人行动是"嵌入"在社会关系网络之中的。

二 行动"嵌入性"的应用

具体到现实问题上，行动的"嵌入性"视角有其重要的解释力和适用范围——本文仅以"银行贷款"这一事件为例来说明这个问题。

针对中国国有商业银行一度出现的"不良资产比例高，资本金低，盈利能力差"（田国强、王一江，2003）的情况，学界一度将其归结为"政策性贷款"造成的结果，是在长期的计划经济体制下以及向市场经济体制转型过程中逐渐积累形成的（Lardy，1999；Dornbusch，Giavozzi，1999；迈耶·J. 戈登、李曜，2003 等）。同时，一些国内外学者认为国有商业银行改革滞后于经济体制改革，甚至滞后于中央银行改革，这些也都是不争的事实。而本文的视角则要观察在银行贷款的微观操作层面上，对具体案例中银行贷款的"行动"为分析对象，来考察那些可能会增加银行金融风险、导致不良资产和降低盈利能力的因素。

本文所依托的调查研究是在 2004 年进行的，对象是我国 A 市的某国有商业银行，以及与这家银行有着业务往来的若干乡镇企业——之所以选择银行与乡镇企业之间的贷款行为作为研究对象，而没有考察其他性质的企业与银行的互动，是因为考虑到了银行同乡镇企业之间的贷款行为具有一些独特的属性。以本调查研究所在的 A 市为例，该市近郊乡镇企业主要都是由人民公社的前身演变而来（往往由公社形成一个"企业集团"，而各生产队则成为下属的子企业）。这些建立在人民公社基础上的乡镇企业通常仍然从事农业生产，也涉足一些工业领域。与其他性质的企业多为业缘关系组合不同的是，这些单位由于专业化和现代化水平不高，普遍都是以地缘关系为依托，以比较多的血缘关系为"强纽结"的（格拉诺维特，1985）。而乡镇企业"离土不离乡"的特点，又决定了他们可以凭借着地缘和血缘关系在当地的各种企事业单位里拥有大量的熟人——这其中当然也包括当地的银行。

同时，乡镇企业同国有企业、三资企业相比较而言，他们的所有权和控制权以及性质的演变都比较模糊，财务体系和管理体系的约束并没有那么严格和规范；企业运作的过程当中，也有很多可以"通权达变"的因素。比如，倪志伟就把乡镇企业看作"政府和私人部门之间的不正规合资企业，经常伴随着集体所有资产和企业不正规的私有化"（Nee，1996）——所有这些，都为乡镇企业和银行之间的关系加入了另一种变数。而这种"变数"，也恰恰是我们对乡镇企业银行贷款的考察重点。

另外，如果说国有企业和国有商业银行之间不良贷款的产生可以用"政策性贷款"的说法来解释的话，那么乡镇企业与银行之间的一些实际情况无疑是在"政策性贷款"的解释范围之外的。事实证明，对于乡镇企业银行贷款过程的分析，确实为我们提供了一个新的视角。

三　从贷款实例入手——看各级银行如何构建社会关系网络

2004 年 1 月、2 月，笔者曾在 A 市某国有商业银行做过调查研究，通过与分支行及其下属分理处有关负责人员的深度访谈和查阅有关数据材料的方式，了解到一些情况；同时，走访了部分与该银行有着或者有过业务上往来的乡镇企业，也以访谈的形式获悉它们从银行贷款的一般过程。从几个并不生动的故事当中，我们越来越清晰地发现，在国有商业银行的贷款行为中，一张由银行居于中心地位、企业和政府部门共同协助构建的社会关系网络发挥着巨大的作用——这在很多笔贷款的发放过程中都有所体现。

（一）人情贷款，关系贷款

2004 年春节长假后恢复上班的第二天，笔者在 A 市某企业集团与负责财务工作的某位领导进行了一次访谈。说起刚刚过去的春节，这位领导谈到了节日里的"搭人情"和"拉关系"。他说他本人在某国有银行中就有"关系"，而且是关系相当近的亲戚。但中国人有句老话："走亲戚，走亲戚，亲戚不走不亲"，年前节后的总要拜访拜访，看望一下。而既然要"走亲戚"，如果空着手去，面子上又有些过不去，总得要"意思、意思"、"表示、表示"，以单位的名义置办点儿年货，给在银行的这些"关系"们"顶一顶"。礼送得轻了人家看不上，转眼就忘，起不到什么作用；送得重了人家拿着烫手，还不敢收——所以往往采取的办法就是一大批东西送上门去，银行一个部门里不管是领导还是基层的办事人员，利益均沾，或多或少都有份儿。

　　而实际效果也确实没有辜负企业这种"搭人情"和"拉关系"的苦心，访谈中我们了解到，该企业集团每年都从那家有"关系"的国有商业银行中获得数额不菲的贷款，而很多笔贷款都是在前期贷款尚未还清或者不具备符合审查标准的贷款资格的情况下获得的。但由于有"关系"的存在，银行下派企业的调查人员往往碍于"人情"，不能如实地核查企业的贷款资格，简化贷款前的调查程序，帮助企业顺利地获得贷款的审批；甚至还可以一定程度的下调（至少是不上浮）贷款利息①。

　　另外，该公司领导还透露，除了节日里对"人情"、"关系"进行的"未雨绸缪"的铺垫之外，在企业对银行贷款有所求的时候，特别是在银行的信贷人员到企业审核贷款资格的时候，请客、吃饭、送礼等方式，都可以起到"临阵磨枪"的作用。

　　这位领导所说的"走亲戚"，跟我们一般意义上说的"走亲戚"是有着很大不同的。首先，在这里"亲戚"的选择是有很明显的选择性、很明确的指向性、很功利的针对性的。不是每一个亲戚、朋友或者熟人都能够获得这样的好处，而只是因为这些固有的"关系"能够通过某种方式，被强化为可以获得经济利益的工具。其次，熟人关系是属于个人的；而送礼也好、请客也好，这些行为却是顶着"单位的名义"的。被强化后的关系而形成的网络，已经不仅仅停留在亲情、友情、乡情的

---

① 银行与企业签订贷款协议的时候，有权力根据企业的具体情况决定对企业的贷款利息实行一定比例的"下调"或者"上浮"。

层面，归根结底是要为单位的利益服务的。

而从访谈内容中我们也很容易看到，国有商业银行的信贷人员们似乎对乡镇企业的这种做法也很买账，在很大程度上满足了他们的贷款需求——即便是在某些贷款不符合有关程序和规定的前提下，也帮助企业"瞒天过海"。就这种行为的动机，我们从一些信贷员的口中得知：他们常常会觉得，不论是亲戚还是朋友，只要把贷款贷给熟人，在还款的时候，这些熟人会考虑到他们的"面子"，"不会让他们的工作难做"——可是事实上，在我们所了解的范围内，"人情贷款"、"关系贷款"对偿还贷款的保证并没有什么帮助。

1997 年前后，某个体施工企业资金短缺，急需一笔贷款。该企业的经理与 A 市某国有商业银行分支行副行长是大学时期的同学，于是就利用这样的关系，获得了巨额贷款。但是由于建筑市场不景气，加之企业管理不善，贷款到期后无法偿还本金和利息，该企业被银行起诉。

笔者在调查当中发现的"熟人"贷款无法偿还的情况还有很多。可以说，"熟人"未必具有"可靠性"和"可信性"；况且由于作为"熟人"企业的某些职员和银行信贷人员之间很难拉下脸皮来系统的、严肃的、细致的进行贷款前的调查审核，企业内部的很多问题就很容易被忽略，银行所承担的风险反倒更大。到了需要企业还款的时候，没钱就肯定不能偿还贷款，也就谈不上考虑"熟人"面子的问题了。另外，在相当长的一段时间里，信贷部门只负责发放贷款而不负责回收贷款和利息，收息率也并不计入业绩考核的衡量标准，贷款之后的工作就几乎不需要信贷员劳心费神。所以信贷人员贷款给熟人的动机跟"还款"的问题丝毫扯不上关系。

"人情贷款"、"关系贷款"之所以存在的原因主要还是在于利益，这里说的"利益"，可能是有形的，也可能是无形的。所谓有形的利益可以建立在"理性人"的基础上很容易被理解：企业在同信贷人员建立关系网络（或者是对旧有网络的一种加强）的时候，就会通过前面所描述过的种种方式让银行中的上上下下都尝到些许甜头；而信贷人员在同等条件下接受那些"关系企业"的贷款申请，并在企业贷款资格审查的时候放松尺度，甚至弄虚作假的时候，考虑到的既有可能是对过去"甜头"的一种"回报"，也有可能是对未来收获更大物质利益的一种预期。

　　而要说明"人情、关系贷款"为银行职员带来的无形的"利益"，这里就不得不提到一个概念："社区情理"（杨善华、吴愈晓，2002）①。虽然我们所了解到的大部分乡镇企业都已经在城市近郊乃至城市内部发展，但前面所提到过的这些乡镇企业"人民公社"的前身，就决定了其中很多人还是有着共同地区亚文化背景的；而无论是亲戚、朋友还是同学，关系网络中的银行职员恐怕也很难逃脱这种"亚文化"的笼罩。在这样的前提下，虽然通过制度外的一些方式和手段达到为"熟人"取得贷款的做法有悖于银行的贷款制度和盈利目的，但银行信贷人员为避免自己的行为同"社区情理"下的行为标准和思维习惯相冲突而受到社区舆论的指责，也必须为关系网络中的熟人而一定程度的放弃原则。笔者在调查中就遇到过信贷人员给自己父亲所在的企业、兄弟工作的公司（符合，或者不符合贷款资格）贷款的情况，试想，当这些至亲向他们提出贷款申请的时候，"大义灭亲"、"公私分明"的行为在这样一种"社区情理"的氛围中是很难产生的。服膺于"社区情理"，按照社区中生活的多数人的思维习惯、行为模式和文化尺度办事，与其说是对心理和名誉层面上一种"利益"的获得，倒不如说是对社区、网络生活中一种"尴尬"的规避。——信贷人员选择熟人发放贷款，并不是担心贷款之后还款时不好"做工作"；而怕熟人拿不到贷款，自己在圈子里不好"做人"才是一个重要的原因。

---

　　① 所谓"社区情理"，是指"在一个相对封闭及文化相对落后的社区中，存在着由地区亚文化决定的某些为在该社区中生活的多数人所认可的行为规范以及与此相适应的观念，这些规范和观念可能有悖于一定社会的制度和规范，或者与一定社会的制度和规范存在着某种不适应。但因为社区的封闭性且居民文化层次较低，所以这样的社区行为规范和观念仍得以存在并发生作用。而在社区中生活的人在选择自己行为时则首先考虑自己的行为能否为社区中的他人所接受并把它看作是自己行为选择的主要标准。……这里所说的'社区情理'，其实与涂尔干所说的'集体良心'或'集体意识'相类似，也具有外在性、普遍性与对个体的强制性。但是它又以规范及与规范相适应的观念的形式表现出来，并受到社区舆论的制约。……虽然上述对社区情理的解释指的是相对封闭以及文化相对落后的地区，但是实际上社区情理是存在于中国广大的农村地区（包括沿海发达的农村地区）之中的……"（杨善华、吴愈晓，2002）。

（二）　以小团体利益为目的的权力"寻租"

贷款案例一：1994 年，A 市某国有商业银行分支行主管领导，希望通过与企业建立合作关系来给职工带来某些福利；并很快向办公室负责人和基层信贷员传达了这种意愿，授意物色合适的企业。一段时间之后，一家从企业规模、企业性质等方面来看都不符合银行贷款条件的养鸡场走进了银行的视野，并同银行达成了贷款协议：贷款利息不上浮，而用每月为银行员工提供一定数量的鸡蛋作为福利的形式替代上浮利息。贷款到期后无力偿还，形成呆账贷款，"福利鸡蛋"最后也不了了之。

贷款案例二：1990 年前后，A 市某国有商业银行下属某分理处为解决交通问题，方便办公，希望某对口客户企业能够提供车辆。而提供车辆的单位在前期贷款尚未偿还的情况下又向银行提出了贷款 40 万元的请求。作为"报酬"，该行批准了这笔贷款请求。到 1996 年，利息 83 万元无法偿还，形成呆账贷款。贷款还不上，那辆车也被收归银行。

我们在访谈和调查中了解到，该国有商业银行类似这种情形的贷款还有很多，从中获得的"实惠"也五花八门：比如获得贷款的建筑施工单位，为银行员工提供住房以偿还"上浮"利息；而一些宾馆酒店也通过提供娱乐、度假和出游场所作为一种对银行的报偿；等等。

而在这种以权力的"寻租"为主要特征的贷款类型中，私人的社会关系网络同样起到了非常关键的作用。因为，银行部门权力的"寻租"也绝对不是没有方向性和目的性的：访谈中我们了解到，"寻租"的目的虽然是使银行某个小团体的整体获益；但在实际的运作过程中，在什么范围内"寻租"，最后由谁来"租"，都是由个人操作的——在同等条件下，为什么选择了这家企业而不是另外一家企业，是要看企业职员与银行人员之间有没有私人关系的。比如案例二中的银行分理处的基层领导同最后那家用车"换"来了贷款的企业领导之间，就是关系很近的亲戚；银行工作人员更可能倾向于选择那些亲戚、朋友、熟人来接住银行抛出的"绣球"。况且这种并不那么合乎制度规范、在游戏规则之外的贷款"寻租"，严重一点说，甚至可以看作是一种"金融腐败"；熟人圈子以外的、没有私人关系的企业，很可能连知情的机会都无从谈起。

如果说前面的人情贷款、关系贷款是乡镇企业扮演了更为主动的角色，通过走人情、拉关系强化了既有的网络关系，而银行的有关人员也顺水推舟，实现了"企业得贷款，银行有面子"的双赢结果的话，那么这种银行权力的"寻租"，则完全是银行方面主动的"投怀送抱"。而那些银行与企业之间私人关系"网络纽带"的主人，则不过是扮演了"牵线搭桥"的角色，也由此让私人关系上升到了银行和企业关系的层面，同样达到了"企业得贷款，银行拿实惠"的双赢目的。

（三）"政企"合作，"政金"结盟

贷款案例三：1998 年，A 市某企业集团在没有同银行直接取得联系且前期贷款尚未偿还的情况下，找到上级主管镇领导，通过镇领导跟银行市分行领导的私人关系，由市分行领导决定，以"戴帽"的性质指令下属分理处给该企业贷款。在进行了一系列"调查"、"上报主管部门"的形式之后，再次获批贷款 400 万元，但该贷款一直无法偿还……企业领导介绍，该企业获得了政府在贷款问题上的援助或者其他方面的政策支持，作为回报，在该公司有出国考察机会的时候，可能会考虑邀请政府领导"随行指导"——而实际上就是为他们提供了一次出国旅游的机会，旅游的费用全部由企业的考察经费支出。当然，这只是一个最简单、最可以示人的例子；与银行的"寻租"相类似，政府部门也完全可以从企业处获得如住房提供、日常福利保障等优厚报偿。

1. "政企"关系

这里产生了一个新的问题：政府部门是出于什么样的动机介入到这张"乡镇企业贷款专用"的关系网络中的？

关于政府部门自身的角色定位，我们可以参考《从"代理型政权经营者"到"谋利型政权经营者"——向市场经济转型背景下的乡镇政权》中的观点：由于政府间的利益分化，乡镇级政府部门开始从国家利益的代理人逐渐向谋求自身利益的行动者转变，也就是从"代理型政权经营者"转向"谋利型政权经营者"的过程（杨善华、苏红，2002）。

而有关政府与乡镇企业之间的关系，相关的研究也很多。最有代表性的观点之一就是 Jean Oi 的"地方政府法团化"（Jean. c. Oi, 1999）。

其主要观点包括，第一，地方政府已经把乡镇企业看作地方预算收入的一个重要的潜在来源（Oi，1992）；第二，地方官员有激励乡镇企业利润最大化的私人动机，因为在县、乡镇和村庄各级官员的仕途以及薪水都受到企业效益和发展的直接影响（Oi，1995）；第三，"地方政府法团化"是指地方政府即县、镇、村三级政府（不包括省级和中央政府）直接介入经济，将企业纳入行政管理范围，既对企业提供经济依靠的后盾，又施加控制权力，担任企业管理角色的过程；各级政府、政党与所辖企业形成的一个类似于大企业的利益共同体——三者结合而形成的具有共同利益的"法团组织"是中国经济改革的制度基础。该"法团组织"的运作类似于商业组织，以经济利益最大化为组织目标，组织架构呈现"官商结合"的特点。地方官员往往兼任企业集团董事会的董事之职，地方最高行政长官成为董事会的执行主席。从而实现了从"政治精英"到"经济精英"的转变。

另一种与 Jean Oi 的"地方政府法团化"相类似又不完全相同的观点来自 Andrew G. Walder。Walder 分析了基层政府在财政体制改革的背景下角色与行为的变化，总结出政府与企业的关系类似于一个工厂或者公司内部的结构关系；也就是说，政府作为所有者，类似于一个公司中的董事长，而企业管理者则类似于各部门负责人的角色。他还认为，地方政府（特指政府部门中最低一级的乡镇政府）因为比其上级任何一个层次的政府都承担着更大的经济压力，当带着自己集团的利益经营企业时，他们也就比其他任何一级政府更加全身心的投入，因此地方政府也就成为推动整个社会经济增长的生力军（Andrew G. Walder，1995）。

尽管各派观点对于"法团主义"的概念存在着一些歧义——有的将"法团主义"看作是一种利益的共同体（内部合作），也有的将它看作是不同的利益主体在其中进行活动的"场域"（外部合作）——但毋庸置疑的是，他们所强调的都是乡镇级政权和乡镇企业在利益差异基础上的合作。

在本文的调查访谈中，地方政府把乡镇企业看作预算收入的重要来源而为企业获得贷款提供支持的情况是存在的；地方政府把乡镇企业发展作为自己政绩的组成部分的因素也是可以考虑的。但这些都不是我们所观察到的重点。本文认为，在 A 市的部分地方政府与乡镇企业合作的案例中，这种政企之间合作，并不体现在通过正式渠道结合的单位之间、组织之间、机构之间，而是私人关系的纽带发挥了最直接的作用。举一个简单的例子：向阳镇（化名）的向阳企业集团是由原"向阳公社"演变而来的，向阳镇的镇长也曾经是公社的社员，与向阳企业集团的很多领导、员工都是亲戚、邻居或者农友的熟人关系；即便后来镇长做到了区办公室主任、区长甚至市领导等，仍然是"树高千尺不忘根"，在向阳企业集团需要帮助的时候也会看在"公社"的面子上拉兄弟一把。而即便在这种"乡亲乡情"发挥作用的情况下，乡镇领导的援手也不仅仅是亲情、友情的一种无偿的"回馈"，往往还伴随着一些私人利益的投入与交换；更不要说那些原本没有什么瓜葛的官员与企业家们，建立在"把酒言欢"甚至"权钱交易"（或者以"提供出国旅游机会"这样的形式进行包装）基础上的"朋友"关系了①。

2. "政金"关系

在政府部门和金融机构（地方国有商业银行）的关系中，政府干预商业银行的行为可谓由来已久：以 A 市某建筑机械厂为例，该企业是国家计划立项的国有企业，所以地方政府每年指派给该企业一部分"计划指标"的贷款。这部分贷款企业如果有需要当然更好，即便企业不需要也必须得贷款；于是从 1987 年开始到 2003 年，该企业累计向银行贷款本金 700 多万元，利息 1000 多万元，无力偿还；2003 年在国家有关特殊政策的关照下，减免了部分利息，被强迫偿还全部本息。

地方政府干预企业贷款的目的很明显：就是要尽可能地从银行获取资金来支持地方经济的发展；而银行业的风险最终是由中央政府而不是由地方政府来承担，所以地方政府做的是"没有本钱的买卖"。上面的情况发生在国有企业的贷款过程中，政府可以直接以行政指令的方式进行干预；而在我们所讨论的乡镇企业贷款的问题上，地方政府就不便如此"明目张胆"了。前面的例子已经提到过，地方政府为乡镇企业办事儿，往往是动用自己的私人关系；而在这种"私人关系"的运用与强化中，不仅仅地方政府能获得好处，银行部门中无论是个人还是小团

---

① 有关政府官员与企业私下结合的更多分析，可参见孙立平（1996，2002）的研究文章。

体都能在一定程度上获益。

首先从个人角度来看，银行的成员不仅仅是各国有商业银行的下属员工，而且也是所属地方的社区成员，面临着一系列受到地方政府约束与控制的因素，比如便利的子女上学条件等——毕竟银行所能控制的范围有限，而政府对社会、社会中的个人的"关怀"是无微不至的；银行中的个人同政府中的官员加强私人关系的力度，从这种"强纽结"中获得的好处往往是不期而遇的。就像有些学者的分析一样，银行工作人员是服从纵向控制的，必然需要对上级银行表示忠诚；又由于他们是地方社会网络的成员，也需要对包括地方政府官员在内的社员网络成员表示忠诚。在纵向框架内上下信息不对称程度较大，而在横向框架内人际信息不对称程度反而较小。所以他们总是对地方政府表示出更多的实质忠诚，而对上级银行则表示形式忠诚，以求个人利益最大化（冯兴元，2003）。

其次从地方银行的角度考虑，他们的宣传、建设、发展和安全等方面的利益，是与政府各部门的支持与配合分不开的。在访谈中有些银行的领导就提到，如果地方政府领导的面子不给，该银行在地方上的发展就会受到重重阻碍而举步维艰。所以，与其向政府部门讨吃"罚酒"，倒不如爽爽快快地喝下人家送上门来的"敬酒"；自此国有商业银行要建一栋楼、扩一片地、做几个广告、搞几项活动什么的，政府批文将无不顺风顺水，何乐而不为呢？

（四）小结

前面我们通过实际的贷款案例说明了三种不同形式贷款的发放过程。乡镇企业中的个人通过拉关系、搭人情同国有商业银行信贷人员加强私人关系而获得贷款，银行信贷人员获得名义上或者实际上的利益，这种情况我们称为"模式一"。国有商业银行授意信贷人员通过私人关系的沟通，同乡镇企业达成共识，以"寻租"的方式为企业提供贷款；而获得贷款的乡镇企业为银行小团体提供形态各异的福利，我们称为"模式二"。乡镇企业跨过银行，直接向地方政府提出需要，由地方政府领导以私人关系向银行提出为企业贷款的要求，可以视为"模式三"。在这三种模式中，我们都假定最终完成贷款行为的是国有商业银行分支行的基层信贷人员（实际情况是分支行本身也具有贷款的职能，而基层信贷网点只是得到了分支行的贷款权力下放），那么就可以得出以下的模型图。

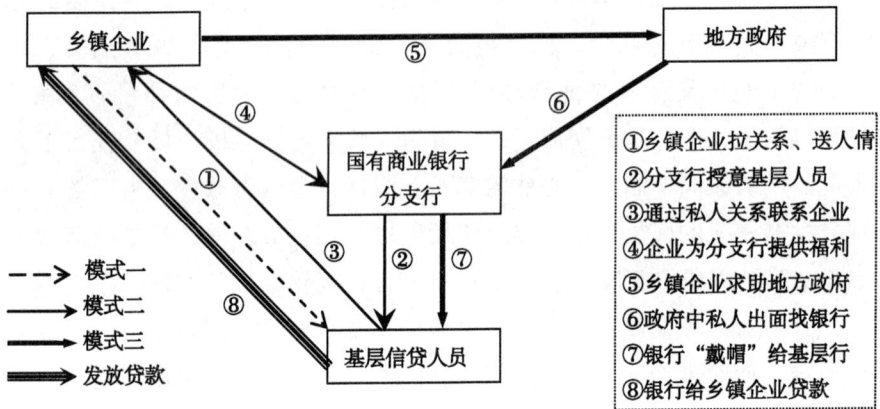

图1　社会关系网络中的乡镇企业银行贷款模式简图

下面我们试图通过一些总结和归纳寻找这些不同形式当中的共同之处。

第一，无论是企业和银行、企业与政府或者是政府与银行之间，由各种各样的私人关系编织成的社会关系网络是既有的（当然不排除少数企业或个人通过非常规手段"临死抱佛脚"，搭上同银行关系的末班车）。这点在乡镇企业生存和发展的地域空间里体现得尤为明显，这也是"乡土中国"一点独有的特色。

第二，企业对银行信贷人员的"感情投资"、银行对乡镇企业的"眉目传情"以及政府对银行的"恩威并施"，其实都是通过不同的方式达到相同的目的：加强既有的社会关系网络中的"弱纽结"，使之成为能够为自身赢得资源、利益，至少是面子的"强工具"。

第三，新的价值是绝不可能在社会关系网络的人情交换中产生的。有人在关系网络的机制中获益，那就势必伴随着某种其他方面的损失。打一个比方：政府、企业、银行兄弟仨人关系本来就不错。为了增进感情，他们约了个好日子在酒店大吃大喝，每个人都吃到了自己爱吃的东西，可谓各得其所；饕餮之后总要有人埋单付账的，可是地方政府拿着根牙签在那儿摆着老大的架子，乡镇企业哭丧着脸装孙子拿不出钱，地方国有商业银行怎么办？只好让他们的"后台老板"亲自背这个黑锅——打了一个"呆坏账"的欠条，署名是：国家财政。

于是，在看似"双赢"乃至"三赢"的表面现象下，隐藏着巨大而严重的负面后果：不论是人情贷款、关系贷款，或者是"寻租"贷款，也或者是"戴帽"贷款，一个很重要的特征就是在正常的贷款渠道和审批程序下往往是不符合条件的，这样的贷款从诞生之日起就是个错误，更别指望有朝一日贷款者能够还款付息了；结果就是形成了大量的"呆坏账"，对银行的盈利能力无疑也是一种毁灭性的打击，前文提到的"不良资产比例高、资本金低、盈利能力差"的现象也就不难解释了。

在本文所研究、分析的范围内，国有商业银行"高、低、差"的现状，在一定程度上是由于在贷款的实际操作过程中大量的社会关系网络发挥不正当作用造成的；那么我们不禁要问：乡镇企业、地方政府中的单位或者个人建立、发展乃至利用这样的社会关系网络的动机很容易理解，但对于国有商业银行中的员工和小团体也对网络活动乐此不疲就似乎有些"饮鸩止渴"的味道了。那么，是什么原因让他们对身后可能产生的沉重负担毫无顾忌，而一心一意的攫取私利？又是什么样的制度背景允许了，甚至滋养了这种利用网络谋私利的行为？

四　国有商业银行贷款中"网络行为"的制度背景

如前所述，"乡土中国"的社会关系网络是既有的、"先天"的，是改革前就已经存在了的；而强化并利用关系网络在银行贷款中攫取私利而造成银行业不良资产的行为则是"后天"形成的，甚至可以说是伴随着中国经济转型和金融体制改革的步伐产生的。

（一）背景：国有商业银行改革

诸多国有商业银行，都是 20 世纪 80 年代中国金融改革之初的产物；然而当时金融改革的重点却并不在金融机构的改革上。① "专业银行改革" 被放在几大改革中心内容的最后，原因很简单：在市场还没有发展起来、企业也还没有发展起来的时候，央行对于宏观经济的调控手段完全建立在直接规模配给的基础上，专业银行不得不先继续充当配给制的通道。因此，在那个阶段，专业银行改革的进度主要根据央行调控方式改革的需要来进行；而央行需要调控的范围太广，可以调控的手段又太少，专业银行的改革基本上是在政府 "拉着手闸" 的情况下进行的——所以，即便那时社会关系网络已经存在，但在各专业银行，尤其是地方专业银行手中没有自主贷款权力的时候，网络在贷款中的作用自然是无从发挥的。

1984 年底，城乡经济改革的浪潮迫使金融主管当局不得不决定改变 "宏观易失控，微观难搞活" 的纵向行政分配资金的管理体制。从 1985 年 1 月 1 日起，新的 "统一计划、划分资金、实存实贷、相互融通" 的体制开始实施，鼓励发展银行间同行业拆借市场，鼓励各家银行从市场上自筹资金。和信贷资金改革相适应，各专业银行开始着手改革旧有的经营管理体制，改革内容主要是围绕 "自筹资金" 的需要，如对城市行下放经营自主权，建立总行系统调控体系，统一调度、集中管理资金等等。

从现代商业银行管理的角度来看，这种改革是一种适应性的、浅显的 "结构维持型" 的改革；只是在既有的结构下进行内部管理漏洞的修补，并没有迈出决定性的步伐。而且最核心问题是，一系列的改革并没有使国有商业银行从根本上适应从计划经济向市场经济转轨的过程，国有商业银行产权制度缺陷依旧明显；国家是四大国有商业银行的唯一产权所有者，但实际上国有商业银行没有明确的所有者主体和所有权要求，这也造成了一系列负面影响。

第一，作为产权所有者的国家，其目标是多元化的。根据 1995 年《中国人民银行法》的规定，中央银行的目标是 "货币政策的目标是保持货币币值的稳定，并以此促进经济增长"。针对这一目标，为了实现

---

① 实际上，从 1979 年开始到 1996 年，中国金融体制改革虽然从银行的组织体系入手（专业行从人民银行中分离出来），但始终围绕着 "建立健全中央银行宏观调控体系，开拓和发展金融市场，培植新的金融体系以及专业银行改革" 这样的顺序进行。

宏观经济和币值稳定，中央银行的做法是"风险控制型"的金融监管——控制新银行的进入和掩盖现有银行的风险。这实际上放纵了国有商业银行不良贷款的大量增加。虽然追求利润最大化和资本收益率的提高已经成为新的经营目的，却不能成为各级银行内在的动力，商业准则也不能成为银行行为的最高准则。

第二，由于缺乏所有者的监督、激励和约束，国有商业银行存在着普遍的"内部人控制"。这就决定了中央银行的分支机构不能够很好地监管各地的国有商业银行分支机构；而中央银行总部通过直接监管国有商业银行来监管后者的分支，无疑也是力不从心。而且，由于国有商业银行的信用事实上已经转变为"国家信用"，所以无论是民众还是客户，都认为国家银行绝对不会倒闭，对银行的风险熟视无睹——银行因此而缺少了来自外部社会的有效监督。在这种情况下，要求银行建立风险约束的自律机制更是不可能的。

（二）制度变革下地方银行的行为取向

在国有商业银行改革的大环境下，地方国有商业银行以及分支行所面临的就是这样一种制度环境："对城市行下放经营自主权"、"鼓励发展银行间同行业拆借市场，鼓励各家银行从市场上自筹资金"，给了地方银行充分发挥"才干"的空间；而同时，产权制度不明晰、盈利目的不明确、监督机制不完善更使得地方银行以及分支行的行为取向成为了"小团体福利最大化"而不必担心风险。——这就像是一个父亲打碎了儿子手里吃"大锅饭"的"铁饭碗"，让他自谋生路；儿子自主了，用什么方式挣钱父亲不管，也管不了；同时还有一点，父子关系没有断，儿子凭关系、本事挣的钱揣进自己的腰包，赔了钱却要记在父亲的账上。

同时，国有商业银行同国有企业同为"国有"，所以对其赖账、逃债的行为难以给予惩治；必要的时候，国家有关政策还会出面干预，帮助国有企业"打圆场"（比如我们前面举的 A 市某建筑机械厂的例子）。由此产生的国有企业在银行的不良资产已经堆积如山，所以地方银行已经纷纷对这种不良资产司空见惯甚至"脱敏"了，哪里还会去管不良资产是来自国有企业还是乡镇企业——更何况把钱贷给乡镇企业，不论能否偿还，自己总会在其中捞到一些好处。

于是，在这样的背景下，地方银行如果不考虑利用手中的网络资源同乡镇企业、地方政府建立合作关系从而为小团体谋利的话，那反倒成了不正常的现象。通过一些社会网络的关系，把手里的权力"租"出去，满足了乡镇企业的需要，成全了地方政府的面子，获得了团体福利的增加，激励了下属员工的热情，同时也为本单位日后在地方上的实力扩充和综合发展做了铺垫……种种好处的获得所付出的代价就只是在国家数额庞大的"呆坏账"数字上添上几个可以忽略不计的零头，那么获得这些好处的行为就显得顺理成章了。

（三）制度变革中的基层信贷人员行为取向

调查中，某国有商业银行的信贷人员曾经向我们介绍过约束他们贷款行为的"企业贷款的审查程序"：（1）企业递交《贷款申请》和《可行性调查报告》，上报基层银行。（2）基层银行指派信贷员到申请贷款的企业进行调查（调查内容主要包括企业的经营状况、还贷能力等），形成《调查报告》。（3）由地方分支行信贷委员会审查《调查报告》，并由决策领导小组会签署贷款合同。

但实际情况是，从20世纪80年代中期到90年代中后期，这10年或者更长的一段时间里（也就是专业银行向商业银行改革的过程中以"自筹资金"为目的下放经营自主权的时候），几乎所有的国有商业银行贷款程序都处于很不完善、很不成熟的阶段，制度性薄弱、主观随意性强，"审查程序"成为了一纸空文，基层行处的领导握有绝对的放贷权。究其原因，还是因为产权责任不明晰、监控机制不完善造成的。

由于产权责任不明晰，信贷部门，尤其是基层信贷人员只管贷款不管回收。以某国有商业银行为例，1993年之前，收息率一直没有成为对信贷人员的硬性约束；即便是1993年该行将收息率列入基层行的考核指标体系之后，仍然只是一种事后考核，而且只占总考核权数的5%—10%。无疑，基层信贷人员不必承担回收贷款及利息的责任，贷款就更加具有随意性和主观性。也正如笔者前面对地方银行的分析一样，监督机制不完善造成了所谓的"企业调查"变成"走形式"

和"例行公事",贷款与否在调查之前往往已经确定(至少在调查中乡镇企业的一番"人情攻势"之后就确定了);也使得信贷人员的行为取向是"个人利益最大化"而不必担心贷款后的风险承担。

而从另一方面讲,银行的基层信贷人员作为市场行为个体,对经济转型时期"商品化"浪潮的敏感程度要远比庞大的国有金融机构快得多:这部分人曾经手捧着"铁饭碗",占据着黄金工作岗位,是社会中较高收入的群体;但是在体制改革、开放搞活之后,社会中的一部分人暴富起来,在这些人面前,银行"工薪阶层"的心理落差是显而易见的——毕竟,国有商业银行盈利能力不强,员工工资水平的提高也极为有限。另外,银行员工的福利也随着"商品化"的过程有了大幅度的降低:福利分房没有了,而在各种节日、纪念日的生活资料分配上也少了很多,这种情况也势必"督促"他们通过其他的渠道和手段提高实际收入,改善生活水平。况且,在这样一个"从生活必需品的生产和消费的时代,到耐用消费品生产和消费的时代"(孙立平,2002)变迁的时期,频繁地与精英阶层、上流社会、暴富大款交往甚至最直接地接触金钱的银行工作人员,难免会在日常生活必需品基础上生发出更多的利益诉求——于是,在改革前计划经济体制下的贷款过程中"闲置"的社会关系网络被派上了用场,也就产生了我们前面所描述的信贷人员用贷款换人情、谋实利的种种行为。

(四) 小结

通过这部分对国有商业银行贷款中"网络行为"产生的制度背景的分析,我们似乎已经勾勒出这样的一幅画面:在国有商业银行的改革中,虽然已经引入了"风险与盈利"的动机,但产权责任仍然不明晰,监控机制依旧很薄弱;而地方银行和基层人员又分别面临着"自主经营、自筹资金"和"程序松动、欲壑难平"的行为选择的制度背景。正由于这些经营动机的误导和产权制度的空隙,才给了贷款中的"网络行为"以继续生存和发挥作用的空间;而反过来,这些"网络行为"也对正在形成中的现代金融体制进行着连续不断的抵触和削弱,结果形成了一种恶性循环。

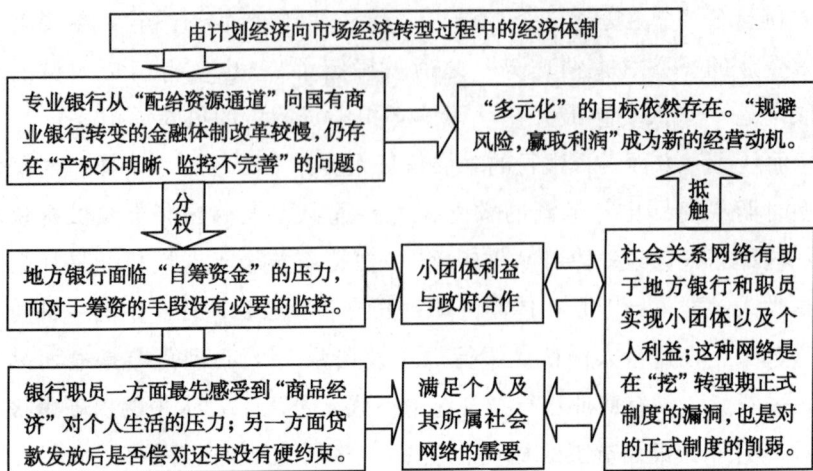

图 2　国有商业银行的改革背景与贷款中的"网络行为"

五　现代金融体制下社会关系网络的作用

　　既然说利用关系网络在银行贷款中攫取私利而造成银行业不良资产的行为是伴随着中国经济的转型和金融体制的改革而产生的；那么在规范的信贷程序面前，在现代金融体制的框架下，是否就不需要甚至要杜绝社会关系网络的存在呢？本文的答案是否定的。就像格拉诺维特认为的那样，现实发生的任何经济活动和行为都不是可以脱离社会背景和环境而存在的，而是嵌入在特定的社会关系和网络之中的，并受到行为者之间社会关系的约束和影响（Granovetter，1985）；经验事实表明，在西方发达国家久已建立的金融机构和银行系统中，社会关系网络依然存在，只是其发挥的作用与我们在国内所观察到的情况有所不同。

　　在乌泽（Brian Uzzi）有关银行贷款中社会网络的研究中①，他要解

_____

　　①　该研究是通过对位于芝加哥附近的 11 家处于高度竞争的银行中 26 位受访者进行了田野调查，受访者包括负责借款、和客户交涉的关系经理，两名银行的 CEO，两名坏账处理负责人。此外，该项研究还运用了美国联邦储备银行 1989 年所做的全国小商业、金融企业调查，使用了 2300 个随机调查可用企业数据，进行统计分析。结果表明，企业和银行之间的嵌入关系增加了企业获取贷款并以较低的成本获得贷款的机会。同时，在具备嵌入关系的企业中，具备网络互补性的企业更有可能以较低成本获得贷款。——所谓网络互补性是指企业同银行的关系不是单一的"亲密型"或者"疏远型"（Arm—length），而是面对不同银行时，同时有两种关系的混合存在。（Uzzi，1999）

释的问题是，在许许多多的中型企业中，哪些企业更能够得到银行的贷款，以及得到贷款的利息高低。因为银行审批贷款具有一个非常严格的程序，在激烈的竞争情况下，银行可以通过一些正式的手段（如企业作为抵押）将它的风险压到最低。在这种情况下，社会网络还有没有作用呢？乌泽的基本命题是：这些企业是否得到金融资本以及得到金融资本的价格与企业和银行的嵌入性关系有关——也就是银行与企业的交易能不能实现、花费的成本有多大，是与它们之间有没有社会关系相联系的。

如果一个企业在银行中有熟人关系，就更有可能得到贷款，而且贷款的利息较低。乌泽提出：第一，因为有了关系网络，双方就可以解决信息不对称的问题；网络提供的信息更为丰富，所以可以在交流过程中提高合作程度，创造更多的价值。第二，网络可以降低防范投机行为的成本——如果银行熟悉某一顾客的可靠性，就不需要花很多精力去调查或建立防范机制，从而降低防范成本。

另外，还有些学者认为，当银行之间的竞争程度较低时，银行会比竞争激烈时从事更多的陌生人之间的贷款业务；而当银行之间竞争程度加剧时，银行只发放关系型贷款，而银行业总贷款保持规模不变（Boot & Thakor，1997）[①]。这样的研究结论也基本都被经验研究所证实。——国外学者达成的共识是，类似关系型金融这种"嵌入"现象并不会随着市场竞争程度的加剧而消失；即使竞争会对关系型融资产生一些负面影响，成熟的关系型融资制度在保留其基本特征的同时，做出适当的调整，仍会在经济中扮演重要的角色。

然而与中国的网络行为带来的"高、低、差"不同，那些具备现代金融体制的国家并没有因为社会关系网络的存在而影响银行的高效运转。以美国为例，其贷款损失占总资产的利率在1990—1991年为1%，在2000—2001年为0.5%，与我国的国有商业银行可以形成鲜明的对

[①] 《金融媒介》杂志（Journal of Financial Intermediation）在2000年第1期上登载了关于"关系银行"（Relationship Banking）的专刊，包括对关系型融资的成本和收益分析；对欧洲20国1079家公司的跨国比较，讨论了企业同银行维持的平均关系数，以及关系强度对合同中价格和非价格条款的影响，等等。Boot和Thakor（2000）讨论了企业与银行之间的"嵌入性"的关系交易在竞争环境下的变化。他们通过比较静态模型的推导，考察了银行之间的竞争和银行与资本市场之间的竞争对关系型融资的规模和效率的影响。

照（冯兴元，2003）。这其中的原因，可以在下面的图中很清楚地
看到：

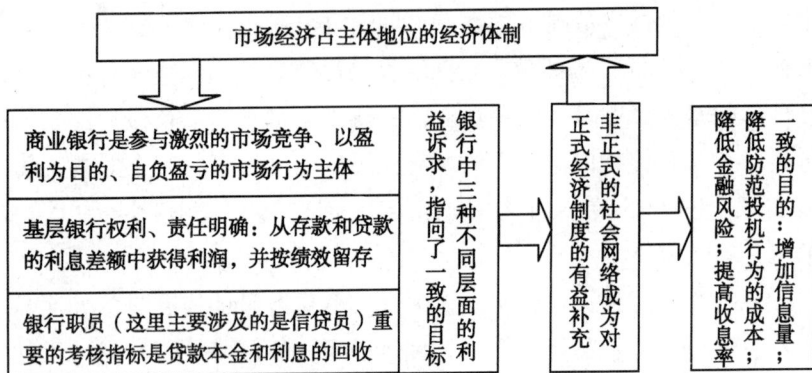

图3 现代金融体制下的"网络行为"

从前面图2和图3的对比中我们可以很明显地看到，现代金融体制
下的商业银行是自主经营、独立核算的市场行为主体，经营目的明确，
产权责任明晰，职员考核和监控完善，各层面上的行动者都紧紧围绕着
统一的目标；对社会关系网络的利用虽然是服膺于银行整体的盈利目
的，但这些与小团体和个人的利益最大化并不冲突（因为小团体与个人
利益最大化是建立在银行盈利的基础上的）——而这些，都是改革中的
国有商业银行所不具备的。

当然，即使在制度完善的情况下也会有问题出现，比如美国的一些
金融丑闻，Enron 公司、Freddie Mac 共同基金的买卖，Anderson 会计公
司的作弊等，在这些丑闻中，美国的一些大银行，像花旗、摩根、
Chase 等都参与其中。——尽管国际知名的大银行制度严谨、作风稳健，
也有可能钻制度的空隙，造成危害。但是无论如何，在制度严谨的条件
下出现问题的可能性要比在制度不健全的情况下小得多。

六 总结与思考

针对中国国有商业银行的现状，主要有几种银行改革的思路：第一
种是在坚持国有的前提下，对国有商业银行通过加强内部监管、进行内
部改造以提高效益；实行股份制，成立董事会，监督行长，人事调配上

与政府脱钩。第二种也是坚持国有，但主张要分拆大银行以加强竞争。第三种是发展地方银行，主要是发展城市商业银行和农村信用社。第四种是发展民营银行，通过他们的制度创新能力，逐步消化、吸收风险，促进竞争，减缓国有商业银行垄断带来的"资源无效益"问题。还有一些说法主张吸引外资，将外资银行引入中国金融市场，强化中国银行业的竞争（田国强、王一江，2003），等等。

这几种改革方式孰优孰劣不是本文讨论的重点。我们所关心的是，如何通过一种制度制约，能够有效地抑制国有商业银行贷款中利用社会关系网络谋取小团体福利或私人利益的行为——这种制度不一定要向西方的现代银行体制靠拢，只要能够针对中国的实际情况、解决中国的具体问题就已经可以称得上是一个合格的框架。比如，从《中华人民共和国商业银行法》的制定和修改，到中国银行业监督管理委员会的成立，再到《中华人民共和国银行业监督管理法》的出台……随着一系列制度法规的健全和监督机构的完善，国有商业银行贷款程序也在不断复杂化、严格化和制度化，本文前面所介绍的人情贷款、关系贷款、"寻租"贷款和"戴帽"贷款等现象都已经大大减少，新增不良资产的比例逐步降低。我们也在调查中真切地看到了通过网络以谋私利行为的收敛，也完全可以相信这种"收敛"对于降低国有商业银行不良贷款率所发挥的作用。

然而，"网络"本身并没有因为制度的完善而消失，正如当初它并不因为制度的变革才存在一样。虽然人们不能再强化和利用私人关系网络肆意的攫取金融资源、直接满足单位或者个人的利益；但网络中的行为主体仍然可以利用它在市场游戏规则允许的范围内，更快、更多地获得有用的信息，建立熟人间的商业信任，降低防范投机行为的成本，建立更融洽的政企关系，密切政府和金融机构的合作……我国市场经济体制的发展水平和金融体制的成熟程度或许还远没有达到西方发达资本主义国家的高度，但在国有商业银行和其他市场行为主体之间关系网络所发挥的作用方面，却已经逐渐的向乌泽所描述的"西方模式"靠拢。

如果更进一步的提炼本文所描述的国有商业银行贷款中的社会关系网络的话，我们意识到：以商界、政界和金融界的精英们为主体的这张网络拢合了一个"精英组织"；在"组织"的强势庇护下，组织中的各个精英阶层都可以各取所需，把"势"化为"利"。而当今天的制度约束强过了这种"势"的时候，银行贷款领域中的三方利益都不见了，取而代之的是制度框架允许的信息和信任的交换。不过，社会关系还在，"精英组织"还在，"势"还在；他们会不会在另一次制度变革的背景下找到新的"因势获利"的缺口还有待观察。

参考文献

［1］Boot, T. , Can Relationship Banking Survive Competition? London: Centre for Economic Policy Research, 1997.

［2］Dornbusch, R. , Giavazzi, F. , "Heading Off China's Financial Crisis", Strengthening the Banking System in China: Issues and Experience, Basel: BIS Policy Papers, No. 7 (Nov. , 1999) .

［3］Granovetter, Mark, "Threshold Models of Collective Behavior", The American Journal of Sociology, Volume83, No. 6 (May, 1978), 1420 – 1443.

［4］Granovetter, Mark, "Economic Action and Social Structure: the Problem of Embeddedness", The American Journal of Sociology, Volume91, No. 3 (Nov. , 1985), 481 – 510.

［5］Nee, Victor, "Changing Mechanisms of Stratification in China", American Journal of Sociology, Volume101, No. 4 (1996), 908 – 949.

［6］Nicholas R. Lardy, "The Challenge of Bank Restructuring in China", Strengthening the Banking System in China: Issues and Experiences. Basel: BIS Policy Papers, No. 7 (Oct. , 1999) .

［7］Oi, Jean, "The Role of the Local Government in China's Transitional Economy", China Quarterly, 144 (1995), 1132 – 1149.

［8］Oi, Jean, "Fiscal Reform and the Economic Foundations of Local State Corporatism in China", World Politics, vol. 45, no. 1 (Oct. , 1992), 99 – 126.

［9］Oi, Jean, Rural china Takes off: Institutional Foundations of Economic Reform, Berkeley, Calif. : University of California Press, 1999.

［10］Smelser & Swedberg, The Handbook of Economic Sociology, Princeton University Press, 1994, pp. 77 – 107.

［11］Swedberg, Richard, "Major Traditions of Economic Sociology", Annual Review of Sociology, Volume17 (1991), 251 – 276.

［12］Swedberg，Richard，"Max Weber's Vision of Economic Sociology"，Journal of Socio-Economics，Volume27，No. 4（1998），535－555.

［13］Walder，Andrew："Local Governments as Industrial Firms：An Organization A-nalysis of China's Transitional Economy"，American Journal of Sociology，Volume101，No. 2（1995）.

［14］迪尔凯姆:《社会分工论》，王力译，商务印书馆1985年版。

［15］迪尔凯姆:《社会学研究方法论》，胡伟译，华夏出版社1988年版。

［16］凡勃伦:《有闲阶级论》，蔡受百译，商务印书馆1964年版。

［17］冯兴元:《国有商业银行改革述评》，2003年，http：//www. jiuding. org/paper/feng2003081601. doc。

［18］［美］华勒斯坦等:《开放社会科学》，刘锋译，生活·读书·新知三联书店1996年版。

［19］侯龙龙:《金融行为与社会结构——嵌入性视角》，《北大教育经济研究（电子季刊)》2004年2月第2卷第1期（总第2期）。

［20］罗雪尔:《历史方法的国民经济学讲义大纲》，朱绍文译，商务印书馆2009年版。

［21］迈耶·J. 戈登、李曜:《中国银行业不良资产与中国金融体系的未来》，《新华文摘》2003年第12期。

［22］萨克斯、胡永泰、杨小凯:《经济改革和宪政转轨》，2004年2月，ht-tp：//wwwbaisha. 126. com。

［23］孙立平:《90年代中期以来中国社会结构演变的新趋势》，当代中国社会分化与政策选择全国学术研讨会（人民大学·华中师范大学）会议论文，2002年。

［24］孙立平:《向市场经济过渡过程中的国家自主性问题》，《战略与管理》1996年第4期。

［25］田国强、王一江:《中国银行业改革的两难与外资利用》，2003年10月，http：//www. unirule. org. cn/symposium/c252. htm。

［26］涂肇庆、林益民:《改革开放与中国社会，西方社会学文献述评》，牛津大学出版社1999年版。

［27］伍志文:《金融脆弱性：理论及基于中国的经验分析》，《新华文摘》2003年第8期。

［28］谢平、陆磊:《金融腐败：非规范融资行为的交易特征和体制动因》，《新华文摘》2003年第10期。

［29］熊彼特:《经济分析史》，朱泱等译，商务印书馆1996年版。

［30］杨善华、苏红:《从“代理型政权经营者”到“谋利型政权经营者”》，

《社会学研究》2002 年第 1 期。

　　［31］杨善华、吴愈晓：《中国农村的社区情理与家庭养老》，载于王思斌主编《中国社会工作研究》（第一辑），社会科学文献出版社 2002 年版。

　　［32］张承惠：《中国银行业风险分析》，2002 年，http：//www. drcnet. com. cn/new_ product/drcexpert/showdoc. asp? doc_ id = 124919。

　　［33］周雪光：《组织社会学十讲》（第四讲），社会科学文献出版社 2003年版。

王　　迪

中国城镇企业职工基本养老保险制度 60 年的演变脉络（1950—2010）

——兼谈贵州省

我国城镇企业职工基本养老保险（以下简称企业职工养老保险）制度作为新中国成立后社会保障制度核心项目之一，开始建立并逐步完善的历程使得古圣先贤孔子在《礼记·大同篇》提出的养老思想①有了历史现实意义。在社会保障制度的改革历程的带动下，其筹资模式已从计划经济体制下主要以企业为统筹单位的现收现付制过渡到市场经济体制下社会统筹与个人账户相结合，即统账结合的现收现付和完全积累的混合式（或称部分积累型）。

新中国成立至今，贵州紧跟全国发展步伐，企业职工养老保险制度的建立与改革是依照计划经济的模式逐步建立并完善的。现今，伴随贵州工业强省、城镇化带动战略的推进，原先依赖土地保障、家庭保障、住房保障等传统养老途径的功用在逐步弱化。"十二五"开局之年，重新审视探究已建立且逐步完善的企业职工养老保险制度，对稳定贵州地方社会经济环境，实现跨越式发展的总体战略目标及构建和谐社会都将具有现实意义。

鉴于此，本文将贵州基于企业职工养老保险制度的变革与发展历程置于全国发展大背景下，拟从如下三大部分着手，以期对贵州省企业职工养老保险制度作回顾、分析及展望，一、回顾新中国成立后贵州企业职工养老保险的发展历程，以确定社会统筹为目标进行改革试点的

---

① 《礼记·大同篇》提出"大道之行，天下为公。选贤与能，讲信修睦，故人不独亲其亲，不独子其子，使老有所终，壮有所用，幼有所长，鳏寡孤独废疾者皆有所养"。是有文字记载的中国养老思想的体现。

1984 年为主要分期点，再作进一步细化，分成初创停滞期、过渡期及变革期；二、结合现今全国及贵州的相关指标对目前现状作个概览；三、结束语。

一　传统企业职工养老保险制度的初创与停滞期（1950—1977）

新中国成立伊始，我国企业职工主要实行两种保险制度：1. 企业单位执行《中华人民共和国劳动保险条例》；2. 国家机关、事业单位实行"公费医疗"、"死亡职工遗属抚恤"等单位劳动保险办法。随着社会主义革命和社会主义建设的发展，不断得到改善和发展。

（一）初创阶段（1950—1965）

1. 传统企业职工养老保险制度初创的社会背景

1949 年 9 月，中国人民政治协商会议通过具有临时宪法作用的《共同纲领》，其中第二十三条提出要在企业逐步实行劳动保险制度，为以后在全国建立统一的劳动保险制度确立法律依据。新中国成立时，国家虽可对为新政权服务的革命工作人员们延续供给制办法，可在旧中国建立的退休制度对有些行业却有延续下去的必要性。进而 1950 年 3 月 15 日，政务院①财经委员会发出《关于退休人员处理办法的通知》，作为新中国成立后发布的第一个退休养老方面的法规，标志着国家开始承担主导职工退休养老保障事务的职责②。

1950 年 7 月贵州主要参考东北和其他省、市相关劳动保险规定，并颁发《贵州省公营企业劳保福利暂行办法（草案）》，《草案》规定劳

---

① 1954 年之前为政务院，其后改称国务院。

② 该法规使用范围限制在为旧中国旧有退休金的机关、铁路、海关、邮局等单位的职工，仅仅对这些部门原有职工在新中国享受退休保障制度的延续或认可，并不能被视为新中国退休养老保险制度建立。——引自郑功成等著《中国社会保障制度变迁与评估》，中国人民大学出版社 2002 年版，第 78 页。

动保险和职工福利两部分，共计38条，使职工的劳保福利问题初步得到解决，为下一步在全省范围内开展劳动保险工作打下了有利基础①。

2. 传统企业职工养老保险制度初创历程

1951年2月26日，中央人民政府政务院公布（同年3月24日劳动部公布实施细则）并试行中国第一部全国统一的社会保险法规，即《中华人民共和国劳动保险条例》（以下简称《劳动保险条例》），该条例虽不能看作专门的养老保险法规，但其对职工退休养老、疾病医疗、工伤待遇、生育待遇等多项社会保险及管理皆作了规范。《劳动保险条例》的颁行标志我国劳动保险制度的确立，也是新中国企业职工养老保险制度建立的标志②。

是年3月，贵州开始贯彻执行《劳动保险条例》，省劳动局对全省100人以上的厂矿企业做劳动保险登记工作，申请登记的有28个单位，其中职工5516人。根据生产正常、经济情况较好、工会基层组织较健全、厂内或厂矿所在地设有医疗机构等条件，批准确定执行《劳动保险条例》的单位③。这些单位包含国营企业8个，公私合营企业7个，私营企业6个，到1952年经省批准实行《劳动保险条例》的共有29个单位，其中职工8230人。

1952年贵州省内有50人以上99人以下的企业单位35个，其中工厂32个（国营15个，职工3465人；私营17个，职工2233人）；国营商店3个，职工574人。按地区分，贵阳市13个，各地、州（市）22个，先后订立劳动保险集体合同，由企业行政直接支付各项劳动保险费用。对不满50人的私营企业职工的劳动保险问题，由劳资双方临时协商解决。此项劳动保险制度的建立和实施，使广大职工在遇到生、老、病、死、伤残等情况时，可按《劳动保险条例》的规定，享受免费医

① 贵州省地方志编撰委员会编：《贵州省志·劳动志》，贵州人民出版社1994年版，第169页。

② 郑功成等著：《中国社会保障制度变迁与评估》，中国人民大学出版社2002年版，第78页。

③ 这些单位包含贵阳电厂、贵州人民印刷公司、贵州制鬃厂、遵义酒精厂、贵州汽车修配厂、贵州机械厂、贵州、锰铁厂、翁井煤矿、西南工业部六一五纱厂、贵州烟草公司、贵州火柴公司、贵州玻璃厂、贵州水泥公司、黔元造纸厂、利亚烟草公司、一中烟厂、南明烟草公司、西南联合烟厂、裕康猪鬃公司、清山矿业药品工厂21个单位，共有职工4908人，其中，女职工1098人，占职工总数的22.3%。

疗、病伤、产假工资，养老金，丧葬抚恤及供养直系亲属病亡等劳动保险待遇。一系列的举措受到广大职工的拥护，大大调动了贵州境内工厂生产的积极性①。

1953 年 1 月 2 日，政务院审时度势，又颁布《关于中华人民共和国劳动保险条例若干修正的决定②》，劳动部随之发布修正有关劳动保险待遇支付的通知，开始以劳动保险形式实施企业职工养老保险，规定由企业行政方面或资方按月缴纳劳动保险金，部分存入全国总工会账户，作为劳动保险总基金，其余部分则存入各企业工会基层委员会账户，为支付职工按本条例应得的抚恤费、补助费与救济费之用。修改后的条例扩大了劳动保险的覆盖范围，工、矿、交通事业的基本建设单位和国营建筑公司均实行劳动保险，提高若干劳动保险待遇。

1954 年 8 月 1 日，依据中央及贵州省《关于劳动保险业务移交工会统一管理的通知》，贵州省劳动局着手将劳动保险业务交省总工会办理③。同时，国家机关、事业单位等工作人员的养老保险制度逐步以单行法形式建立，到 1955 年基本形成④。为适应新形势的发展，国务院先后颁布一系列对退休、退职处理的办法和规定，如 1955 年 12 月 29 日，发布《国家机关工作人员退休处理暂行办法》《国家机关工作人员退职处理暂行办法》《关于处理国家机关工作人员退职、退休时计算工作年

① 比如贵阳文通书局印刷厂的切书工人，由原来每天仅能切纸 72000 张提高了 24.9 万张，排字也由原来规定的 50 时提高到 130 时，工效普遍提高一到二倍，质量好，顾客满意。同时各厂也涌现一批生产积极分子。——引自同①。

② 1951 年的《劳动保险条例》对企业职工的退休待遇作了明确规定，一般工龄达 25 年、企业连续工龄达 5 年，男性职工年满 60 岁、女性职工年满 55 岁便可申请退休，领取退休金。退休金根据工龄长短按退休时标准工资的 35%—60% 发放，直到逝世。1953 年 1 月 2 日修订的《劳动保险条例》将退休待遇提高为 5—10 年连续工龄为标准工资的 50%，10—15 年工龄为 60%，15 年及以上工龄为 70%。对达到退休年龄而继续工作者，除继续按在职工对待外，还可得标准工资 10%—20% 的奖金。未达退休年龄但丧失劳动能力要求退职的，连续工龄达 10 年者，发给其半年的工资，工龄在 10 年以上者每增 1 年增发半月工资。引自徐颂陶、康耀主编《中华人民共和国工资保险福利法规全书》，中国劳动人事出版社 1992 年版。

③ 贵州省地方志编撰委员会编：《贵州省志·劳动志》，贵州人民出版社 1994 年版，第 170 页。

④ 孙祁祥、郑伟等著：《中国社会保障制度研究——社会保险发展改革与商业保险发展》，中国金融出版社 2005 年版，第 17 页。

限的暂行规定》等法规，截至1956年，企业职工和国家机关、事业单位职工及农村孤寡老人养老制度的确立，将是历史性的时点①。

截至1956年底，全国被劳动保险制度覆盖的职工达1600万人，签订集体劳动合同的职工有700万人，实际有2300万人参与劳动保险制度中的退休养老保险，当时已占国营、公私合营、私营企业职工总数的94%②。1958年2月9日正式颁布《关于工人、职员退休处理的暂行规定》，降低工龄年限要求，进一步提高退休待遇，取消《劳动保险条例》中规定的在职养老金，实际将工人、职员的退休养老保险统一化，即统一企业职工和国家机关工作人员（统称全民制职工）的退休制度③。

1958年11月12日，全国总工会领导同志来贵州亲临指示，指出因人民公社形势的发展，工会组织已完成历史使命，已到消亡时机。是年，11月27日贵州省委根据省总工会党组专题报告，决定将省工会与省委工交部合并以成立工会工作处。1958年12月12日，根据省委指示将劳动保险业务移交省劳动局办理。

截至1960年，全省实行劳动保险条例的企事业单位已达204个，其中贵阳市（包括省、市级企业）133个，各地、州（市）71个。1961年至1963年4月，经省劳动局批准实行劳动保险条例的企业单位有73个，职工1.91万人。1963年，工会恢复，经省劳动局和总工会共同研究并请省委同意，对批准企业实行劳动保险、现行劳动保险法令的解释、处理有关劳动保险事件的申诉及批准订立劳动保险集体合同等工作，仍交省工会办理。劳动部门的主要责任是监督劳动保险金的缴纳，检查劳动保险业务的执行。

1964年3月6日为进一步解决退休人员生活困难问题，当时的内务部与财政部联合发出《关于解决企业职工退休后生活困难救济经费问题的通知》，对退休人员的困难补助同样构成城镇职工养老保障的一项重

---

① 1956年也是社会主义三大改造基本完成的时点，标志着我国基本实现把生产资料私有制转变为社会主义公有制，所有制方面的社会主义革命取得决定胜利；初步建立社会主义基本制度，进入社会主义初级阶段。

② 余天心等编：《边缘财政考察》，中国财政经济出版社1995年版。

③ 陈佳贵主编：《中国社会保障发展报告（1997—2001）》，社会科学文献出版社2001年版，第37页。

要内容①。

3. 对传统企业职工养老保险制度初创阶段的评析

初创阶段建立的养老保险制度是适应原计划经济体制的，当初企业雇主根据本企业工资总额的3%缴纳劳动保险基金，基金实行分级管理，全国统一调剂的办法。企业所缴保险费的70%留在企业，用于支付养老金，30%转国家总基金（注：基金不含职工个人缴费积累，实际实行的是现收现付制）。中华全国总工会既管理地方保险金支付费用的指导工作，也管理全国总基金。一定程度上，总基金在扮演预备金的角色②。以企业职工养老保险为主的初创阶段，逐步形成以国家统包、社会统筹调剂及单位保险结合为特征的统一养老保险体系。对安定人民生活，解决企业和机关事业单位退休，退职办法不一致等矛盾，促进经济恢复和发展等都起了积极作用，社会保险互助互济功能得到有效发挥，退休人员的基本生活方面得到有效保障，在促进国家大规模的经济建设方面起了十分重要的作用。

（二）停滞倒退阶段（1966—1977）

1. 传统企业职工养老保险制度步入停滞倒退阶段，企业自保困境凸显

1966年"文化大革命"开始后，劳动部门遭到严重冲击。1967年后退休养老保险制度虽仍由国家负债与政府主导，但责任重心已转移，变成单位保险。不仅造成该时期退休养老方面的混乱局面，而且成为长期影响中国养老保险制度改革、发展进程的重要因素，养老保险制度（含企业职工养老保险）建设遭遇重大挫折③。原由各级工会组织、负责具体管理的劳动保险基金，自1969年起不再筹集，退休人员的退休费用由各企业自行负担，在营业外列支④，即税前提取。到1970年6月又撤销劳动部，工会、劳动部门、内务部门被撤销、解散，导致养老保

---

① 郑功成等著：《中国社会保障制度变迁与评估》，中国人民大学出版社2002年版，第80页。

② 王东进主编：《中国社会保障制度的改革与发展》，法律出版社2000年版，第53—54页。

③ 郑功成等著：《中国社会保障制度变迁与评估》，中国人民大学出版社2002年版，第81页。

④ 1969年2月财政部颁发《关于国营企业财务工作中几项制度的改革意见（草案）》，规定国营企业一律停止提取劳动保险金，企业的退休职工、长期病号工资和其他劳保开支，改在营业外列支。参见刘传济、孙光德主编《社会保险与职工福利》，劳动人事出版社1987年版，第34页。

险工作处无人管理的状态①。

1969 年 2 月财政部颁发《关于国营企业财务工作中几项制度的改革意见（草案）》②，社会保险从此失去固有的统筹调剂功能，由原来全国统一的社会保险蜕变为企业保险，造成企业养老金负担矛盾突出，形成退休人员生活难以保障的局面③。企业单位、国家机关的退休、退职工作基本停顿，整个养老保险制度基本瘫痪，遭到严重破坏。

1966 年以后，贵州省内国营企业虽在逐步贯彻执行《劳动保险条例》，有经济能力的集体所有制企业也参照该条例执行，可"文化大革命"期间，特别在贵州夺权后，劳动保险业务停顿，工作无人管理。原有退休制度有法难依、有章不循，处于失控状态，大批具备退休、退职条件的企业职工和国家机关、事业单位工作人员得不到妥善处理，企事业单位人员难以更新，干部、职工实际开始走向终身制。

2. 对传统企业职工养老保险制度停滞倒退阶段的评析

改革开放前的城镇职工基本养老保险制度有如下特点：（1）在全国范围内初步建立相对统一的企业职工养老保险制度。（2）形成企业或国家负担的企业职工养老保险制度。毕竟新中国成立后相关理论认为职工是国家和企业的主人，国家、企业应向职工负责，向他们提供各种福利待遇、社会保障。（3）很大程度上解决劳动者的后顾之忧，调动劳动积极性④。

辩证看待新事物的发展，该段时期城镇职工养老制度也存在些许问题：（1）形成一切靠国家的思想⑤，以企业为统筹单位的现收现付制⑥，

---

① 劳动部业务工作并入国家计划委员会劳动局，1975 年 9 月国家设立劳动总局仍由国家计划委员会代为管理。引自郑功成等著《中国社会保障制度变迁与评估》，中国人民大学出版社 2002 年版，第 81 页。

② 《意见》规定国营企业一律停止提取劳动保险金，企业退休职工、长期病号工资和其他劳动保险开支，在营业外列支，这就致使劳动保险的社会统筹自行终止，养老保险变成"企业自保"。

③ 王东进主编：《中国社会保障制度的改革与发展》，法律出版社 2000 年版，第 54 页。

④ 陈佳贵：《中国社会保障发展报告（1997—2001）》，社会科学文献出版社 2001 年版，第 38—41 页。

⑤ 该制度为职工应付个人及家庭相关风险提供保障，可由于城镇职工的各项社会保险和福利待遇由国家和企业全包下来，职工不缴纳任何保险费，个人账户尚未建立，这给国家和企业的财政带来很大负担，如此，在改革开放后，加之人口老龄化趋势的日趋严峻，对变革企业职工养老保险的筹资方式从现收现付制向社会统筹和个人账户相结合转变带来困境，此是后话，暂且不表，留待后续。

⑥ 袁志刚主编，葛劲峰、封进副主编：《养老保险经济学》，上海人民出版社 2005 年版，第 197 页。

给国家和企业的财政带来不小的负担；（2）社会保险企业化后，出现延缓退休的情况；（3）集体企业职工的养老保险未引起重视①。

二　传统企业职工养老保险制度改革前的过渡期（1978—1983）

"十年动乱"结束到确定社会统筹为目标而改革试点的 1984 年，此时间段可看成企业职工养老保险制度的过渡期，期间国家已下发若干改革管理体制文件，关于退休制度与养老保险制度的改革目的主要为保证国有企业全面整顿及三项制度改革顺利实施，属配套改革。

1. 传统企业职工养老保险制度恢复期的社会背景

1978 年是传统养老保险制度发展进程的重要转折点，从挫折逐步走向修复阶段。是年，6 月 2 日经第五届全国人民代表大会常务委员会第三次会议批准，国务院颁布《关于安置老弱病残干部的暂行办法》《关于工人退休、退职的暂行办法》，对干部和工人的养老问题分别作了明确规定，终止了 1958 年以来的统一制度，形成一套退休制度②。这两个办法作为对 1958 年颁布的退休办法的全面修订，成为"文化大革命"结束后退休养老制度恢复重建的标志③。

自 1979 年起，国家下发了若干关于改革管理体制的文件，开始恢复性整顿工作。1979 年 10 月 13 日，贵州省革命委员会原则上同意劳动工资局《关于集体所有制单位工人退休、退职问题的请示报告》，并批转全省执行，关于退休、退职条件和待遇，指出参照《国务院关于工人退休、退职的暂行办法》执行④。

---

① 郑功成等著：《中国社会保障制度变迁与评估》，中国人民大学出版社 2002 年版。

② 主要改变内容包括：1. 规定了退休金下限；2. 规定了退休年龄；3. 提高了退休金待遇；4. 提高了干部退休待遇。

③ 郑功成等著：《中国社会保障制度变迁与评估》，中国人民大学出版社 2002 年版。

④ 据相关调查，到 1979 年，贵州 116.1 万名固定职工中，执行劳动保险制度的有 76.2 万人，占职工总数的 65.6%；执行国家机关，事业单位职工劳保待遇的有 31.7 万人，占 27.3%；还有些既享受劳动保险，又执行国家机关劳保制度"骑双头马"的约有 8.2 万人，占 7.1%（主要是县以下部分商业、粮食、供销、银行等单位）。——引自贵州省地方志编撰委员会编《贵州省志·劳动志》，贵州人民出版社 1994 年版，第 189—191 页。

2. 传统企业职工养老保险制度恢复期的演化历程，统筹思想初见端倪

历史的车轮滚滚向前，制度的革新历历在目。1980 年国家出台《关于老干部离职休养的暂行规定》，形成干部离休制度，对离休人员[①]发放全额工资，医药费全部报销，每年还有一定数量的旅游疗养费、交通费和福利费，导致全国范围内工人和干部间差别扩大[②]。基于缩小该差别的考虑，1983 年国家下发《关于建国前参加工作的老工人退休待遇的通知》，将新中国成立前参加工作的老工人的退休金提高为原工资的 100%。1983 年 6 月 28 日，劳动人事部、财政部又发出《关于提高职工退休费、退职生活费的最低保证数的通知》，决定自 1983 年 8 月起，全民所有制企业、事业单位和国家机关、群众团体的退休、退职职工，其退休费、退职生活费的最低保证数在现行标准的基础上提高 5 元。

在劳动保险工作中，各级劳动部门和工会的关系密切。劳动部门作为政府机关，管立法，有监督检查权。工会是群众团体，主要管业务。1980 年劳动部、全国总工会联合下发通知，贵州省级劳动局依据法规及上级提示，拟定实施办法和草拟集体所有制单位劳动保险办法；各级劳动部门应督促检查企业单位对劳动保险法规的执行，并解释劳动保险法令。各级工会应督促检查基层劳动保险业务，处理日常管理工作中的问题。劳动部门和工会均应贯彻执行国家有关劳动保险政策、法令，受理职工申诉，处理重大问题应互相商量，妥善解决[③]。

回顾改革开放前的 1969 年 2 月财政部颁发的《意见》，使养老保险成为企业自保，又由于退休费用在营业外列支，进入企业成本，图 1 就

---

① 此处离休人员指的是 1949 年 9 月 30 日以前参加革命工作者。

② 陈佳贵：《中国社会保障发展报告（1997—2001）》，社会科学文献出版社 2001 年版。

③ 当时贵州省级劳动部门和省工会互相配合工作在以下几方面：一、省劳动局在制定劳动保险法规时，及时与省工会共同研究商讨，便于统一计划，统一步调。二、共同组织人员到省外学习。在《劳动保险条例》正式公布前，全国总工会干部学校开办劳动保险训练班，贵州派了马振武（省总工会）、陈开定（省劳动局）、黄群（贵阳市工会）三人于 1960 年底前往全总干校学习。在 1951 年，《劳动保险条例》公布后，省里举办了四期劳动保险训练班，每期 100 人左右，为全省普遍实施劳动保险培训了一批骨干。自 1953 年以来，各级劳动部门和工会多次共同派人到省外学习、参观。三、共同组织工作组下基层调查。自 1980 年以来，省劳动局和省总工会派人曾到各县、市调查职工病假工资、死亡待遇、困难补助、因工负伤住院伙食费补助和退休费统筹等情况，对劳动保险改革起到很好作用。——引自贵州省地方志编撰委员会编《贵州省志·劳动志》，贵州人民出版社 1994 年版，第 170—171 页。

表明，尽管财政支出占财政收入的比重上升，可收支差额总体呈上升趋势，不存在财政负担日益沉重的问题。1978 年，企业职工退休费用占工资总额的比例为 25.33%[①]。

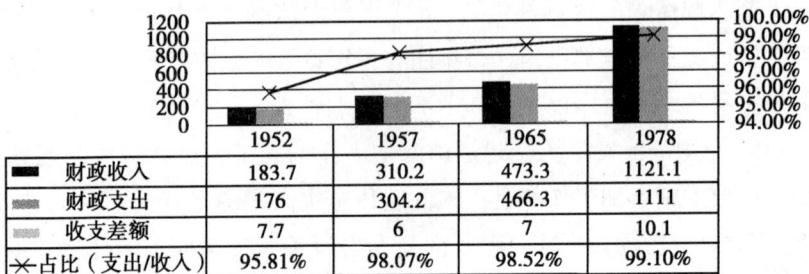

	1952	1957	1965	1978
■ 财政收入	183.7	310.2	473.3	1121.1
财政支出	176	304.2	466.3	1111
收支差额	7.7	6	7	10.1
✕ 占比（支出/收入）	95.81%	98.07%	98.52%	99.10%

图 1

数据来源《中国统计年鉴（1983）》，中国统计出版社 1983 年版。

自 20 世纪 80 年代初以来，退休人员逐年增加，退休金支出增大，新老企业间退休费用负担畸轻畸重的矛盾越发突出，退休费用如仍延续企业直接支付的办法，尽管可继续减轻财政负担，但是负担却转嫁到企业身上。有数据表明，比如在职职工与离退休职工之比（即在退比），1978 年为 30.3∶1，1980 年为 12.8∶1，1985 年为 7.5∶1，1992 年降到 4.6∶1，该比例逐年下降表明由企业直接支付退休金将难以保障退休人员的生活，又有严重亏损的企业，因无力支付退休费用，将不得不减发、停发退休职工养老金，不利于社会安定。[②]

鉴于此，1982 年中央和政府领导同志曾多次指示要进行退休制度改革，建立以社会统筹为中心的养老保险制度，责成劳动部门组织研究，并在广东江门市、东莞市和江苏泰州市等个别城市先行试点。1983 年劳动部组织在河南郑州召开全国劳动保险法律问题学术研讨会，正式提出全民所有制单位退休费用社会统筹的设想，社会统筹重开序幕。

3. 对传统企业职工养老保险制度恢复期的再分析

恢复期阶段的职工养老保险制度，未从根本上改变已形成的企业自保境况，企业职工与机关事业单位职工享受不同退休待遇的状况仍在延

①　陈佳贵：《中国社会保障发展报告（1997—2001）》，社会科学文献出版社 2001 年版，第 40 页。

②　宋晓梧：《中国社会保障制度改革》，清华大学出版社 2001 年版，第 28 页。

续。由企业负责的单一保障制度，实行企业内部实报实销的筹资模式，加之持续增长的退休金势必增加企业负担，影响企业增长后劲。

再者，传统企业职工养老保险制度走的是一条曲折发展之路，在创建初期主要也是采取社会统筹方式，设想如果沿着这条道路一直走下去，使以后为适应市场经济改革而进行制度革新变得较容易①。

三 统账结合型企业职工养老保险
制度变革期(1984—2010)

随着国家经济的发展，人民生活水平的提高，职工退休金也水涨船高，企业保险体制下的企业负担日益加重，原有企业养老制度已不能很好适应时代发展要求，亟待建立适应市场经济体制的养老保险制度，制度过渡期的恢复历程使社会统筹序幕重开。作为统账结合型制度变革期的1984—2000年，在社会保障制度改革历程的带动下，筹资模式从计划经济体制下主要以企业为统筹单位的现收现付制逐步过渡到市场经济体制下社会统筹与个人账户相结合，即统账结合的现收现付和完全积累的混合式（或称部分积累型）。

伴随社会统筹试点推广的不断深化，由市、县统筹逐步过渡到基本养老保险省级统筹②，可地区利益平衡难成为提升养老保险统筹层次的最大阻力，带来诸如"碎片化"、跨地区转移（含省内转移、省际转移）接续等困境。现今统筹结合型制度变革仍在不断推进和改良优化。

（一）改革试验阶段（1984—1996）

1. 关于企业职工养老保险制度社会统筹的试点推广

1984年召开的中共中央十二届三中全会发布《中共中央关于经济

---

① 郑功成等著：《中国社会保障制度变迁与评估》，中国人民大学出版社2002年版，第84—86页。

② 基本养老保险省级统筹指包括企业和职工个人缴费比例、基本养老金计发办法、发放标准、基金管理、基金调剂等内容在内的整个企业职工基本养老保险制度和体系，以省、自治区、直辖市为单位实行统一管理方式。基本养老保险省级统筹是企业职工基本养老保险制度改革发展到一定阶段的较高层次管理方式，是深化基本养老保险制度改革的必然结果。建立省级调剂金制度是基本养老保险省级统筹的初级阶段。我国于2009年全面实现省级统筹。

体制改革的决定①》，拉开国有企业全面改革的序幕，吹响社会统筹进一步推广的号角。是年，开始实行国有企业职工退休费用大范围的社会统筹，首先在广东江门、东莞，四川自贡，江苏泰州、无锡及辽宁黑山等市（县）开始试点，初步取得成功经验②。国有企业职工养老保险社会统筹的推行，标志着中国养老保险从企业自保开始走向社会化。

立足此背景，1984年9月，贯彻黔府〔1984〕67号文件，对退休职工提高退休费待遇③。1985年又根据国务院和劳动部相关规定，在离退休费统筹、劳动合同制职工的劳动保险、职工待业期间的保险待遇等三方面进行改革。1985年7月31日，为充分发挥社会保险调剂职能，克服单位间退休费用负担畸轻畸重的弊端，更好地保障退休职工的生活，贵州省人民政府批转省劳动局起草《贵州省国营企业离退休金统筹试点办法》，确定在遵义市、安顺市、惠水县的国营企业组织试行，待取得经验后再在全省范围内逐步推广④。据三个试点市、县统计，离退休费占在职职工基本工资总额的18.52%。同时，统筹金的征集按照"以支定收，略有节余"的原则，平均按基本工资总额的19%的比例提取。对各企业征集的离退休金，采取余额上缴，差额拨付的办法调剂使用，对

---

① 该决定明确指出，社会主义制度的优越性未得到很好的发挥，一个重要的原因就是，在经济体制下形成一种同社会生产力发展要求不相适应的僵化模式。企业如要改革，必将触及现行用工制度和工资制度。基于此，国家开始打破"铁饭碗"，在企业试行劳动合同制，进行工资总额与经济效益挂钩。随着经济体制改革的推进，企业和政府对社会保险资金的责任逐步分离，将使企业内部实报实销的模式受到挑战。加之各企业在养老保险方面负担不同，离退休职工多的企业负担过重，少的负担较轻，难以保证这些企业在市场上做到平等竞争。风险的无处不在，企业在市场竞争中不可避免面对亏损、倒闭、破产等风险，如延续采用企业实报实销的职工养老模式，将使企业背上沉重包袱，负重前行，缺乏核心竞争力。

引自杨宜勇、杨河清、张琪主编《回顾与展望：中国劳动人事社会保障30年》，中国劳动社会保障出版社2008年版，第239—240页。

② 到1987年5月全国已有600个市县实行退休费用社会统筹。

③ 相关规定：1949年10月1日至1952年底以前参加革命工作的职工，退休时连续工龄满30年以上，退休费按本人标准工资的95%发放；连续工龄满25年且不满30年的，根据本人标准工资的85%发放；1953年1月1日后参加革命工作的，退休时连续工龄满30年以上的，退休费按本人标准工资的85%发放。

④ 惠水县于1986年1月，遵义市、安顺市也相继于同年7月、10月开始实行离退休金统筹。这三个市、县实行统筹的国营企业共212户，在职职工4.08万人，离退休职工8363人，占在职职工的20.49%。统筹项目，目前只包括离退休金、副食品价格补贴、粮差补贴、保留工资四个项目，其他费用加统筹金提取比例。——引自贵州省地方志编撰委员会编《贵州省志·劳动志》，贵州人民出版社1994年版。

平衡企业负担，增强企业活力，保障离退休职工生活起到积极作用①。

劳动保险制度的实施，一定程度上，保障了企业职工生、老、病、死、伤残及丧失劳动能力时的基本需要，解除和减轻了职工的困难，对保护职工身体健康，促进生产发展和社会安定团结，都起了积极作用。可现行的劳动保险制度多数在新中国成立初期建立，三十多年来，社会政治经济状况已发生巨大变化，有些规定已不能很好适应当前形势发展需要，须结合经济体制和劳动人事制度改革而进行相应改革。

2. 逐步实行劳动合同制暂行规定使个人缴费制度得以确立，制度改革继续深化

我国自 20 世纪 80 年代②起开始城镇经济体制的改革，国家经济在不断发展，人民生活水平不断提升，职工退休金也水涨船高，前面有所提及，企业保险体制下的企业负担日益加重。一定程度上，经济改革动摇了传统退休养老保险的制度基础，从 1984 年就开始讨论有关国有企业的破产问题③，到 1986 年 12 月 2 日，全国人大常委会第十八次会议通过《中华人民共和国企业破产法（试行）》，并于 1988 年 11 月 1 日生效，标志着我国企业破产制度的初步确立，"皮之不存，毛将焉附"，将动摇传统企业包办生、老、病、死、残的制度基础，退休职工的生活保障成为亟待解决的新社会保险问题④。

1986 年 7 月 12 日，国务院颁布《国营企业实行劳动合同制暂行规定⑤》，决定从 10 月 1 日起开始实施，这是对用工制度的重大改革，标

---

① 贵州省地方志编撰委员会编：《贵州省志·劳动志》，贵州人民出版社 1994 年版，第 179 页。

② 20 世纪 80 年代成为国企改革推动养老保险制度改革的年代，养老保险制度开始逐渐扩大到非国有经济部门。——引自袁志刚主编，葛劲峰、封进副主编《养老保险经济学》，上海人民出版社 2005 年版，第 197 页。

③ 破产制度的确立意味着市场经济的优胜劣汰机制日益发挥重大作用。

④ 在市场经济体制下，随着外资企业、合资企业、民营企业、乡镇企业的蓬勃发展，人们的择业观念也在发生改变，在不同所有制单位间的流动变得日益频繁，但原有的养老保险制度只是覆盖国有、集体单位职工，非国有企业职工的退休生活缺乏规范的保障，建立覆盖各所有制企业职工的新型养老保险制度成为当务之急。随着经济体制改革的进行，原有的企业养老制度已经不能很好地适应时代发展的需求，亟待建立适应市场经济体制的养老保险制度。——引自杨宜勇、杨河清、张琪主编《回顾与展望：中国劳动人事社会保障 30 年》，中国劳动社会保障出版社 2008 年版，第 239—240 页。

⑤ 该规定要求在国营企业新招收的员工一律实行劳动合同制，实行劳动合同制工人养老保险费用的社会统筹，要求企业按照劳动合同制工人工资总额的 15% 左右，劳动合同制工人按照不超过本人标准工资的 3% 缴纳退休统筹养老费。

志我国以养老保险为主的社会保险，第一次建立个人缴费制度。实行城镇企业职工个人缴纳养老保险费用的制度，使养老金开始由企业完全负担向多方负担转变，进入深层次改革探索时期。随着劳动合同制的扩大，由劳动合同制职工开始的国家、企业、职工三方负担养老费用的做法被逐步推广到全部国有企业职工①。

　　同时，贵州省也在加快国营企业离退休金统筹步伐，省劳动局于1987年7月17日至21日，在安顺召开"扩大实行企业职工退休金社会统筹试点经验交流会"②。为加强退休费用统筹工作的领导，1987年又成立了"贵州省退休费用统筹管理委员会③"，在"统筹管理委员会"成立后，各地、州（市）也相继成立"退休费用统筹管理委员会"。直到1988年底，全省除赫章县外，各县、市、特区、区均实行社会统筹。（注：赫章县于1989年实行统筹）其中参加社会统筹的国营企业5445个，在职职工67.7万人，退休职工13.4万人，统筹后有6.7万名退休职工受益④。

　　在国务院颁布《国营企业实行劳动合同制暂行规定》后，1987年贵州省各级劳动部门逐步建立起劳动合同制工人退休养老制度，作为新制度，不同于固定工，差别在固定工的退休费用全部由企业负担，而劳动合同制工人的退休养老基金，由企业缴纳合同制工人工资总额的15%左右，合同制工人缴纳本人标准工资的3%。在劳动合同制工人退休后，按月发放退休费⑤，直至死亡。1988年底，贵州全省5751个单位有8.29万人参加合同制工人的退休养老保险，收缴退休养老基金

---

①　宋晓梧：《中国社会保障制度改革》，清华大学出版社2001年版，第30页。

②　到1987年末，贵州全省已有40个县、市实行离退休金社会统筹，占全省86个县、市、区、特区的46.5%。参加统筹的企业2403个，参加统筹的固定职工20.26万人，离退休职工3.67万人，占在职职工的18.1%，离退休费占基本工资总额的16.8%，统筹中作贡献的企业1614个，占统筹企业数的67.17%，受益企业771个，占32.08%。

③　委员会由罗尚才副省长等9人组成（注：1988年6月，因组成人员工作变动，经贵州省人民政府批准，作了相应调整，调整后由刘玉林副省长等九人组成）。

④　贵州省地方志编撰委员会编：《贵州省志·劳动志》，贵州人民出版社1994年版，第176—182页。

⑤　退休费标准主要根据缴纳退休养老基金年限长短、金额多少及本人工作期间平均工资收入的不同比例来确定。如果缴纳养老基金年限较短的工人，退休费用将一次性发放。劳动合同制工人的退休养老工作，由劳动部门所属社会保险机构管理，劳动合同制工人在退休后生活可得到可靠的保障。

2144万元，收缴费率达97.65%，其中由贵州省劳动局直接收缴三个铁路单位劳动合同制工人退休养老基金105.7万元①。

1990年末，贵州全省参加固定职工退休费用社会统筹的国有企业为5377个，在册固定职工73.12万人，比1989年的68.38万人增加4.74万人，增长6.93%，离退休职工15.37万人，比1989年的13.85万人增加1.51万人，增长10.92%。全年收缴统筹金10619.5万元，收缴率为96.24%。是年，全省煤炭系统实行行业统筹。1990年末，全省共有劳动合同制职工的用工单位6950人，实际缴纳养老金的单位6674个，占用工单位总数的96.03%。全年共收缴合同制工人养老金1920.38万元，收缴率99.87%，比1989年的93.81%提高6.06%。1990年年末，贵州省城镇集体所有制单位共有离休、退休、退职人员4.34万人，比1989年的4.03万人增加0.31万人，增长7.7%；全年支付离休费、退休费、退职人员定期生活费共3566.6万元，占集体所有制单位工资总额的7.09%，比1989年的3444.6万元增加122万元，增加3.5%。②

3. 社会统筹与个人账户相结合的企业职工养老保险制度的确立

为促使养老保险制度改革有序进行，1991年6月26日，国务院在总结部门省市试点经验的基础上，颁发《国务院关于城镇企业职工养老保险制度改革的决定③》（国发〔1991〕33号），明确提出要积极创造条件，由目前的市、县统筹逐步过渡到省级统筹，提出企业职工养老保险制度改革的一些基本原则和基本要求，比如养老保险费用实行国家、企业、个人三方负担的原则，"以支定收、略有结余、留有部分积累"的筹资原则等。这是改革开放以来国家就养老问题作的第一次重大的决

---

① 贵州省地方志编撰委员会编：《贵州省志·劳动志》，贵州人民出版社1994年版，第176—182页。

② 同上书，第350—351页。

③ 该《决定》主要确立以下原则：实行社会基本养老保险、企业补充养老保险、个人储蓄养老保险相结合的多层次养老保险体系；养老保险费用实现国家、企业、个人三方负担的原则。养老保险基金按照"以支定收、略有结余、留有部分积累"的筹集原则；基本养老保险缴费的税前提取原则，养老保险基金专户储存、专款专用原则，与工资增长和物价指数相联系的养老金调整原则，以及养老保险统筹从县市起步、向省级统筹逐步过渡的原则。——引自杨宜勇、杨河清、张琪主编《回顾与展望：中国劳动人事社会保障30年》，中国劳动社会保障出版社2008年版，第242页。

策，成为全国养老保险制度改革（含企业职工养老保险）的重要指导性文件，初步确定我国企业职工养老保险制度的基本框架。在该文件下发后，以社会统筹为目标的养老保险制度改革在全国迅速开展。

是年，贵州养老保险社会统筹工作正在有序开展，1991 年 8 月和 9 月，贵州省劳动局先后下发《贵州省劳动就业服务企业职工养老保险行业统筹试行办法》和《贵州省全面所有制企业临时工社会养老保险暂行办法》，规定全民所有制企事业单位及国家机关、人民团体所属的劳动就业服务企业职工和全民所有制企业招收的临时工，在使用时间达到 3 个月以上均应参加养老保险。到 1991 年末，全省参加职工退休费用社会统筹的国营企业 5457 户，比 1990 年的 5377 户增加 80 户，增长 1.49%；在册规定企业职工 74.74 万人，比 1990 年的 73.12 万人增加 1.62 万人，增长 2.22%；离退休职工 15.77 万人，比 1990 年的 15.37 万人增加 0.4 万人，增长 2.60%；全年收缴统筹金 19037.7 万元，收缴率为 97%，比 1990 年的 96.24% 增加 0.76%。在全部实行以县（市）为单位的社会统筹的基础上，铜仁和安顺两地区实现了以地区为单位的社会统筹，有 14 个县（市）实行职工个人缴纳部分养老保险费制度，突破长期以来养老保险由国家和企业包揽下来的格局[①]。

1992 年末，全国国有企业实行养老保险费用社会统筹的县市达 2300 个，约占全国总县市的 95%，1200 个县市的集体所有制企业实行社会统筹，全国参加社会统筹的在职职工达 5700 多万人，离退休职工达 1200 多万人[②]。其中，当年贵州参加职工退休费用社会统筹的国营企业达 5579 户，比 1991 年的 5457 户增加 122 户，增长 2.24%；在职固定职工 71.7 万人，比 1991 年的 74.74 万人减少 3.04 万人，下降 4.07%；离退休职工 16.6 万人，比 1991 年的 15.77 万人增加 0.83 万人，增长 5.26%。全年收缴统筹金 2.32 亿元，收缴率 95.34%，比 1991 年的 97% 下降 1.66%。继贵阳、铜仁和安顺三地市实行以地区为单位的职工退休费用社会统筹后，又有毕节、黔南和黔东南三地州实现地区统筹。实行职工个人缴纳部分基本养老保险费制度的县，由 1991

---

① 贵州省地方志编撰委员会编：《贵州省志·劳动志》，贵州人民出版社 1994 年版，第 357—367 页。

② 刘贯学：《新中国劳动保障史话》，中国劳动社会保障出版社 2004 年版，第 113 页。

年的 14 个增加到 50 个，增长 257.14%。集体企业职工养老保险以县为单位统筹达 54 个县，占全省县级单位的 62.79%。临时工养老保险也在 48 个县实行。是年，全省有 9298 个单位、17 万劳动合同制职工缴纳劳动合同制职工养老保险金，共收缴金额 3949 万元，收缴率 95.83%，比 1991 年的 98% 下降 2.17%。至年末全省已有 15 个县初步建立覆盖城镇各类企业职工和多种用工形式一体化的社会养老保险制度，有 11 个县不同程度地开展了退休管理服务工作①。可见，贵州省养老保险的社会统筹面和覆盖面在继续扩大。

在支付退休相关费用方面，1992 年，贵州全省全民所有制单位共有离休、退休、退职人员 30.71 万人，其中，离休人员 2.48 万人，退休人员 27.59 万人，领取定期生活费的退职人员 6398 人。全年支付离休费、退休费、退职人员定期生活费 48028 万元，比 1991 年的 39527.2 万元增加 8500.8 万元，增长 21.51%。在全民所有制单位中，全民所有制企业共有离休、退休、退职人员 18.72 万人，其中，离休人员 1.09 万人，退休 1.71 万人，退职 4172 人。全年支付离休费、退休费、退职人员定期生活费共 28671.3 万元，占全民企业职工工资总额 316517.05 万元的 9.06%，比 1991 年的 25038.7 万元增加 3632.6 万元，增长 14.51%。在全民企业中，地方全民所有制企业共有离休、退休、退职人员 13.85 万人，其中，离休 8163 人，退休 12.68 万人，退职 3603 人。全年支付离休费、退休费、退职人员定期生活费共 20265.9 万元，占地方全民企业职工工资总额 173540.78 万元的 11.68%，比 1991 年的 17568.8 万元增加 2697.1 万元，增长 15.35%。在 1992 年末，全省城镇集体所有制单位共有离休、退休、退职人员 4.03 万人，比 1991 年的 4.50 万人减少 4655 人，下降 10.35%；全年支付离休费、退休费、退职人员定期生活费共 3943.9 万元，比 1991 年的 3811.8 万元增加 132.1 万元，增长 3.47%。其他各种所有制单位共有离休、退休、退职人员 310 人，全年支付离休费、退休费、退职人员定期生活费共 24.2 万元②。

---

① 贵州省地方志编撰委员会编：《贵州省志·劳动志》，贵州人民出版社 1994 年版，第 347—377 页。

② 同上。

1993 年 10 月 15 日，国务院发出《关于企业职工养老保险统筹问题的批复》，《批复》肯定交通部等 8 个部门的职工养老保险实行了行业统筹。至此全国城镇基本实现企业职工养老保险的社会统筹目标。同年 11 月 14 日，中共十四届三中全会通过《关于建立社会主义市场经济体制若干问题的决定》，其中第 26—28 条也明确提出建立多层次的社会保障体系①。

1995 年 3 月，国务院发布《关于深化企业职工养老保险制度改革的通知》（国发〔1995〕6 号），该文件在总结各地养老保险改革实践的基础上，明确提出基本养老保险制度改革的目标、原则和任务，要求扩大覆盖范围，建立多层次社会保障体系，加强基金管理，强化社会服务等。其中改革的原则：保障水平要与我国生产力发展水平及各方面的承受能力相适应；社会互济与自我保障相结合，公平与效率相结合；政策统一，管理法制化；行政管理与基金管理分开。首次提出要实行以社会统筹与个人账户相结合为原则的养老保险模式，主要目的是实行公平与效率的有效结合，社会互济与个人自我保障的结合②。在实施过程中因对社会统筹与个人账户相结合的目标模式存在认识上的不同，是年，国务院在出台该《通知》时，也以附件形式提出两个具体实施办法，即《企业职工基本养老保险社会统筹与个人账户相结合实施办法之一》和《企业职工基本养老保险社会统筹与个人账户相结合实施办法之二》③。

依据《通知》及两个实施办法，1995 年 10 月 18 日，贵州各地、州（市）贯彻执行《省人民政府贯彻国务院关于深化企业职工养老保

① 郑功成等著：《中国社会保障制度变迁与评估》，中国人民大学出版社 2002 年版，第 89 页。
② 王东进主编：《中国社会保障制度的改革与发展》，法律出版社 2000 年版，第 58—61 页。
③ 实施办法之一的主要内容：在基本养老保险方面，基本养老保险费由企业和职工个人共同负担，企业按职工工资总额的一定比例缴纳基本养老保险，职工个人以本人的月平均工资为个人缴费的工资基数，缴纳个人基本养老保险费。实施办法之二的主要内容：基本养老保险费同样由企业和个人共同负担，职工缴费的工资基数与实施办法之一相同，企业缴费工资基数是全部职工缴费工资基数之和；建立基本养老保险个人账户，职工个人缴纳的养老保险费的全部或一部分和企业缴费的一部分计入个人账户（详细实施办法可参见国发〔1995〕6 号文）。

险制度改革的通知①》（黔府发〔1995〕43号），确定个人缴费比例为3%，个人账户比例由各地、州（市）根据实际情况自定，国务院给出的两个实施办法同样由各地、州（市）自选，在全省范围内实施。

4. 对统账结合改革试点阶段的简析

1984—1996年企业职工养老保险改革主要围绕国有企业改革而进行。伴随改革步伐的加快，社会性养老保险制度已初步建立，可也暴露出因分散试点及制度不成熟、不健全带来的一系列矛盾和问题，比如，（1）制度不统一，因改革过程过度分散决策，各地区部门分别制定了若干仅适用本地区的政策、标准和措施。1995年以来，按社会统筹和个人账户相结合的原则重新制定改革方案，一定程度上起到归并作用。可国发〔1995〕6号文又以附件形式给出两个具体实施办法，在实际操作中，遭遇地方与中央、行业与地方，不同省份各市、县间的利益博弈，形成城镇职工养老保险制度多种方案并存的"碎片化"局面。企业职工养老保险关系跨地区、跨部门转移接续困难，国家难以规范调控。（2）统筹层次过低，改革试点最初多数以县及行业部门为统筹级别，过低的统筹层次使基本养老保险基金难以在较大范围内调剂，社会保险互助互济、风险分散的功能大大减弱②。

（二）推进阶段（1997—2005）

1. 统账结合养老保险制度推进阶段的社会背景

改革开放以来，养老保险制度改革主要集中在企业职工养老保险上，前文改革试验阶段形成的"碎片化"局面，各地都想采取与其他

---

① 《通知》明确要积极稳妥地逐步推进城镇企业职工基本养老保险"广覆盖、四统一"的进程。各地要抓住当前养老保险制度改革的大好时机加大改革力度，将城镇企业职工养老保险制度的实施范围逐步扩大到城镇所有国有企业、集体企业、外商投资企业、私营企业、股份制企业、联营企业及其职工，具备条件的地区可扩展到城镇个体劳动者和私营企业主，中心城市在三年内基本完成上述目标，其他地县应在五年内基本完成上述目标。1995年重点要把尚未参加社会统筹的国有企业和外商投资企业全部纳入统筹范围。全省统一改按本人工资收入的3%缴纳，根据国务院确定的两个实施办法，由地、州（市）结合本地区经济发展的水平，企业、职工、社会等各方面的承受能力，养老保险的现状等实际选择确定实施时间与方案选择皆由各地、州（市）自选（详细实施办法可参见黔府发〔1995〕43号文）。

② 宋晓梧主笔：《中国社会保障体制改革与发展报告》，中国人民大学出版社2001年版，第43—46页。

地区不同的改革方案，以便保持对养老保险制度和养老保险基金的控制，结果导致在全国产生百余种改革方案，改革需持续推进。

2. 统账结合养老保险制度持续推进进程

"碎片化"的相关问题很快引起地方政府的重视，1997 年 7 月 16 日，国务院又颁布《关于建立统一的企业职工基本养老保险制度的决定①》（国发〔1997〕26 号），明确目前还存在基本养老保险制度不统一、企业负担重、统筹层次低、管理制度不健全等问题。规定养老保险费由企业和职工个人共同缴纳，企业缴纳的基本养老保险费一般不超过工资总额的 20%，确需超过企业工资总额 20% 的，应报劳动部、财政部审批。个人缴费比例为本人工资的 8%（1997 年以 4% 起步，自 1998 年起每两年提高一个百分点，以 8% 封顶），企业缴费形成统筹基金后，再按个人工资的 3% 划入职工个人账户，个人缴纳部分全部划入个人账户，个人账户计入总比例为 11%。如职工调动工作，个人账户跟随转移。职工或退休人员死亡，个人账户中的个人缴费部分可继承②。明确要进一步扩大养老保险的覆盖范围，基本养老保险制度要逐步扩大到城镇所有企业及其职工。

1997 年，参加基本养老保险的人数为 8671 万人，2003 年底，参加基本养老保险的人数已达 15351 万人，全国参保人数增长 77.04%。在 1997 年国务院推进的统一企业职工基本养老保险制度的目的和重点主要解决如下问题：（1）解决因改革办法的多样化所导致的养老保险制度和养老保险基金分散管理格局的形成。（2）解决因改革办法的多样化造成的不同地区、不同制度的衔接困难。改革还力图防止因多种养老保险方案并存对劳动力的合理流动产生不利影响，形成阻碍劳动力市场统一的局面。（3）防止改革办法的多样化致使社会保险立法难度增加。

---

① 国发〔1997〕26 号文颁布后的实施日期是划分"新人"、"中人"、"老人"的重要时点，此文件实施后参加工作的参保人员属于"新人"；实施前已经离退休的参保人员属于"老人"，仍按国家原来规定发给基本养老金，并随着基本养老金调整而增加养老保险待遇；实施前参加工作、本决定实施后退休的参保人员属于"中人"，由于他们以前个人账户的积累很少，对缴费年限累计满 15 年的，退休后在发给基础养老金和个人账户养老金的基础上，再发给过渡性养老金。实行"老人老办法，中人逐步过渡，新人新制度"。

② 杨宜勇、杨河清、张琪主编：《回顾与展望：中国劳动人事社会保障 30 年》，中国劳动社会保障出版社 2008 年版，第 242—248 页。

毕竟社会保险立法的前提条件是制度统一及政策统一，制度的多样化将成立法障碍所在①。

从全国基本养老保险制度的改革与发展趋势看，行业统筹虽是便于有关行业加强本系统行业职工养老保险制度管理的一种方式，可是如果继续保持养老保险制度在不同行业相互分割、实行不同统筹比例及收缴费率的混乱局面，显然不利全国养老保险制度改革的深化与发展。1998年7月24日—25日，由国务院主持召开全国养老保险和再就业服务中心建设工作会议，并制定下发了《关于实行企业职工基本养老保险省级统筹和行业统筹移交地方管理有关问题的通知》（国发〔1998〕28号），规定停止实行行业统筹，将行业统筹的全部管理工作统一移交地方管理。行业统筹工作于1998年8月底向当地社会保险管理机构移交完毕。根据先移交、后调整的原则，统一参加所在地区的社会统筹。自1998年9月1日起，改由地方社会保险机构征缴基本养老保险费，发放基本养老金。全国统一的属地管理制度的实施，标志着企业职工基本养老保险制度在社会公平的实现和制度规范化方面又向前进了一步②。

为加速养老保险制度改革，国务院在行业统筹移交地方统一管理的同时，还决定加大推进省级养老保险统筹的力度，确定在1998年底以前，各省、自治区、直辖市实行企业职工基本养老保险省级统筹，确立基本养老保险基金省级调剂金制度推进计划。

同时，1998年9月18日，贵州省根据国发〔1997〕26号文件精神，制定并下发了《贵州省人民政府关于建立统一的企业职工基本养老保险制度的通知》（黔府发〔1998〕34号），同时也下发了《贵州省统一企业职工基本养老保险制度实施方案》。1998年9月20日，根据《中共中央、国务院关于切实做好国有企业下岗职工基本生活保障和再就业工作的通知》（中发〔1998〕10号）和《国务院关于实行企业职工基本养老保险省级统筹和行业统筹移交地方管理有关问题的通知》（国发〔1998〕28号）精神，经省人民政府同意，决定建立企业职工基本养老保险省级调剂金制度，发布《贵州省人民政府办公厅关于建立

---

① 王东进主编：《中国社会保障制度的改革与发展》，法律出版社2000年版，第60—65页。

② 同上。

企业职工基本养老保险省级调剂金制度的通知》（黔府办发〔1998〕86号），明确建立省级调剂金制度，是实现省级统筹，加大养老保险基金在全省范围内的调剂力度，确保不再发生新的养老金拖欠和解决因自然灾害、突发事件等特殊情况造成养老保险金收不抵支的地、州、市及部分特困企业困难的必要保证，同时规定省级调剂金的标准、上缴的时间及办法等。

1999年3月25日，贵州省根据《国务院关于建立统一的企业职工基本养老保险制度的决定》（国发〔1997〕26号）和《国务院关于实行企业职工基本养老保险省级统筹和行业统筹移交地方管理有关问题的通知》（国发〔1998〕28号）精神，结合贵州省实际，颁布了《贵州省人民政府关于实行企业职工基本养老保险省级统筹的通知》（黔府发〔1999〕16号），规定从1999年4月1日起，全省实行企业职工基本养老保险省级统筹。为保证省级统筹工作的正常运行，各县（市、区）社会保险机构（包括省、地、州、市级机构直接经办的部分）一次性将基本养老保险基金滚存结余预留2个月支付金额外，剩余部分的20%上缴省级社会保险机构，10%上缴地（州、市）级社会保险机构，作为省级统筹启动时省、地两级的后备调剂基金。上缴时间为本通知下达之日起一个月内完成。

2000年12月，国务院下发了《关于完善城镇社会保障体制的试点方案》，开始对调整和完善城镇企业职工养老保险制度进行新的探索。新的试点方案坚持统账结合的基本养老保险制度，对基金的筹集、管理及基本养老金的发放都进行了明确规定，同时也提出改革机关事业单位职工养老保险。2001年7月，辽宁省首先开始进行试点工作[①]。

3. 对统账结合养老保险制度推进历程的评析

国发〔1995〕6号文规定社会统筹与个人账户相结合的企业职工养老保险制度是我国养老保障史上新型的基本养老保险制度，其中社会统筹实行现收现付制（一定程度可抵御因通胀风险导致统筹基金的贬值），个人账户实行完全积累制（一定程度可实现基金的保值增值）。

---

① 孙祁祥、郑伟等著：《中国社会保障制度研究——社会保险发展改革与商业保险发展》，中国金融出版社2005年版，第21页。

理论上，此种筹资模式是一种制度创新，即由单位和个人共同负担，国家和地方财政予以补贴，不仅体现公平与效率统一的原则①，而且为人口老龄化的到来预先积累部分基金，养老金支付危机因人口老龄化有所缓解。可是，由于在传统的现收现付制转为部分积累制的过程中，转制成本没有解决，后续用统筹基金收入支付转制成本，致使统筹基金严重挤占个人账户基金，使得个人账户"空账"运行，仅存在名义积累，而且规模呈逐年增长态势，做实个人账户成为下阶段不得不面临的困境。又据劳动和社会保障部的统计，1998 年全国养老保险基金出现收不抵支的情况，不得不由财政大力支持，进行转移支付；2004 年末个人账户"空账"累计达到 7400 亿元，个人账户"空账"形成的养老金隐形债务问题，根本原因在于部分积累制下统筹基金账户与个人账户的混账运行。

（三）　深化改革与完善阶段（2006 年至今）

1. 统账结合养老保险制度深化阶段的社会背景

人口老龄化趋势的日趋严峻，就业方式多样化及在工业化、城镇化战略带动下的劳动力迁移，加之新人、老人、中人的划分形成的转制成本没有得到有效解决，个人账户"空账"运行、计发方法不尽合理、企业职工养老保险覆盖率低等皆有待提升。据此，在中共中央、国务院的领导下，劳动保障部门采取多种措施，各地区和有关部门也相应制定配套措施，不断推进企业职工退休人员社会化管理服务，各项工作也在有条不紊的进行。

2. 统账结合养老保险制度深化改革与完善阶段进程

在充分调查研究、总结东北三省完善城镇社会保障体系试点经验的基础上，国务院于 2005 年 12 月 3 日颁布了《关于完善企业职工基本养老保险制度的决定》（国发〔2005〕38 号），《决定》明确提出要逐步做实个人账户，改革基本养老金计发办法。为同做实个人账户相衔接，确定自 2006 年 1 月 1 日起，个人账户的规模统一由本人缴费工资的

---

① 基础养老金（统筹养老金）实际上是政府或社会为退休者提供的最基本的生活保障，体现社会公平；个人账户养老金体现激励原则，一定程度上提升了效率。

11% 调整为 8%，全部由个人缴费形成，单位缴费不再划入个人账户。同时，进一步完善鼓励职工参保缴费的激励约束机制，相应调整基本养老金计发办法。2006 年在《决定》正式实施后，在全国范围内将基本养老保险制度中的社会统筹和个人账户进行分离，在制度层面彻底禁止"混账运行"，为做实个人账户，发展企业年金①创造了良好的环境。

　　2006 年，结合贵州实际，根据《国务院关于完善企业职工基本养老保险制度的决定》（国发〔2005〕38 号）精神，为完善贵州省企业职工基本养老保险制度有关问题颁布了《关于完善企业职工基本养老保险制度的通知》（黔府发〔2006〕21 号），是年，贵州省劳动保障厅根据《国务院关于完善企业职工基本养老保险制度的决定》（国发〔2005〕38 号）和《省人民政府关于完善企业职工基本养老保险制度的通知》（黔府发〔2006〕21 号）的规定，结合贵州省实际，制定并颁布了《贵州省企业职工基本养老金计发办法》（黔劳社厅发〔2006〕20 号）这些都为进一步完善贵州省企业职工养老保险制度做了有效铺垫。

　　2009 年 7 月 16 日，贵州根据《国务院关于完善企业职工基本养老保险制度的决定》（国发〔2005〕38 号）精神，按照原劳动保障部、财政部制定的企业职工养老保险省级统筹标准，制定《省人民政府关于印发贵州省企业职工基本养老保险省级统筹实施意见的通知》（黔府发〔2009〕26 号），规定省级统筹范围：在我省行政区域内，按照国家和省有关规定，应参加企业职工基本养老保险的各类单位及人员；省级统筹原则：在全省统一基本养老保险制度和政策、统一管理使用基金、统一基金预算、统一业务规程和信息系统，进一步创新体制、机制，调动各个方面积极性，扩大养老保险覆盖面，方便参保职工跨地区流动，确保基金完整安全，实现养老保险事业的可持续发展。明确四个统一，即（1）统一基本养老保险制度和政策；（2）统一管理使用基本养老保险基金；（3）统一基本养老保险基金预算管理；（4）统一业务经办规程

---

　　① 企业年金，是指企业及其职工在依法参加基本养老保险的基础上，自愿建立的补充养老保险制度，是多层次养老保险体系的组成部分，由国家宏观指导、企业内部决策执行。其中《企业年金试行办法》（劳动和社会保障部令第 20 号）由劳动和社会保障部于 2004 年 1 月 6 日颁发。

和信息应用系统，确定建立养老保险责任分担机制等。更明确了过去各地操作办法与本规定不一致的，要逐步予以规范，原有办法最迟执行到 2010 年 12 月 31 日。

此《决定》自 2009 年 7 月 1 日起实行。基本养老金计发办法按照《贵州省劳动保障厅贵州省财政厅关于印发〈贵州省企业职工基本养老金计发办法〉的通知》（黔劳社厅发〔2006〕20 号）规定及其配套政策执行。按照国家统一部署适时调整基本养老金等。

为了规范社会保险关系，维护公民参加社会保险和享受社会保险待遇的合法权益，使公民共享发展成果，促进社会和谐稳定，根据宪法，2010 年 10 月 28 日第十一届全国人民代表大会常务委员会第十七次会议通过，2010 年 10 月 28 日中华人民共和国主席令第 35 号公布，决定自 2011 年 7 月 1 日起施行《中华人民共和国社会保险法[①]》（以下简称《社会保险法》），其中《社会保险法》在第二章对基本养老保险（含企业职工养老保险）作了翔实规定。

3. 对统账结合养老保险制度深化改革与完善阶段的评析

改革和完善阶段的相关措施，明确要逐步做实企业职工养老保险的个人账户，这是应对人口老龄化的重要举措。毕竟我国养老保险缺乏资金积累，加之退休人员不断增多，为确保养老金当期发放，不得不动用本应留作积累的个人账户基金，形成个人账户"空账"。个人账户规模统一由本人缴费工资的 11% 调整为 8%，由东北三省的试点改革实践表明，相关改革是不会导致退休人员养老保险待遇的降低的。

同时，贵州也采取了相关政策措施，促使企业职工养老保险逐步走向省级统筹，有利于养老保险关系在本省内自由转移，便于劳动力的合理流动，相关关系的转移接续就可实现。

四　现状概览

通过选取在退比、老年人口抚养比及就业人员覆盖率等与企业职工养

---

① 中国法制出版社编著：《中华人民共和国社会保险法：案例注释版》，中国法制出版社 2011 年版。

老保险发展密切相关的指标，以期对全国及贵州目前的境况做个概览。

1. 在退比情况

1998 年底，全国年末参保职工 4816.9 万人，离退休人员 893.4 万人，在退比约为 5.39；截至 2009 年底，全国年末参保职工 17743 万人，离退休人员 5806.9 万人，在退比约为 3.06；其中贵州 2009 年底，参保职工 172.1 万人，离退休人员 63.5 万人，在退比约为 2.71，低于同年全国平均水平。由图 2 可知，1989—2009 年，参保职工与离退休人员数总体趋势皆是上升，相反，在退比却呈现递减趋势。在城镇基本养老保险覆盖面持续扩大的趋势下，一定程度上将给现今的社保养老基金带来压力。

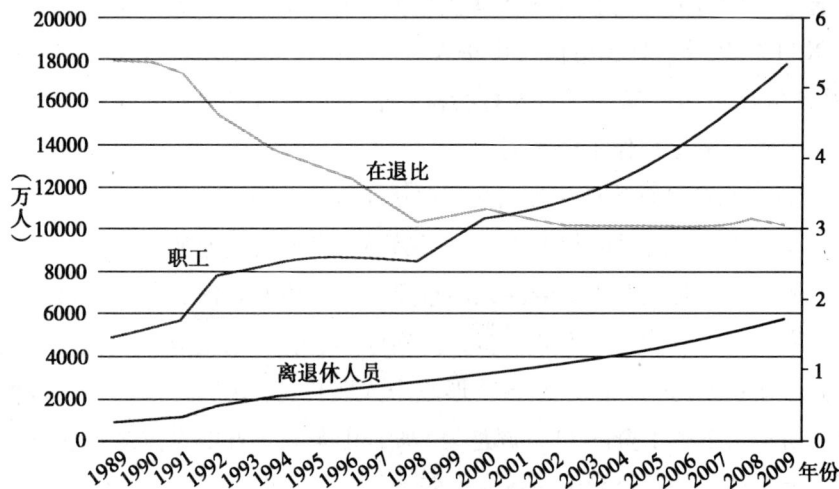

图 2　1989—2009 年全国参加基本养老保险年末参保职工、离退休人员及在退比趋势图

数据来源：《中国劳动统计年鉴（2010）》。

2. 老年人口抚养比①

图 3 表明，全国老年人口抚养比从 1982 年的 8.0% 上升到 2010 年

①　老年人口抚养比，也称老年人口抚养系数。指某一人口中老年人口数与劳动年龄人口数之比。通常用百分比表示。用以表明每 100 名劳动年龄人口要负担多少名老年人。老年人口抚养比是从经济角度反映人口老化社会后果的指标之一。

的 11.9%，截至 2010 年底，贵州老年人口抚养比为 12.9%。又见图 4，从 1990 年至 2000 年，根据第五次人口普查数据预测的全国及贵州的预期寿命是上升的，将保持上升势头，老龄化趋势日益严峻，养老困境凸显。

老年人口抚养比%

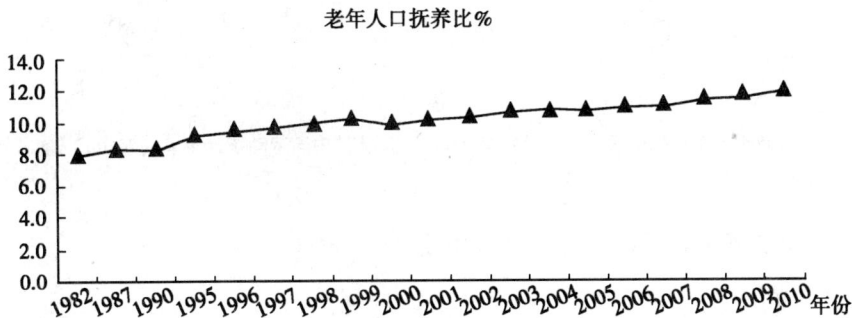

图 3　全国老年人口抚养比趋势图

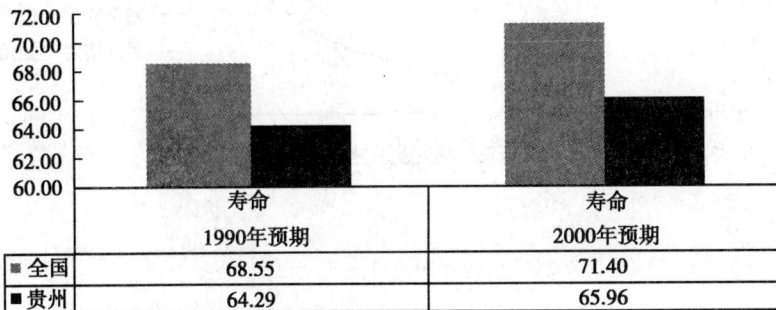

	寿命 1990年预期	寿命 2000年预期
全国	68.55	71.40
贵州	64.29	65.96

图 4　寿命预期

数据来源：《中国统计年鉴（2011）》。

3. 就业人员覆盖率①

由图 5 可知，就业人员覆盖率由 2006 年的 47.69% 上升到 53.25%，根据此趋势及相关政策文件的规定，可粗略推算，就业人员覆盖率将继续递增。

4. 基金规模

图 6 反映的是 1989—2009 年末基金收入、支出及累计结余的趋势，

---

① 就业人员覆盖率%：在职参保人数占城镇就业人数的比例。

就业人员覆盖率%

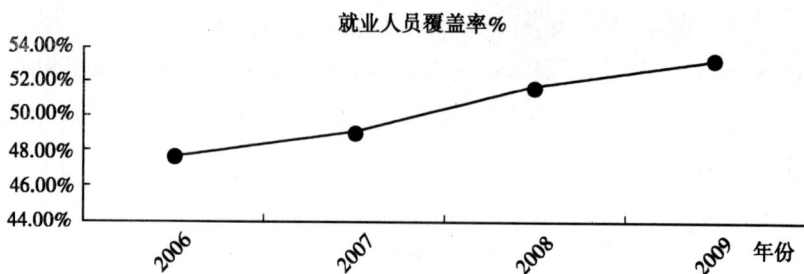

图5

数据来源：根据《中国统计年鉴（2011）》及《中国劳动统计年鉴（2010）》整理得出。

可以发现基金累计结余情况不容乐观。

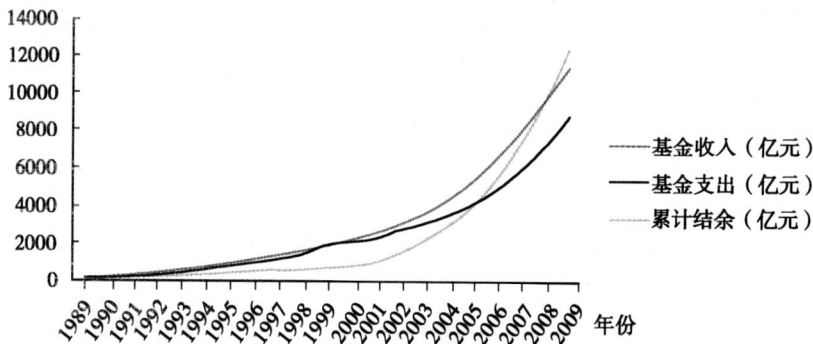

图6

数据来源：《中国劳动统计年鉴（2010）》。

五　结语

新中国成立以来，我国在企业职工养老保险制度的建设上取得了一定成就，以确定社会统筹为目标进行改革试点的 1984 年为主要分期点作为划分传统企业职工养老保险制度及现今统账结合的企业职工养老保险制度的时点，前一阶段向后一阶段的过渡使筹资方式的改变，也基本建立了同市场经济发展、人口老龄化趋势等相适应的养老保险制度。

在工业化、城镇化带动趋势下，劳动力跨省迁移变得频繁，职工养老保险关系的省际转移变得尤为重要。欣喜的是，基于为切实保障参加城镇企业职工基本养老保险人员的合法权益，促进人力资源合理配置和有序流动，保证参保人员跨省、自治区、直辖市流动并在城镇就业时基本养老保险关系的顺畅转移接续，2009 年 12 月 28 日，国务院办公厅《关于转发人力资源社会保障部财政部城镇企业职工基本养老保险关系转移接续暂行办法的通知》（国办发〔2009〕66 号），就明确规定本办法适用参加城镇企业职工基本养老保险的所有人员，包括农民工。为下一步从企业职工养老保险的省级统筹逐步过渡到全国统筹奠定了制度基础。

同时，改革进程也在不断面临新问题，诸如制度变迁显现的隐形债务危机、个人账户的"空账"运行、人口老龄化、养老金水平偏低及其基金保值增值不易等也成为制约城镇职工养老保险制度可持续发展的因素，如个人账户的"空账"运行，对此，中共中央在"十二五"规划建议中就明确指出要做实基本养老保险个人账户，基本养老保险个人账户做实情况如何，还存在哪些问题，应如何解决等，将成为下一步需要深入研究解决的重要课题之一。

本文主要对新中国成立后 60 年的企业职工基本养老保险制度的演变脉络作了梳理分析，在此也可设想进一步基于保险精算相关原理，建立关于企业职工养老保险的精算模型（比如以贵州省为例），考虑利率变动、依据现行城镇职工就业结构做人口预测、确定养老金给付标准、缴费率、替代率及对养老金隐形债务的再测算等，做定量分析及相关测算，进而构建相应博弈模型，为将来实行企业职工养老保险制度由省级统筹逐步走向全国统筹找到地区博弈的利益均衡点，将对继续完善城镇职工养老保险制度是有益的（此义对此暂未做深入精算、博弈分析，留待在他文中专门体现）。

最后，从企业职工保险制度的迅速发展的演变进程看，可以坚信在中共中央、国务院的正确指引和引导下，经过劳动保障部门和广大劳动者等相关人员的共同努力，面对新的社会经济制度，相关困境可得以解决，企业职工养老保险制度将得以不断完善，构建"多层次、多支柱"的养老保障体系的预期宏伟目标是可以达到的。

田　忠

中　篇

浅析资本体现式技术进步对贵州经济发展的贡献（1989—2008）

技术进步是经济增长的重要因素。技术的进步往往带来的是低消耗，高附加值的产出。早在20世纪80年代邓小平同志就提出"科学技术是第一生产力"的论断，党的十五大报告重申了这一点。党的十七大提出：要继续坚持走中国特色新型工业化道路，大力推进信息化与工业化融合，促进工业由大变强，振兴装备制造业，淘汰落后生产能力。可见，科教兴国，转变生产发展方式已经不是单一的口号，而是鲜明地反映了科技在生产生活中的重要作用。

贵州的发展同样离不开技术的进步，尤其是改革开放以来，贵州得到了快速的发展。

表1   **贵州改革开放30年生产总值**

指标	单位	1978 年	2000 年	2008 年
生产总值	亿元	46.62	1029.92	3333.40
第一产业	亿元	19.42	271.20	547.85
第二产业	亿元	18.73	391.20	1408.71
第三产业	亿元	8.47	367.52	1376.84

数据来源：《贵州六十年》中国统计出版社。

由表1可以清楚地看出来，贵州三大产业，尤其是第二产业和第三产业都得到了快速的发展，若以1978年为基准年计算，从1978年到2008年的30年间，贵州的第一产业、第二产业、第三产业分别以每年5.6%、9.05%、11.9%的速度发展。这些发展都与资本投入、技术的进步等有着密切的关系。那么如何衡量技术对经济发展的贡献大小呢？

若要素发展仅仅来自中性技术进步，① 利用索洛剩余法度量全要素生产率就可以有效测算技术进步和经济增长质量。② 但技术进步并非依附于资本投入过程中，而且具有一定的时滞性，而且无法判断技术进步对经济增长的具体准确贡献，因此局限性较大。本文欲通过计量经济模型来定量测量资本体现式技术进步对贵州经济增长的具体贡献，进而为我省的发展提供些许理论依据。

一 简要的文献综述

纵观国内外对此研究的文献，在涉及技术进步和经济增长的作用关系时，大量文献集中关注全要素生产率及其贡献问题研究，通过全要素生产率组成成分分解即以技术效率、技术进步率、规模效率等成分展开技术进步作用分析。③

在如今国际市场经济的大环境下，新兴市场经济国家的技术进步更多体现为资本和设备投资相融合的形式，尤以韩国、日本为例，它们的很多高新尖产品中包含的技术正是体现在资本和设备的融合形式中，全要素生产率从概念和内涵上都无法替代技术进步。④依据中国高速的经济发展的这一事实，判定中国资本体现式技术进步的存在性。发现中国新设备资本投资中蕴含着很高的技术进步，从量上证实经济高增长过程中普遍存在资本体现式技术进步的事实。⑤

可是，在现实中，如何准确度量包含在物质资本的技术进步呢？从已有研究成果来看，目前主要有两种做法。第一，通过考察资本价

① 中性技术进步（neutral technical progress），劳动和资本的生产效率同比例增加。因而发生中性技术进步后，资本/劳动的相对要素价格（工资率/利率）比率不变。也就是说，由于工资率/利率比率未变，生产过程中不会发生劳动替代资本（或相反）的情况，因而资本/劳动比率保持不变，所发生的只是生产原有的产量现在只需要较少的劳动和较少的资本。

② 王林辉、宋冬林、董直庆：《资本体现式技术进步及其对经济增长的贡献》，《中国社会科学》2011年第2期。

③ 王林辉、宋冬林、董直庆：《资本体现式技术进步及其对经济增长的贡献率：一个文献综述》，《经济学家》2009年。

④ 赵志耘等：《资本积累与技术进步的动态融合》，《经济研究》2007年第11期。

⑤ 郑玉歆：《理解全要素生产率》，中国社科院数量经济技术经济研究所，工作论文2007年第1期。

格变化来测度资本质量的改善，进而估算出体现的技术进步水平，如
Hulten（1992）和 Pakko（2002）。第二，以包含体现的技术进步的经
济增长模型为基础，通过数值模拟估算出体现的技术进步对经济增长
的贡献度，如 Greenwood 等（1997，pp. 363 – 382）和 Licandro 等
（2001）①。② 本文在前人大量的文献资料基础上，受前人启发，试图
构建区分设备投资和建筑投资的增长模型，对贵州经济发展作数据分
析，研究资本体现式技术进步如何对贵州经济发展做出贡献，并提出
相关建议。

二　计量模型选择，数据分析和参数设定

首先分析资本体现式进步对经济增长的作用，先做如下 4 个假定：

1）一国经济体内存在两个部门，部门一只生产消费品和建筑资本
品，部门二生产设备资本品（用于投资再生产）。假定经济产出满足 C
– D 生产函数：$Y = A_t K_{s,t}^a K_{e,t}^b L_t^{1-a-b}$，其中 Y，$A_T$，$K_{s,t}^a$，$K_{e,t}^b$，$L_t^{1-a-b}$ 分别
是 T 期的产出，技术进步，建筑资本，设备资本和劳动。

2）代表性消费者效用主要来自产品的消费，相对风险规避系数不
变，实现效用最大化，即 $U_{MAX} = \int_{t=0}^{+\infty} e^{-pt} E (U (C_t)) dt$，$U (C_t) =$
$C_t^{1-x}/1 - x$，$0 < x < 1$（p 为消费者的时间偏好）。

3）假定新旧设备的生产率不同，技术进步主要体现在设备投资中。

4）消费者收入来自两个方面，一是劳动收入；二是提供生产资本
给厂商，主要为利息收入。

经过上述假定与公式的处理可得出如下结论：一国的经济增长源于
中性技术进步与资本体现式技术进步，而且设备的边际收益越高，设备
资本投入越大，则资本体现式技术进步增长越快。

对 C – D 模型设计的总方程：$Y_t = A_t K_{s,t}^a K_{et}^b L_t^{1-a-b}$ 两边同除以劳动 L
并取对数，可得对数线性产出方程：$Lny_t = lnA_t + alnk_{s,t} + blnk_{e,t}$，其中

---

① 他们分别用这种方法估算出体现的技术进步对美国经济增长的贡献度为 58% 和
69%。

② 赵志耘、吕冰洋：《资本积累与技术进步的动态融合：中国经济增长的一个典型事
实》，《经济研究》2007 年第 11 期。

Y_t，A_t，$k_{s,t}$，$k_{e,t}$ 分别表示人均经济产出，人均建筑资本，人均设备资本。又由于积累的资本并非全部用于扩大再生产，产出增长主要服务于当期资本的服务效率。[①] 故为精确表示，设 PS_T 与 PJ_T 分别代表 T 期的建筑资本与设备资本的利用率，即该方程化为：$Lny_t = lnA_t + aln (PS_T \times K_{s,t}) + bln (PJ_T \times k_{e,t})$，在沉默成本等因素的考虑下，当期的产出可以看成是 T 期服务资本作用的效果。但是如何精确刻画出资本的利用率，现在仍是国内外争论的难点。本文利用 Petrppoulos 与 Sakellaris[②] 和国内王林辉等专家的思想，把单位资本的能源使用率看成是资本当期的服务效率。即 $PS_T = (eg_t/k_{s,t})^{\wedge}\alpha_1$，$PJ_T = (eg_t/k_{e,t})^{\wedge}\alpha_2$，为简化计算，这里设 $\alpha_1 = \alpha_2$，故原方程可化为 $Lny_t = lnA_t + aln ((eg_t/k_{s,t})^{\wedge}\alpha_1 \times k_{s,t}) + bln ((eg_t/k_{e,t})^{\wedge}\alpha_2 \times k_{e,t})$，即 $Lny_t = lnA_t + a (1 - \alpha_1) lnk_{s,t} + b (1 - \alpha_1) lnk_{s,t} + (a + b) \alpha_1 lneg_t$，传统经济增长文献主要采用的是永续盘存法[③]对资本存量估计，其公式可以表示为 $K_{e,t} = K_{e,t-1} (1 - X) + I_{e,t} \times q_t$，（X 表示资本的折旧率，$I_{e,t}$ 为 T 期新增设备资本，q_t 为资本体现式技术进步）。$\triangle K_{e,t} = A_{ks,t} f (k_s, k_e, l)$ 与 $\triangle K_{e,t} = A_{ke,t} f (k_s, k_e, l)$，表示一般的生产函数，且当满足生产者效用最大化的均衡条件时可得资本体现式技术进步 $q_t = A_{ke,t}/A_{ks,t} = p_{ks}/p_{ke}$。

如何测量资本质量指数，数据的搜集较为困难，但是国外的学者曾在 1990 年利用 Hedonic Price 方法直接估算出质量指数来测度美国经济中的资本体现式技术进步。[④] 这类方法涉及的行业有商用飞机、汽车、计算机等，对数据质量要求较高。我省的数据统计较难满足。另一方面若以相对价格指数作替代的话，其是否能有效的表现，还得看其发展过程是否体现了资本体现式技术的进步。由我国经济发展状

---

① 郑玉歆：《理解全要素生产率：用 TFP 分析经济增长质量存在的若干局限》，中国社科院数量经济技术经济研究所，工作论文 2007 年。

② P. Sakellaris and D. J. Wilson, "The Production-Side Approach to Estimating Embodied Technological Change", Finance and Economics Discussion Series, workingpaper, 2000, pp. 1 - 27.

③ "永续盘存法"又称"账面盘点制"，在会计工作中常常使用，是指企业设置各种有数量有金额的存货明细账，根据有关出入库凭证，逐日逐笔登记材料、产品、商品等的收支领退数量和金额，随时结出账面结存数量和金额。采用永续盘存制，可以随时掌握各种存货的收发、结存情况，有利于存货的各项管理。

④ 赵志耘等：《资本积累与技术进步的动态融合》，《经济研究》2007 年第 11 期。

况和前人大量工作计算来看，建筑材料工业品价格指数不断上升，而富含高技术的通信交通等行业的价格不断下降，考虑到数据的可得性，笔者这里采用贵州省交通和通信居民价格消费指数与房屋价格消费指数近似的替代：

表2 贵州交通、通信产业与房屋价格消费指数

年份	1993	1994	1995	1996	1997	1998	1999	2000	2001	2002
交通与通信	100	107.9	109.6	106.9	104.3	98.3	92.3	87.1	93.2	95.3
房屋价格						108.1	103.1	103.9	100.8	101.6

数据来源：《贵州六十年》中国统计出版社。

由表2可见贵州居民在消费交通、通信等高新技术产品时消费价格指数虽有一段平稳期，但是自1998年便不断下降，并低于100，可以认为贵州高技术产品的出厂价格也是不断下降的，但是贵州尤其是贵阳人民在购买房屋等建筑资本时，价格指数虽平稳但是均大于100，甚至1998年高达108.1，而此时的交通运输与通信的消费价格指数已到达98.3，差距较大。在同一时期内，两大类的消费产品呈现两种截然相反的发展趋势，由此可见，富含高新技术的交通与通信产业价格的相对降低是由于技术进步产生的。虽然单一价格的变动在短期内可以归结于政策或者是供求因素的影响，但是就长期而且是两种产品的相对变化会减弱这种短期因素的影响，只有技术进步才能使产品贬值。[①] 所以利用上述产品的价格指数完全可以清晰地看出资本体现式技术进步对经济产出的影响（但是值得注意的是贵州的发展状况虽然与全国的趋势一致，但是贵州的发展与全国还是有一定差距的）。

三 实证分析

（一）数据的搜集

本文涉及的数据中经济增长 Y 可以以生产总值表示，建筑业投资 $k_{s,t}$

---

① 此类的例子很多。比如通信话费的降低，电脑，轿车不断的升级，但是价格却不断下降等。

以建筑业总产值表示，对于 $k_{e,t}$ 设备资本，考虑到数据的可得性，这里以全社会固定资产投资中的更新改造投资额做设备资本投资的近似估计，能源消耗以能源消费总量（万吨标准煤）做衡量，在单位换算上，除了换算成以亿元做单位以外，还要换算成可比价，以消除经济发展，通货膨胀等因素的影响。根据上述办法可得如下表格：

表 3　贵州 1989 年到 2008 年生产总值、建筑业投资、设备投资及能源消耗

年份	生产总值（Y）（亿元）	建筑业投资（$k_{s,t}$）（亿元）	设备资本（$k_{e,t}$）（亿元）	能源消耗（万吨标准煤）
1989	199.3576	15.02113	9.797126	2062.97
1990	255.5403	21.11002	11.97446	2129.31
1991	283.4291	25.4023	13.10345	2313.1
1992	315.3154	33.98887	18.5436	2518.8
1993	360.0776	41.84483	22.11207	2545.5
1994	427.0847	53.00489	25.1873	2819.66
1995	524.061	67.69357	32.52883	3078.82
1996	676.5014	95.07016	40.73901	3442.64
1997	779.294	111.0445	54.08124	3738.65
1998	857.5325	149.9401	63.91608	4087.91
1999	945.0605	167.6411	66.46169	3854.4
2000	1035.095	199.4673	94.0402	4278.61
2001	1113.232	300.4126	116.4538	4437.9
2002	1255.99	399.6263	122.0101	4469.86
2003	1409.427	483.9526	138.8735	5534.49
2004	1613.269	576.4327	146.4712	6021
2005	1959.465	676.2079	178.7822	6428.6
2006	2232.93	794.5428	212.7237	7045.34
2007	2576.974	934.4737	237.547	7696.24
2008	3097.955	1160.836	289.3587	7963.77

数据来源：《贵州六十年》中国统计出版社。

注：建筑业投资为基本建设与房地产投资之和；能源消耗以当年年末总消耗计；1989—2008 年 20 年间的生产总值，建筑业投资，设备资本投资均以 1950 年价格指数为 100 作调整。

由表 3 数据可做下图：

由表 3 和图 1 数据可以看出，贵州的经济发展在 2000 年前变化比较

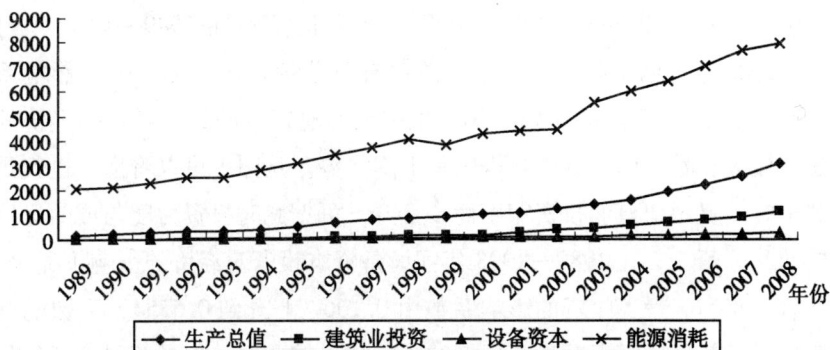

图1 贵州 1989 年到 2008 年生产总值、建筑业投资、设备投资及能源消耗折线图

缓慢，较于平稳，在 1995 年后有缓慢的提高；自 2001 年后生产总值、建筑业投资、能源消耗均有一定的提高，且从图 1 明显看出，生产总值的提高与能源消耗的提高呈同步发展态势。这些变化与 2001 年后西部大开发的政策密切相关，但是值得注意的是设备资本的投资虽然在 2000 年后有所提高，但是速度平缓，幅度不大。为进一步论证和解释这些变化的原因，利用上述模型作实证分析。

（二）实证分析

利用 EVIEWS 软件采用 OLS 法估计参数，得到如下操作结果：

表4 建筑业投资、设备投资及能源消耗对生产总值的影响

因变量　　　　　时间	1989—1998	1999—2008	1989—2008
建筑业投资	0.4479 **	0.4126 ***	0.1511 *
	(1.4525)	(4.4475)	(1.008)
设备资本	0.1667	0.5554 ****	0.4808 ****
	(0.4473)	(6.0599)	(3.0093)
能源消耗	0.3483	−0.1746 *	0.3694 **
	(0.4564)	(−1.1963)	(1.5798)
F 统计量	232.649	804.928	1207.033
调整的可决系数	0.98867	0.99835	0.99478

注：**** ，*** ，** ，* 分别表示通过 $\alpha = 0.005, 0.01, 0.1, 0.2$ 的 T 检验

　　由表 4 的结果可以看出：第一，建筑业投资在 1989—1998 年与 1999—2008 年这两个阶段均对生产总值有显著的正向影响，但是影响系数由原来的 0.4479 降低到 0.4126，也就是说建筑业的投资对贵州经济的发展有较大贡献，但是其影响程度呈下降趋势。从图 1 可以看出，也就是在这个时期贵州建筑业投资额度稳步上升，可见此时投资力度与成效呈反方向变化。第二，在 1989—1998 年间设备资本投资对经济的影响不显著，但在后 8 年间，设备投资的影响系数由 0.1667 上升到 0.5554，系数的升高意味着设备资本投资对贵州经济的影响越来越重要，但是值得注意的是在这后 10 年间设备投资的力度虽有提高但是幅度不大。三，能源消耗对经济的影响由原来的 0.3483 降到 - 0.1746，由正效应变为负效应，能源过度消耗的负效应开始体现，这提醒我们单以大量消耗能源来维持经济发展的道路是不可持续的。四，从整个这 20 年的结果来看，建筑业投资、设备投资及能源消耗对生产总值均有正向影响，但是相比而言，设备投资的影响要大于建筑业投资与能源消耗的影响。五，F 统计量的值远远大于 $F_{0.01}$（3，4）= 16.59，$F_{0.01}$（3，8）= 7.59，$F_{0.01}$（3，16）= 5.29，而且调整的可决系数均较高，方程通过整体性检验，拟合度较高。经进一步计算可得下表：

表 5　　建筑业投资、设备投资及能源消耗对人均生产总值的贡献率

时间 因变量	1989—2000	2001—2008	1989—2008
建筑业投资	0.3641	0.3311	0.1104
设备资本	0.1225	0.4696	0.3955
能源消耗	0.2731	- 0.1140	0.2918

　　由表 5 可以看出，建筑业投资虽然在前 12 年对人均生产总值贡献较大，约为 36.41%，其次分别是能源消耗与设备投资，分别为 27.31% 与 12.25%，说明在西部大开发前贵州的经济增长主要依靠房地产行业与能源的消耗来维持；自 2001 年西部大开发之后，贵州在装备制造业上取得了较快的发展，其贡献率约为 46.96%，贡献幅度较高，其次是建筑业投资为 33.11%，但是此时贵州以能源消耗来维持及促进经济增长已经出现了负效应，以原来大量消耗能源来发展的模式已经出现了弊端；但是总的

来说，设备投资对人均 GDP 的贡献较大为 39.55%，能源消耗为贵州这 20 年的经济发展有较高的贡献，约为 29.18%，但是建筑业的投资相对较低，为 11.04%。

为进一步了解资本体现式技术进步对贵州经济的影响，笔者通过对 2007 年贵州 42 部门投入产出表计算可得：建筑业、房地产业的影响系数分别为 1.441、0.6003；通用、专用设备制造业，交通运输设备制造业，电器机械及器材制造业，通信设备、计算机及其他电子设备制造业，仪器仪表及文化办公用机械制造业的影响系数分别为 1.225、1.191、1.310、1.149、1.114；煤炭开采与洗选业，石油和天然气开采业，金属矿采选业的影响力系数分别为 0.994、0.409、0.952。从上述计算数据可以很明显地看出，由于建筑业影响系数大于 1，说明其对整个贵州经济发展影响度高，高于社会平均水平，但是房地产业的影响系数却低于 1，低于社会平均水平；富含科技含量的设备制造业的影响力系数均大于 1，说明这种高技术的产业对整个贵州其他的产业影响度高，高于社会平均水平；但是煤炭、石油等这种能源产业的影响力系数低于 1，甚至刚到 0.4，说明该产业对整个贵州经济发展影响不大，低于社会平均水平。

此外，如果用 y、a、k、l 分别表示年产量增长率、年技术进步率、年资本投入增长率、年劳动投入增长率。于是根据索洛增长方程 $y = a + \alpha K + \beta L$，其中 y、k、l 可以通过统计资料获得，$\alpha$、$\beta$ 值可以通过建立模型回归分析估计出来。又设 a，αK，βL 分别占 y 的比重可表示为技术进步对产量增长的贡献率、资本投入对产量增长的贡献率、劳动投入对产量增长的贡献率。根据此项做计算可得在不同时期技术对贵州工业产值的贡献分别为"六五"2.7%，"七五"62.9%，"八五"9.4%，"九五"16.1%，"十五"32.4%。[①] 这样看贵州在近 25 年间技术贡献波动比较大，在"八五"以后才稳步上升，甚至达到了 32.4%。这可能是由于在改革开放之前，经济发展尤其是发展技术未得到充分发挥，改革开放以后，贵州由于资本吸收不足，技术

---

① 罗军：《贵州工业经济发展的要素贡献实证分析》，《科技信息》，《高校论坛》2008 年第 10 期。

进步未得到充分发展，到"九五"期间技术进步的贡献不断上升，通过引进先进的科学技术，在"干中学"的效应下，我省经济不断发展，但是值得注意的是我省与国家平均水平、东部沿海地区还存在着较大差距。自主创新能力弱，引进人才、设备较困难等因素仍旧阻碍我省经济的发展，因此若不从根本上解决，我省以要素投入与环境破坏为代价的发展模式仍将持续。

四　基本结论与政策建议

本文通过把资本投入划分为建筑资本与设备资本，来构建出资本体现式技术进步对贵州经济的作用，说明了资本体现式技术进步与设备资本收益之间成正比关系，而且技术的进步即设备资本的更新，人才引进等的投入均会对贵州经济的发展有较大的促进，而其贡献率也不断地增加。高新技术产品价格的降低与建筑行业价格相反的走势更明显地说明技术的发展是降低成本提高收益的重要手段。资本体现式技术对贵州人均生产总值的贡献较大。但是从近 10 年的数据来看，资本的贡献仍旧是贵州目前发展的主要诱因。但是我们应该注意的是，目前在贵州的发展中，建筑业的投资与能源消耗的数量与增幅要远远高于设备的投资，但是其对整个贵州社会的影响度远远低于高科技的设备制造业。

综上所述，要从根本上改变贵州经济的发展模式，使其走高新技术与可持续发展战略的道路，笔者在此提出几条不成熟的建议：一、积极与外商洽谈合作，使其在贵州直接投资或采取合作经营的方式，利用外资先进的管理，生产技术，在"干中学"的思路下不断发展自己，提高本省的技术水平。二、积极引进国内外先进的生产技术与设备。目前我省属于资源丰富型省市，存在大量资源，要在资源枯竭日趋严重并处于经济转型的关键时刻，发展高新技术产业，引进国内外先进设备与技术，提高生产效率，从长远看这也是我省缩短与国内发达地区甚至是其他发达国家之间差距的有效捷径。三、大量培育，吸收各种高新技术人才。设备引进后，如何最大化地发挥其作用，优秀的技术人才是必不可少的，而且生产率的增加与技术的进步更取决于人才的培养与引进。所以我们应该培养和吸收各层次、各种类型的人才，并给他们提供能施展拳脚的场所，以发挥他们最大的效用。四、转变生产发展模式。由上面的分析可以看出，目前贵州的发展仍靠大量能源消耗的维持。但是这种发展是不可持续的，总有能源枯竭的那一天。所以我省今后的发展，应多注意对能源高效利用，这便需要对高新技术的依赖，而这种转变是需要一定时间的，在这段时间我们应该加强我省的自主研发创新，来更好更快地发展我省经济。

童　波

政府、企业与技术革新：
1949—1965 年贵州经济纵贯研究

技术革新就是生产设备、生产工具、技术过程、技术标准、操作方法以及劳动条件等方面的改进与提高，也叫技术改革。第二次世界大战后，世界各国的经济发展转向以技术进步为主的扩大再生产，工业发达国家如日本、美国、德国、英国等都是如此，日本战后的经济恢复和经济发展主要走的是技术革新道路。他们积极引进国外先进技术，结合实际加以消化吸收和创新，再利用新技术来发展工业，以技术革新实现其经济的腾飞。新中国成立初期，我国工业基础薄弱、技术落后，开展技术革新运动是巩固国民经济恢复的成果、实现"一五"计划和贯彻过渡时期总路线的客观要求，也是新中国成立后增产节约、劳动竞赛运动的进一步发展。

1954 年 4 月 2 日至 23 日，中华全国总工会第七届执委会主席团第五次会议通过《关于在全国范围内开展技术革新运动的决定》，并于 5 月 26 日公布。于是，一场技术革新运动在全国各行各业迅速展开，创造出许多革新成果，推动了新中国的技术进步。1960 年 3 月 22 日，毛泽东主席在中共鞍山市委上报的《关于工业战线上的技术革新和技术革命运动开展情况的报告》上做出长篇批示，提出了关于要有领导，一环接一环，一浪接一浪地实行伟大的马克思列宁主义的城乡经济技术革新和技术革命运动等。邮电部专门发行《技术革新》特种邮票，旨在推动"双革"运动在全国范围内的普及和深入。

贵州地处西部喀斯特地貌，耕地面积少，工业化程度低，劳动力技术素质薄弱，在发展工业化的大背景下，必然要在技术革新方面增加经济投入和政策倾斜，下文就从政府和企业两方面来分析新中国成立初期技术革新运动在贵州的发展情况。

一　政府：贵州省政府文件中的技术革新

（一）技术革新和技术革命

在 1956 年的贵州省工业厅的文件《关于对资本主义工业进行社会主义改造情况的报告》中提道：公私合营后，由于所有制的改变，资金的集中，领导的加强，设备、劳动组织的调整，劳动制度的改进等，大大激发了职工的积极性，政治热情很高，如承认了"工厂是自己的家"，原认为找到了"靠山""铁饭碗"的资方从业人员，情绪也高了，积极性增加了。随着改造高潮，于 3 月上旬各厂都先后掀起了以提高质量为中心的劳动生产竞赛运动（先进生产者运动）。……其次是废品率逐月降低，产品质量有所提高。如贵阳市染织公司的标准布、袜子、背心与棉线 4 种主要产品的合格率由 3 月的 80%—94% 至 5 月上旬已提高到 97. 36%—100%，公私合营裕群织棉厂韩英小组推广华丰织棉厂的"穿中起机法"，5 月质量由原 70%—80% 提高到 98. 5%，生产效率也提高了 11. 1%，被评为先进小组。公私合营贵阳动力机械厂，有 29 名职工，8 个生产小组和 1 个科室，获得了先进生产者，先进工作者和先进集体的称号，并得到了奖励，其中获得先进生产者称号的老师傅曾锦忠，利用废料试制成功刻度器，代替了万能铣床，且由 20 分钟刻度一个分度盘降低至 2 分钟，提高了生产效率达 9 倍，同时保证了质量，合格率达到百分之百。第三是试制新产品的积极性提高，新品种增加，如贵阳市 4 个公司试制成功的有电动机等 23 种，正试制的 8 种。公私合营遵义染布厂合营前只能出产青白布，至 5 月已能出产 50 多种花布。第四是改造设备、工具、操作方法等的合理化建设，有力地推动了生产。自合营投入生产至 5 月上旬这一时期内已提了建议 816 件（仅贵阳市 4 个公司），其中采纳后，行之有效的有 600 件。如公司合营贵阳农药厂青工陈忠华，建议试制成功了电动罗筛机，代替了 3 个人的强度体力劳动，提高了质量，保持均衡生产。同时产品成本亦有降低，如贵阳市企业公司的全部产品平均降低 10% 左右，公司合营贵阳家具厂，出厂成本平均降低 20%。这就开始显示了合营企业的优越性。

文中对废品率和新产品的数量表述的特别详细，不仅有数量，还标明了百分比，凸显和新中国成立前数据的明显不同，技术进步的根源归结为最后一句"这就开始显示了合营企业的优越性"，技术革新归根结底在当时看来是制度的胜利。

1958 年《中共贵州省委农村工作部关于发展山区生产情况的报告》中写道：群众的革命干劲起来了，这是一切东西中间最宝贵的东西。但是，日夜战斗毕竟不是最妥善的办法和长远之计。为了解决劳动力的紧张和提高劳动生产率，为了促使生产不断地大跃进，技术革命是非跟上去不可了。贯彻这一革命的基本办法，是放手发动群众，一切试验，干部做到又红又专。在当前生产高潮中，群众创造了许多先进经验。江口县在县委第一书记两年来脱鞋下田亲自掌握新式农具的带动下，大多数干部都已学会使用双轮双铧犁等新式农具和各种农业技术，现在该县又已成立技术夜校 156 所，准备做到社社有技术夜校，队队有技术员，并开办妇女农具手训练班。目前贵州正规划准备逐步做到农业机械化。全省领导农村工作的同志和农村干部，在又红又专的号召下，纷纷搞试验田，学土壤学，决心很大，行动迅速。一个学习科学、改进技术的高潮，已经从一些先进地区开始，正在逐步形成。目前还需要教育干部：科学技术不是一哄就可得到的，需要有顽强的毅力，但是铁杵也能磨成针，只要苦学苦干，又红又专是完全可以做到的。

1958 年革命和技术连在一起，贯彻这一革命的基本方法同样还是发动群众、一切试验、又红又专。领导干部带动，一个县能成立技术夜校 156 所，而且目标是社社有技术夜校，队队有技术员，而且妇女的地位也获得了肯定，成为技术革命的一分子。

1958 年的《中共贵州省委关于进一步开展技术革新运动的指示》一文中历数了我省工交企业中出现了许多新人、新事、新纪录、新的创造发明：

4 月地方工业总产值较去年同期增长 54.5%，仅贵阳市和遵义专区 4 个月来试制成功的新产品就达七百余种，其中主要的有拖拉机、煤气机、三轮汽车、硫酸铵、人造棉等数十种；交通机械修配厂一季度超额完成跃进指标，总产值较去年同期增长 96.1%，四个月实现技术革新八百四十八项。一个广泛的改进工具、改进设备、改进技术的群众性技术革新运动，正如雨后春笋，方兴未艾地向前发展。

文章还在显要位置提出技术革新在实际操作中需要注意的问题：

既要提倡大胆地想，大胆地干；又要从现有基础出发。技术革新的目的是发展生产力，增加生产，减低劳动强度，提高质量，降低成本，其主要内容是提高科学技术和操作水平，改进机器、设备和工具。因此技术革新运动必须与当前生产紧密结合，为工农业生产大跃进服务，不仅重视成套的大的改进，同时，也要注意细小的改进。必须坚持从低到高，由简到繁，从手工操作到半机械化到机械化的原则，使一般技术与现代技术相结合，技术与群众相结合，大胆创造，集中优点，逐步改进，坚决贯彻执行群众路线，发动职工苦学苦钻，找关键，找问题，找技术革新的办法，制定技术革新的规划和措施，使规划和措施具有群众基础，群众有明确的革新方向，就能更好地使运动深入和广泛地开展起来。

在 1959 年时任贵州省领导人戴晓东在《贵州省人民委员会工作报告》中明确提出：贵州省各族人民热烈响应第二届全国人民代表大会第一次会议的号召，在国民经济各条战线上，开展了以技术革新和技术革命为中心的增产节约运动，取得了很大的成绩。增产节约运动的产生是和大跃进造成的浪费分不开的。

《贵州日报》编辑部 1959 年撰写的《贵州十年纪要》中对贵州大跃进大炼钢铁的情况进行了翔实的记录：

4 月 7 日，我省第一个现代化钢铁厂——贵阳钢铁厂动工兴建。4 月 29 日，贵阳翻砂厂用小猴子炉炼出了我省第一炉洋钢，从此结束了我省不产洋钢的历史。6 月 19 日至 25 日召开的全省炼钢会议，制订了发展炼钢工业的跃进计划。遵义钢铁厂、都匀钢铁厂也在 6 月 10 日、7 月 3 日动工。9 月 12 日，贵阳钢铁厂轧出了我省第一根钢材。9 月 30 日，贵阳钢铁厂出钢了。

1964 年时任贵州省领导人陈璞如在《贵州省人民委员会报告》中对于技术革新的提法依然是"进一步开展比、学、赶、帮的增产节约运动，并且加强科学研究，开展群众性的技术革新和技术革命运动，组织技术协作，不断提高生产水平"。技术革新的理论水平并没有进步。

（二）技术习得和待遇

政府要推定技术革新和技术革命，落到实处官方的说法是依靠人民群众，准确地说是技术工人和技术农民。然而从政府的文件中可以窥见技术工人的待遇和社会地位并没有技术革新本身抬得那么高。

贵州省人民委员会 1956 年发布的文件《关于贯彻执行〈国务院关于对私营工商业改造工作指示〉的若干意见》中提道：目前各生产社的工资仍按过去的老办法执行，技术工人和艺人的工资应当高些，鼓励老师傅带学徒传授技术，给予老师傅的报酬按过去好的习惯去做。

可见当时技术工人的工资并不高，老师傅的报酬还不如过去，这是不可能吸引更多的劳动力投入到技术的学习和技术革新的工作中来的。

同样，1956 年《贵州省人民委员会关于贯彻执行〈国务院关于工资改革的决定〉的指示》中强调：今年的工资改革，应以建立和改进工人的工资等级制度和改进职员与技术人员的职务工资制度为中心，各地方企业单位都要根据工资改革方案中的统一工资标准认真贯彻执行。

实际上也是想凭借差异化工资来引导劳动力投向技术领域。

1958 年在《中共贵州省委关于进一步开展技术革新运动的指示》一文中技术革新和企业管理制度联系起来，垄断新技术成就则被贴上"资本主义思想和行为"的标签。

企业领导必须善于发现先进，支持先进，并及时地总结和推广先进，重视和支持群众的合理化建议。加强合理化建议的组织领导，组织技术人员和老工人审查和帮助职工实现建议。对技术革新与生产任务必须作妥善安排，把革新的任务安排到生产任务中去，对重大的技术革新应当组织技术力量和设备进行试验，以大力支持合理化建议的实现。

技术革新运动的开展必然促进企业管理制度的进一步改善，如果不进一步改革业务制度，改进企业管理，势必阻碍生产力的发展，影响职工积极性和创造性的发挥。因此，改革业务制度，改进企业管理，改善劳动组织必须作为技术革新运动的重要内容之一，随着运动的发展，及时废除那些陈旧的规章制度，建立新的规章制度；同时，要随时注意组织运动中的新的生产平衡。

必须把整风进行到底，加强经常的政治思想工作，对职工进行经常的共产主义教育。反对右倾保守，反对个人主义，本位主义，反对垄断新技术成就秘而不传的资本主义思想和行为。

1959 年《贵州省人民委员会关于地方国营企业实行利润留成制度的几项规定》中企业利润留成所得，用于企业所需要的四项费用中的前两项是技术组织措施费和新种类产品试制费，都和技术革新息息相关，由此可见，政府还是对技术革新颇为重视。

1959 年《贵州省委关于贯彻执行中央"关于农业的五条紧急指示"和毛主席"关于农业的六点指示"的紧急通知》主要针对农业技术革新进行了描述：公社各级干部的试验田，应当和生产小队的社员共同种植，并且同样实行"三包一奖"的制度。省、地、县各级的试验田一般可以和公社、生产队结合起来搞，也可以在各级所属农场与技术员工人结合搞。试验田和试验田之间，也应当开展竞赛，各级党委应当迅速做出干部种试验田的规划和安排，已经规划和安排的，要进行检查，如有不适当的，要立即修改。各级党委都加强对干部试验田的领导。……改良旧式工具和推广新式工具要同时并举，以提高劳动效率，解决劳力不足的困难。目前要着重抓改良和推广播种、插秧、收割以及运输方面的工具，领导要有决心，要深入发动群众，边创造、边试验、边鉴定，对成功的要及时组织制造和推广。

1960 年开始精简职工，《中共贵州省委关于精简职工的计划》中提道：对于 1957 年以前的老工人和 1958 年以后的技术工人、城镇的手工业工人、财贸系统为粮、油、副食品加工的工人、公私合营中包下来改造的人员以及民族人士，原则上不减，也不下放到农业生产第一线。

上文看起来还是对技术工人网开一面的，不过据后文可知，省政府的上述精神在实际操作过程中却有很多误判。

例如在 1961 年的文件《中共贵州省委批转省手管局、生产联社党组关于我省手工业恢复发展情况和意见的报告》中专门强调：凡从事手工业传统名牌产品生产的名师名匠和技术工人，必须一律归队，他们原来所带的徒弟，如果已经初步掌握了生产技艺的，也应一律归队；凡属生产当前农业生产和人民生活中急需的小农具，日用商品的手工业工人，应尽快地在年底以前组织归队。

可见还是有很多技术工人和名师名匠被下放了，由此造成了我省手工业的长期滞后，待省领导发现的时候，又重新把这一批人请了回来。

1965 年《中共贵州省委关于大力开展农业多种经营的指示（草案）》中对培训技术人员的论述又回到了 1958 年的状态（可参见本节第一段引文）：

必须采取有效的办法，积极培训技术人员，加强技术指导。首先要把现有的技术力量充分利用起来，发挥他们指导生产的作用。凡是受过训练的农、林、牧业的技术人员，目前搞其他工作的，要坚决调回，并且今后不能随意抽调，保持技术人员的稳定。同时，要采取各种方式，比如举办技术训练班、组织技术交流会、建立技术辅导网等办法，加强对技术力量的培训工作。争取在最近二三年内为全省主产经济作物的每一个生产队，培训技术人员一人至二人。此外，还要组织农业技术人员下乡，深入社队，传授技术，为生产服务。

可见 1965 年，经过了三年经济困难之后，技术革新尤其是技术工人的稀缺情况并不比七年前乐观。

二 1956—1965 年贵州企业发展中的技术革新

贵州企业发展有何特点？大体可概括为融入性、二元性、机遇性以及跨越性。融入性，即随着抗日战争的爆发，全国各地工商企业，尤其是沿海工业纷纷内迁，其中就包括迁往作为大后方的贵州。新中国成立后，从 1964 年起如火如荼进行的三线建设①，全国 20 多个省市的 100 个企业也陆续迁往贵州，不仅是先进设备的内迁，更为主要的是数万名科技人员、工程技术人员的内迁，这一缕清风成为了日后贵州工业化进程的助推器；二元性，就是具备先进生产力的企业，如军工，同技术相对落后的小型企业的一个对比；机遇性，即新中国成立后的三线建设以及日后的西部大开发。

1949 年 11 月在贵州解放时，贵州企业仅存 96 户，产业工人不足

---

① 三线建设，指的是自 1964 年开始，中华人民共和国政府在中国中西部地区的 13 个省、自治区进行的一场以战备为指导思想的大规模国防、科技、工业和交通基本设施建设，是中国经济史上又一次大规模的工业迁移过程。

3000 人，除贵阳市外，全省大部分地区没有近代工业企业。1949 年，贵阳市的工业总产值最多，也不过 1073 万元。少数民族地区的工业产值仅占全省的 11.2%。基于此，在解放后，中共贵州省委、省政府把恢复和发展工业生产放到十分重要的位置，采取了如下措施：

1. 没收官僚资本，建立国营企业，根据"不打烂旧机构"和"保持原职、原薪、原制度"的方针，力求保持企业生产系统和技术组织的完整性和合理性，迅速恢复发展生产；

2. 扶持私营个体企业，对私营企业进行社会主义改造和结构调整；

3. 投资扩建和新建一批企业，企业数量增加，规模扩大。

以上相关措施，使全省企业迅速恢复发展，新工艺、新产品不断出现，人民当家作主，极大地激发了广大工人的劳动热情。

以下主要选取新中国成立初期，贵州省内的四大行业，从一个侧面来看贵州企业层面的技术革新和技术革命的进程。间接展望新世纪贵州企业更快更好的又一个跨越式革新与发展。

（一）酿酒业

谈及贵州的酿酒业，主要以现今家喻户晓，远销海内外的茅台酒为代表，古时称"茅台烧"，兴隆于"集灵泉于一身，汇秀水而东下"的赤水河畔茅台镇，清朝张国华《茅台村》竹枝词中是这样赞赏茅台烧的，即"一座茅台旧有村，糟丘无数结为邻。使君休怨曲生醉，利锁名疆更醉人。与今酒好在茅台，滇黔川湘客到来。贩去千里市上卖，谁不称奇罕亦哉！"

1. 国营茅台酒厂的诞生

在解放初期，为了恢复和发展古老的茅台酒，贵州省人民政府、仁怀县人民政府以及相关部门采取一系列措施，使华问渠的华茅、赖永初的赖茅和王秉乾的王茅三家私营茅台酒烧房合并转变为国营茅台酒厂，并于 1953 年 8 月 1 日由省专卖事业局划归贵州省工业厅领导，作为工业厅的直属企业。随着国营贵州茅台酒厂的创设及恒兴、荣和两个酒厂的合并，茅台酒的酿造工业企业生产发生根本转变。三家合并后的茅台酒厂，显示出了生机活力，职工群众热情高涨，迅速恢复了生产。1952 年生产出茅台酒 75 吨，产值 6 万元，盈利 0.8 万元，比解放前三家酒厂最高产量 12 万斤增加了 25%。到 1953 年①，工厂恢复整顿基本结束。

2. 茅台酒厂设备层面的技术革新

1954 年，酒厂采购了发电机、煤气机以及小麦粉碎机，以便解决照明、抽水和粉碎原料的问题，这是茅台酒历史上首次使用动力机器，原先落后的生产方式，诸如用竹筒接水、依赖人工从河中挑水、用桐油灯照明等，在技术上得到较大革新。1957 年，酒厂为了解决人背马驮原料及成品酒等低技能高劳动的困境，便改用了独轮车，以期减轻劳动强度，一系列的改进，不仅是生产技术的进步，更打破传统工具不能改变的旧俗。随后酒厂又在制酒、制曲、粮库、酒库和化验等相关方面进行改造建设、技术革新，酒厂取得较快发展，至 1957 年茅台酒的产量增加到了 283 吨，出口量也达到 50 吨，是 1949 年的 14 倍。

3. 茅台酒厂技术工人层面的技术革新

1953 年至 1956 年，茅台酒的质量不够稳定，甚至一度出现下降，虽然茅台酒厂生产有一套较为严格完整的生产工艺操作流程，可由于当时相关人员错误片面地理解增产节约，趋于经验，错误提出"降低粮耗，缩短生产周期，扩大出厂量"的违反茅台酒生产规律的生产方针，在茅台酒的传统工艺操作流程上打了折扣。本质原因找到后，企业随后开展了"积极恢复原有工艺操作，以提高质量为中心"的先进生产者活动。积极主动发挥老酒师、老工人的主观能动性，比如郑义兴和王绍彬，献计献策，逐步制定出"茅台酒传统工艺的 14 项操作要点"，初步完善了茅台酒传统的生产工艺，也稳定了茅台酒的质量。

几百年来，茅台酒的生产技术主要依赖师傅带徒弟的机制进行运转，口口相授得以流传，此做法的弊端使酿酒的工艺流程没有成文，主观性较大。郑兴义将自己积累的经验及家中五代流传下的酿酒技术，口传记录，整理成册，初步制定统一酿酒的技术过程。1956 年，郑又同酒厂提出恢复传统操作方法的建议，得以认同和采纳，酒质得到提高。

---

① 1953 年，国民经济恢复期结束，战争带来的破坏已得到初步改善，新中国开始呈现出欣欣向荣的景象。

王绍彬更是勤奋好学，在老师傅的指导下，从技术上大胆革新传统工艺，总结提出"以酒养糟"的酿酒经验，此举使茅台酒的甲级品从1956年的12.19%提高到了1958年的99.42%。

（二）矿冶业

1886年，巡抚潘霨筹建了中国近代第一家新式炼铁厂，即远离沿海的贵州青溪铁厂，使得当时的冶金业在贵州出现了短暂辉煌，而后一直停滞不前，直到贵州解放以后，钢铁企业在民炼土法生产的基础上才有所提高。

1952年在水城河边建设了第三铁厂，即后来的水城铁厂。起初，该铁厂砌筑了1—3立方米的土炉5座，采用土焦、人拉风箱鼓风炼铁。直至1956年6月，又新建了在全省有名的7.5立方米的第一高炉，当初的水城铁厂主要用水城县观音山矿区露天开采的铁矿石，经煅烧破碎分级，再配以石灰石，土焦入炉冶炼；厂内设有叶氏风机鼓风，管式热风炉预热空气，风温550度，这一切在当时已迈入贵州省内先进的炼铁企业名列，可在全国还有所差距。

1. 贵州锰铁厂

贵州锰铁厂作为解放后人民政府建立最早的黑色冶金企业，在解放初期其地位在全国同行业中处于领先位置。1956年4月成立了以薛崇本、谭之远工程师负责的试验小组，开始试验金属锰，先后试验7炉指标，皆未达到应有的标准，可他们未气馁，总结经验教训，借鉴他人经验，继续开展技术攻关。通过参阅四步法生产锰资料再次组织试验，可结果又不让人满意，因冶炼金属锰原料富锰渣含铁量过高而再次失败，几次失败，始终未动摇他们的信心，于1958年4月，他们又改进了工艺与配料技术，再次试验，采用了电硅热三步法冶炼。第一步，在矿热炉中，用锰矿石、焦炭进行选择性还原，炼成富锰渣；第二步，用富锰渣、硅石、焦炭在炉中冶炼成高硅锰；第三步，再用前两步冶炼出的高猛渣、高硅锰加上石灰石在电炉里精炼，借助高硅锰中的硅去还原富锰渣中的氧化锰，最终炼成了金属锰产品，此试验取得的成功，最终产品达到了国家技术标准，含锰95.17%，含磷0.04%，含硅0.38%，也结束了我国冶炼高级合金钢需要长期进口金属锰的历史，填补了国内又一项空白。

2. 贵州汞矿

随着贵州省的解放，省委、省政府就把迅速恢复有色金属采冶作为恢复国民经济的重要组成部分。当时铜仁专署率先成立了公私合营的万山汞矿公司，紧跟其后，诸如务川人民汞矿厂、丹寨汞矿、松桃汞矿等也相继诞生。对汞矿的开采，通过机械化取代手工凿岩；电灯取代了井下照明的桐油灯；高炉炼汞取代了土灶炼汞。

1956 年 1 月 1 日，湘黔汞矿公司成立并接管了铜仁汞矿，万山汞矿包括岩屋坪成为其下属单位。1958 年 10 月 21 日，湘黔汞矿公司撤销，万山汞矿更名为贵州省汞矿。伴随采矿技术的不断变新，井下作业的安全程度也不断提高，加之工人们高涨的劳动热情，改进的生产工艺，让贵汞得以进一步发展，产品质量得到提升。1956 年，贵州汞矿测定自产汞的纯度达到了 99.99%，而后又进行了酸洗、过渡等加工后，让汞的纯度达到了 99.999%，同年在北京有色金属研究总院的帮助下，进一步推进，制造出高达 99.9999% 纯度的高纯汞，公司生产的银河牌汞享有了出口免检的殊荣。产量更是从 1950 年的仅生产 3 吨汞发展到 1956 年年产 321.428 吨。

当然，贵州汞矿的繁荣并非一花独放，其中还有享誉贵州甚至全国的务川汞矿、铜仁汞矿以及丹寨汞矿等企业。比如，1955 年，务川汞矿独家采用了湿法生产朱砂工艺，并应用中深孔崩落法采矿技术到汞矿床的开采，取得显著效果。

3. 晴隆①锑矿

1951 年，贵州省工业厅着手恢复锑业生产，1952 年 9 月便建成投产，标志着贵州第一个产锑基地的诞生。在三线建设时期，晴隆锑矿逐步形成地质勘探、采矿、选矿、冶炼、检测、环保的综合能力，获得了长足发展。选矿开始进行了小型浮选试验。在采用反射炉还原熔炼和精炼过程中，晴隆锑矿大胆创新，做了诸多技术改进。1960 年，成功试验锑氧熔炼除砷法，使精锑质量大幅提高，逐步剔除 3 号、4 号锑及普锑，结束精锑质量听任自然摆布的状态，而后采用的反射炉处理泡渣获

---

① 晴隆县位于贵州省西南部、黔西南布依族苗族自治州东北角。

得成功，金属回收率更是达到95%。1965 年，大厂三号硐和斜井开拓建成，主要矿区实现机械化开采，基本形成运输和通风系统，运输大巷采用架线式电机车或电瓶机车、装岩机和装运机。不断的技术革新，晴隆锑矿的产量和质量都得到稳步提升，从1963 年到1975 年，每年产量都超过千吨，基本上是贵州精锑的总产量。

（三）化工业

1. 水泥公司

1950 年下半年贵州水泥厂组织动员恢复生产，1956 年 2 月新厂竣工，2 月 9 日正式命名为贵阳水泥厂。新厂投产后，于1957 年生产水泥3.74 吨，实现工业总产值161.8 万元，利润21.2 万元，成为贵州首家以湿法回转窑生产水泥的企业。在1956 年 2 月回转窑点火投产后，贵阳水泥厂又进一步学习广州水泥厂关于安全运转的经验，挂号窑皮，保护窑皮，加强设备维护，实现了安全运转300 天；1957—1958 年又实现安全运转420 天，创造了当年全国回转窑安全运转的最好成绩。

2. 开阳磷矿

开阳磷肥厂于1955 年10 月开始筹建，于1956 年 5 月正式投产，设计能力为年产磷灰石粉3000 吨，可随着社会经济的不断发展，磷肥厂的规模已经远远不能适应需要，于1958 年 5 月至 9 月，从化工部、成都、广州部队等地调来一批干部和技术人员再次参加筹建工作，10月 20 日，开阳磷矿正式成立，并将开阳磷肥厂并入。

当时的矿党委书记张小丰和赵晰争、刘志忠率领数百名员工在矿区开始了一段艰苦卓绝的创业史。创业期间，他们不断进行技术改造，比如在马路坪矿小940 中段分别进行了"分段崩落法"及"水平分层充填法"采矿试验，最终确定了"分段崩落法"的适用性。在1960 年之前，诸如锯料机、锯木机、刨板机等都得到了改制成功。同时，不断加强基础设施建设，从1959 年开始，先后有两台30 马力20 千瓦和两台60 马力40 千瓦的柴油发电机组发电。1960 年又增加了两台180 马力120 千瓦的柴油发电机组，一切的一切，让新生的开阳磷矿一开始就为国家做出贡献。据相关数据统计，1958 年生产磷矿石134245 吨，实现工业总产值 818 万元，销售收入 149.39 万元，利润 114.75 万元，上缴利润 71.74 万元，税金 7.08 万元。

3. 贵州铝厂

在 1941 年，贵州就发现了铝土矿，而后从 1956 年起，国家就开始了对贵州铝土矿进行提炼氧化铝的各种试验研究工作。1959 年建成的小铝厂又进行了铝氧系统、氟化盐系统、碳素系统、电解系统的实验。

贵州铝厂当初采用的就是小型自焙槽生产电解铝，指的就是使用额定电流在 8 万安培以下自焙阳极电解槽。贵州铝厂借鉴北京铝试验厂关于采用 0.5—0.6 万安侧插自焙阳极电解槽生产电解铝的经验，于 1959 年 9 月建成，10 月 1 日生产出了第一块铝锭，作为献给中华人民共和国成立 10 周年的礼物。

（四）军工业

1964 年，在三线建设的总体战略部署下，第三机械工业部按照"小规模、大协作"的原则以及"先建缺门短线的辅机工厂、后建主机工厂，先发动机、后飞机，先品种、后数量，一套套、一片片，分批分期建设"的步骤，在安顺地区兴建了一套歼击机工厂，建成一个航空工业基地，即现今的贵州航空集团。建设期间，职工们很好地发扬了艰苦创业的精神，不怕苦，不怕累，刻苦钻研，不断攻克技术难关。因三线建设形成的位于安顺的 011 基地，不仅为我国的国防建设带来不可磨灭的贡献，更重要的是在贵州的经济社会发展中扮演着重要角色，对区域经济的发展起到了明显作用。

前文主要从酿酒业、矿冶业、化工业以及军工业四方面及行业所属的相关企业对 1949 年至 1965 年这一阶段的贵州企业发展暨技术革新史作了综述，下文将结合相关宏观数据对这一阶段作实证分析。

三　理论模型和实证分析

（一）模型构建

定量测量技术进步对定量评价技术进步在经济增长中的作用及贡

献，可以使人们更为深刻地认识技术进步与经济增长的内在联系，其评价结果亦可为有关部门制订经济、社会和科技发展规划提供参考依据。技术进步的度量有两方面内容，一是测算某一经济系统在一定时期的技术水平；二是测算技术进步在经济增长中所作的贡献。国内外的许多学者对度量技术进步作用的方法从理论与实证上做了大量的研究，其中应用最为广泛的是 C–D 生产函数法和索洛余值法。但是由于 C–D 函数是 CES 函数（不变替代生产函数）中一些假设条件设定的特殊情况，如弹性不变，规模报酬不变等。[①] 因此本文将采用更一般的 CES 生产函数对贵州省 1956—1965 年的经济增长作实证分析。

CES 生产函数的形式为：

$$Y = A[\delta K^{-\rho} + (1 - \delta)L^{-\rho}]^{-\mu/\rho} \tag{1}$$

其中，Y 代表产出；K 代表资本投入要素；L 代表劳动投入要素，A 为综合效益系数；δ 为分配系数，且 $0 < \delta < 1$，ρ 为替代系数，且 $-1 < \rho < 1$；μ 是反映规模报酬的参数，当 $\mu = (>, <) 1$ 时，分别表示规模报酬不变（递增，递减），替代弹性定义为 $\sigma = 1/(1 + \rho)$。[②] 由于 CES 生产函数无法直接利用最小二乘法 OLS 进行估计，一般在实际情况中通过泰勒级数展开一定的项数即可，即：

$$\ln Y = \ln A + \mu\delta\ln K + \mu(1 - \delta)\ln L - 1/2\mu\rho\delta(1 - \delta)[\ln(K/L)]^2$$

记 $\mu\delta = \alpha_1, \mu(1 - \delta) = \alpha_2, -1/2\mu\rho\delta(1 - \delta) = \alpha_3$，则上式可化为：

$$\ln Y = \ln A + \alpha_1\ln K + \alpha_2\ln L + \alpha_3[\ln(K/L)]^2 \tag{2}$$

（二）实证分析

本文取模型中的 Y 为地区全年生产总值（GDP）；K 为全社会固定资产投资额，L 为全社会从业人数。收集了贵州省 1949—1965 年的数据，见表 1（为消除通货膨胀等因素的影响，该表数据以 1950 年作为基年，其他年份做相应的数据处理）：

---

① 李兆平：《C–D 生产函数与 CES 生产函数的几点比较》，《运筹与管理》1997 年第 9 期。

② 王文博、刘慧民：《技术进步对陕西省经济增长贡献的实证分析》，《统计与信息论坛》2007 年第 3 期。

表 1   贵州省 1949—1965 年生产总值、投资额及社会从业人数

时间 \ 变量	GDP（亿元）	K（亿元）	L（万人）
1949	—	—	600.9
1950	6.39	0.03	600.8
1951	6.961226	0.081154	614.5
1952	7.772727	0.136364	629.8
1953	9.869069	0.334975	640.9
1954	10.76329	0.386473	659
1955	11.32683	0.390244	677.2
1956	14.57711	1.044776	690.6
1957	15.82524	1.15534	703.8
1958	20.05911	5.142857	723.4
1959	23.0943	6.394892	710.6
1960	22.4902	7.637255	687.4
1961	14.55645	1.306452	667.7
1962	16.45418	1.792829	717.5
1963	17.02128	1.337386	734.7
1964	20.29805	3.669065	770.6
1965	24.80691	8.770325	813.5

由表 1 可得下图：

贵州省1949—1965年GDP与投资

图 1   贵州省 1949—1965 年 GDP 与投资变化折线

从图 1 很容易看出贵州省 1945—1965 年经济增长与投资变化基本趋于一致，大体可以分为三个阶段：一、1949 年末到 1955 年，GDP 与投资基本处于平稳状态；二、1956—1960 年，二者呈现高速发展状态；三、1961—1965 年，二者呈现 U 字形变化，先是大幅下降，后经历短期平稳阶段，然后逐渐上升达到基本与 1960 年始的水平。因此在利用 EVIWES 软件对上述模型做回归分析时，把此区间划分为这三个阶段，其结果如下（表 2）：

表 2　　　　　　　　　　　　回归分析结果

常数及变量 ＼ 时间	1950—1955	1956—1960	1961—1965	1950—1965
lnA	−3.631268 ** (−2.595)	−43.6405 ** (−3.314)	−6.9461 ** (−3.847)	−5.5926 ** (−2.079)
lnK	1.295917 **** (28.57)	9.2492 ** (3.6957)	0.4185 * (1.5227)	0.3235 **** (4.0850)
lnL	0.547594 ** (2.46)	1.7426 * (2.4656)	1.2949 ** (3.508)	1.2044 *** (3.000)
$[Ln(K/L)]^2$	0.066530 **** (27.12)	0.8185 ** (3.6117)	0.0278 (1.1030)	0.0083 * (1.4059)
F 统计量	5823.135	122.848	191.277	284.9068
调整的可决系数	0.999771	0.989176	0.993041	0.983828

注：****、***、**、* 分别表示通过 0.01、0.05、0.10、0.20 的 T 统计。

从表 2 易看出，各区间的变量及常数大部分通过 T 检验，F 值的显著水平小于 0.01，调整的可决系数接近于 1，回归方程的拟合程度较高。进一步计算可得（1）方程各系数，见表 3。

表 3　　　　　　　　　　方程（1）各系数值

变量系数 ＼ 时间	1949—1955	1956—1960	1961—1965	1949—1965
A	0.026483	1.11*10−19	0.000962	0.003725
μ	1.843511	10.9918	1.7134	1.5279
δ	0.702961	0.841464	0.244251	0.211729
ρ	−0.34567	−1.11639	−0.17579	−0.0651
σ	1.52828	−8.5918	1.21328	1.06963

故各时期的生产函数为：

1949—1955： $Y = 0.026483 \times \left[0.703K^{0.346} + 0.297L^{0.346} \right]^{5.333}$

1956—1960： $Y = 1.11 \times 10^{-19} \left[0.841K^{1.116} + 0.159L^{1.116} \right]^{9.846}$

1961—1965： $Y = 0.000962 \times \left[0.244K^{0.176} + 0.756L^{0.176} \right]^{9.7486}$

1949—1965： $Y = 0.003725 \times \left[0.212K^{0.065} + 0.788L^{0.065} \right]^{23.47}$

从上式方程可以看出：一、综合效益系数 A 最大值为 0.026483，最小值 1.11×10^{-19}，均很低，说明在这一时期贵州的综合效益低下，广义的技术进步水平较低；二、1949—1960 年间资本分配系数均大于 0.5，甚至高达 0.841，说明这个时期贵州经济的发展主要依赖于资本的基础存量，资本密集型发展是其发展的动力，但是到 1961—1965 年与整个 16 年看，劳动力分配系数大于 0.5，说明此时贵州发展依赖于劳动力发展，属于劳动密集型发展，但是后 5 年劳动分配系数高达 0.788，而经济却出现下滑，说明单位劳动力的产值较低，也就是此时单位人员技术含量较低；规模报酬系数均大于 1，甚至高达 10.9918，说明此阶段贵州经济发展是规模报酬递增的，每增加一个单位的资本，劳动力均会带来大于 1 的产值，集中化大规模生产是此时的主流；替代弹性 σ 总体上大于 1，劳动力的价值可以被资本价值替代。

进一步考虑资本、劳动力、技术各要素对贵州 1949—1965 年经济发展的贡献，本文通过余值法对其进行估计计算，由于方程（2）中包含 K/L 的式子，其表示资本与劳动共同作用的结果，用 $(K, L) = 2 \left[\ln (K/L) \right] \times \alpha - \left[\ln (K/L) \right] \times \beta$ 表示，并设 $\gamma = \Delta Y/Y$，$\alpha = \Delta K/K$，$\beta = \Delta L/L$，则各要素贡献率公式为：[①]

$R (K, L) = \left\{ 2 \left[\ln (K/L) \right] \times \alpha - \left[\ln (K/L) \right] \times \beta \right\} \times \gamma$

$R (K) = \alpha_1 \times \alpha / \gamma$

$R (L) = \alpha_2 \times \beta / \gamma$

$R (T) = 1 - R (K, L) - R (K) - R (L)$

其中 $R (K, L)$ 代表资本、劳动力共同作用对经济增长的贡献，$R (K)$ 表示资本贡献率，$R (L)$ 表示劳动贡献率，$R (T)$ 表示技术贡

---

① 杨徐佳、齐飞：《技术进步对少数民族地区经济增长贡献的实证分析——以贵州省为例》，《中央民族大学学报》（自然科学版）2009 年第 11 期。

献率。经计算可得贵州省 1949—1965 年间各要素与技术进步的贡献率，如表4：

表4

参数 时间	γ	α	β	(K, L)	R(K,L)	R（K）	R（L）	R（T）
1949	—	—	—	—	—	—	—	—
1950	0.0250	1	− 0.0001	− 19.8106	− 0.4960	12.9198	− 0.0040	− 11.4198
1951	0.0821	0.6303	0.0222	− 11.0624	− 0.9078	2.4849	0.3253	− 0.9024
1952	0.1044	0.4049	0.0243	− 6.6274	− 0.6919	1.2545	0.2803	0.1571
1953	0.2119	0.5929	0.0174	− 8.8296	− 1.8706	0.9054	0.0986	1.8666
1954	0.0837	0.1333	0.0276	− 1.7780	− 0.1489	0.5148	0.3966	0.2375
1955	0.0498	0.0010	0.0269	0.0562	0.0028	0.0628	0.6502	0.2842
1956	0.2230	0.6265	0.0193	− 8.0111	− 1.7863	0.9089	0.1042	1.7732
1957	0.0789	0.0957	0.0188	− 1.1068	− 0.0873	0.3925	0.2869	0.4079
1958	0.2111	0.7754	0.0271	− 7.5362	− 1.5907	1.1884	0.1546	1.2477
1959	0.1314	0.1958	− 0.0179	− 1.9291	− 0.2535	0.4819	− 0.1644	0.936
1960	− 0.0269	0.1627	− 0.0338	− 1.6160	0.0434	− 1.9591	1.5146	1.4011
1961	− 0.5450	− 4.8458	− 0.0294	60.2589	− 32.8431	2.8761	0.0651	30.9019
1962	0.1153	0.2713	0.0694	− 2.8355	− 0.3270	0.7069	0.7244	− 0.1043
1963	0.0333	− 0.3406	0.0234	4.4444	0.1481	− 3.3067	0.8458	3.3128
1964	0.1614	0.6355	0.0465	− 6.5473	− 1.0570	1.2735	0.3473	0.4362
1965	0.1818	0.5817	0.0528	− 5.0306	− 0.9144	1.0352	0.3498	0.5294

　　注：由于只有 1950 年始的投资额，在计算资本贡献时可能会因此放大其影响；在计算时，α_1、α_2 均采用 1949—1965 年计算所得值。

　　经表4计算可得如下分析：一、贵州从 1949 年到 1965 年间生产总值、资本投入与劳动力投入增长速度分别为7%、5.8%与1.8%，可见此时贵州的经济增长与资本投入密切相关，但是人口的增长特别是劳动力的投入却明显很低；二、资本投入贡献率平均值为 59.16%（剔除 1950 年数据所得），劳动力投入贡献平均值为 37.34%，技术进步贡献率平均值为 82.74%（剔除 1950 年与 1961 年数据所得）。可见在新中国成立之后，资本与劳动力的投入带动了经济的发展，相应政策的实施与制定使贵州充分地发挥了体制、管理、技术等综合效益水平。

四　结论

1949—1965 年，由于新的社会制度的实验和与之相适应的意识形态的影响，中国经济发展表现独有的发展态势。宏观上，这种态势可以参见图 1，经济一直在政治的牵引拉扯下前进，而无视经济自身发展规律，直到政策的畸形发展比如大炼钢铁、大跃进造成经济的崩溃，国民经济在 1961 年前后的全面倒退。中观来说，企业是经济发展的重要主体。在政治挂帅，政治任务重于一切，动不动就举全国之力发展某某，一定要赶超某某的思路下，一些重点项目的盲目上马，是有悖于经济发展规律的。

贵州从 1949—1965 年间经济的发展与当时的政策密不可分，如在资金、技术条件不足的情况下，贵州人民能够集中力量，为发展贵州经济尽自己的一分力量，使得贵州在 1956—1960 年经济稳步上升。但是随着技术人员的下乡，过度的速度和数量等不恰当的政策，使得贵州的经济出现下滑。1964 年国家推动三线建设，全国的企业大量迁往贵州，使贵州资金充裕，技术进步，农业和工业均得到了发展，也使贵州从 1960—1962 年间经济的萎缩中逐步复苏。

参考文献

［1］李金顺：《贵州企业史话》，贵州人民出版社 2005 年版。

［2］李增添：《试论建国初期的技术革新运动》，《当代中国史研究》2006 年第 9 期。

［3］贵州省地方志编撰委员会编：《贵州省志·轻纺工业志》，贵州人民出版社 1993 年版。

［4］茅台酒厂编著：《茅台酒厂志》，科学出版社 1991 年版。

［5］贵州省地方志编撰委员会编：《贵州省志·黑色冶金工业志》，贵州人民出版社 1989 年版。

［6］《贵州省志》编委会编著：《贵州省志·有色金属工业志》，贵州人民出版

社 2002 年版。

［7］贵州省地方志编撰委员会编：《贵州省志·工业经济志》，贵州人民出版社 2003 年版。

［8］李兆平：《CD 生产函数与 CES 生产函数的几点比较》，《运筹与管理》1997 年第 9 期。

［9］王文博、刘慧民：《技术进步对陕西省经济增长贡献的实证分析》，《统计与信息论坛》2007 年第 3 期。

李　巍　　田　忠　　童　波

对彝族漆器产业保护与发展的思考

彝族的祖先是游牧民族，由于漆器不易破损，防腐耐潮，并且耐一定的酸和碱，经久耐用，很适合游牧民族。常年居住在云、贵、川、桂等地区。而贵州大方县位于乌蒙山区，海拔高、湿度低、温差大、土质好，有得天独厚的地理和气候条件，非常适宜种植漆树。大方古代即盛产优质生漆，所产的生漆质地优良，漆酶含量高、结膜好、成膜色深、漆液稠厚、含水量少、抗酸、抗碱、耐磨、耐湿、耐高温。[①] 因此大方彝族漆器的产生与发展有着得天独厚的人文和自然条件。以前对大方漆器的研究主要从以下两个方面进行：一、从文物和历史的角度进行研究。[②] 二、从美术工艺的角度对大方漆器进行描述并提出相关保护建议。在前人研究的基础上，本文主要结合社会文化的变迁对彝族尤其是大方县彝族漆器的影响进行全面系统的探讨，并结合产业经济学的相关理论，对如何发展和保护彝族漆器产业提出一定的建议。本文主要研究：一、彝族漆器的发展及现状；二、彝族漆器同其他产品的比较；三、如何发展和保护彝族漆器。

一　彝族漆器的发展及现状

彝族漆器及髹漆技术相传是由狄一火莆开始的，距今有 1700 多年的历史了。彝族先民过着游牧的生活，由于陶瓷等易碎，不易搬运，彝族人民只有就地取材，用竹子编制装固体食物的篾器，用原木制作盛、舀液体食物的木器皿。[③] 这已具备了漆器的胎质条件。后来随着制作漆

---

① 李经伟：《传承与发扬贵州大方漆艺浅谈》，《毕节学院学报》2010 年第 6 期。
② 张建世：《贵州大方漆艺文化的历史现状及保护措施》，《文物研究》。
③ 马山：《彝族漆器——凉山彝族历史文化的传承物》，《黑龙江民族丛刊》2009 年第 1 期。

器工艺的不断发展，对彝族社会的文化艺术有着极大的促进作用，由于使用了没有漆的原色餐具，其容易开裂，大大减少了其使用寿命，而彝族先民吸收了漆工艺，这样，人们把木本色餐具用生漆里里外外漆上一道后，惊奇的发现餐具从此不再开裂，也不变形了。这就是彝族漆器的真正开始。① 到了明朝洪武年间，漆器随着彝族女政治家奢香夫人进京入贡而名扬神州。② 道光年间，大方城内漆器家庭作坊遍及大街小巷，有"漆城"之称。③ 其间大方皮胎描金漆器与北京雕漆、山西云雕等齐名并载入史册。民国时期，大方专门从事漆器工艺的有"万寿宫"、"义森公"等漆器作坊 10 多家。④ 其艺人手艺娴熟，尤以造型、整型技艺为高，质量以型准、缝口密合、做工细致而驰名。1915 年，在美国旧金山举行巴拿马运河开通的万国博览会上，贵州大方漆器与江苏扬州漆器双双获得银质奖，随后与茅台酒、玉屏箫笛并称"贵州三宝"。并曾在苏联、波兰、捷克、瑞士、比利时和芬兰等国际博览会上获得很高声誉。改革开放后，大方漆器在保持传统特色的基础上，不断创新，多种旅游工艺品获奖。

彝族漆器的造型颇为别致，不同形制的器物有着不同的用途：高足、深腹、敛口的盆用于盛汤；短足木盘用来装肉食；高足木盘用于盛饭；长柄木勺供喝汤用；带盖、鼓腹的圈形器则是巫师专用的祭器。以鹰爪作杯足的酒杯，过去是奴隶主或贵族专用的酒具，象征着权力与地位。最为特别的是圆腹高足的吸酒壶，其肩部有一竹管直通壶底，底部有一孔，装一竹管，直插进肩部，盛酒时将壶倒置，从底孔灌酒，盛完后扶正，酒既不会倾泻，又不蒸发，其原理科学巧妙。⑤ 彝族漆器的纹样题材极为丰富：有反映游牧生活的牛眼纹、旋毛纹，有渊源古老的几何纹，有源于自然崇拜的云纹、雷纹、涡纹、太阳纹，还有象征吉祥如意、生生不息的开纹。彝族漆器在色彩搭配上，以黑色为基调，衬以红、黄二色，既华丽又典雅。彝族人喜欢黑色表示尊贵，庄重；红色象

① 李正荣、吉布金助、白小平、喜德：《彝族漆器对天保工程的影响》，《四川林勘设计》2011 年第 3 期。

② 余未人：《大方漆器及其传人》，《当代贵州》2009 年第 9 期。

③ 夏明胜：《浅谈大方漆器的发展》，《魅力中国》2009 年第 6 期。

④ 贵州省大方县地方志编纂委员会：《大方县志》，方志出版社 1996 年版，第 333 页。

⑤ 杨莉：《精致美观的彝族漆器》，《文化长廊》。

征着勇敢，热情；黄色代表美丽，光明。三色错综调配，间隔使用，色泽明快艳丽。①

漆器的这种独特优势给贵州带来机遇的同时，我们也要清楚地看到贵州在发展漆器产业时遇到的困难。由于受到消费观念、省外产品冲击、工艺落后等因素影响，大方漆器已经开始衰落，究其原因，有人认为是资金不足，大多以家庭式小作坊经营，规模不大；有人认为是缺乏市场观念；有人认为是漆器的产值大多来自对其他产品的依赖，如2000年初的大方漆器业年产值达近千万元，但这些产值，有80%以上来自茅台酒包装盒。确实，这些因素都或多或少地制约着大方漆器的发展，但是还有一个主要原因是没有对漆器产品的性质进行深入探讨，从而不能把握其优势和劣势，进而阻碍了其发展。

二　漆器产品同一般产品、文化产品的比较

漆器产业是一种特殊的产业。它兼具一般产品和文化产品的性质。因此它是一种包含文化因素比重很大的商品。所以影响该产业发展的因素也与其他产品不一样。

1. 漆器产品与一般产品的比较分析

漆器产品从它的物质性看，与一般产品相同，但从效用上来看存在着较大差异。如普通的漆器本身价值很低，但是通过支撑漆器它本身的文化，其价值就会翻好几倍。究其原因，并非它本身的物质性而是它本身所具有的文化底蕴，所以文化产品的效用明显比物质产品的效用大。每一个漆器制品通过不同的色彩、花纹、形状等都可以展示出一段绚丽的文化，不仅投入了劳动者大量的心血和劳动，关键是每一个作品中都包含着这个民族的传统文化内涵。② 由于彝族支系繁多，家族林立，图腾崇拜的遗迹较为丰富，有的家族就有以稻谷、熊、羊、狼、鹰等为姓氏的支族。而这些动物和花卉等物象在漆器的纹饰中，形成了别具特色的美学内容，即图腾信仰和祖先崇拜与彝族历史和文化的发展的相互关

---

① 张志刚：《试论彝族漆器风格》。
② 翁古合加：《彝族漆器语汇中的文化探析》，《中央民族大学》2008年。

系，通过漆器艺术展现出来，使得漆器的纹饰不仅具有审美价值，而且有着深厚的文化内涵，反映出彝族的思想意识和精神气质。①

　　光有文化内涵还是不够的，如今对于一个商品而言其物质性的好坏是对该物品是否能普及的关键性因素。因此其功能要以满足人们的物质需求为主，人们才会去购买实用又有内涵的商品。所以在发展漆器产业的时候，不仅要发展其物质性来满足人们的日常需求，也要充分发挥其具有文化内涵的优势，来扩大产值。

　　2. 漆器产品与一般文化产品的比较分析

　　广义的文化产品是指人类创造的一切物质产品和精神产品的总和。狭义的文化产品专指语言、文学、艺术及一切意识形态在内的精神产品。如书籍、影视等。它们通常满足人们对精神的要求。但是漆器作为特殊的文化产品，它的产生与发展都是在人们日常生活、生产中演变而来的，对此，方国喻先生在其所撰的《彝族史稿》中写道，彝族原居于我国西北部，而后因故南迁。考虑支系多的缘故，其曲涅家支和古侯家支便从云南、贵州等地迁徙到四川凉山地区。在这连绵不断、山高险峻、荆棘丛生的山区，彝族先民们夏上高山，冬入深谷，过着频繁迁徙的游牧生活。由于陶瓦之类的物品易碎，且不易搬迁，他们便在这特定的地域环境下就地取材，通过伐木琢器，并以牛、羊或其他野兽的皮、角、蹄等作为漆的胎质，然后制成各种适合自己生活的漆器餐具、酒具、兵械、法具等，以满足日常生活之需。同时，他们使用黑、红、黄三原色，在漆器器皿上绘制出反映该民族与宗教民俗、自然宇宙、日月星辰、山川河流、天文地理以及动植物等精美图案，使每一件漆器都显得那样的古朴典雅与和谐之美。可见在彝族漆器的数千年演化过程中，不仅蕴含着大量文化，而且满足了人们的日常需求。可以说漆器产品凝结的人类的脑力劳动，是在生产过程对物质进行"文化化"的过程，通过加工，改造转换等一系列过程，包含大量的劳动，产生了大量的附加值。

　　有人认为如果大力发展某种文化产品可能会影响其应有的本质内

---

① 马飞：《西南民族研究彝族专集——浅析凉山彝族漆器的美学价值》，云南人民出版社1987年版。

涵，也可能会降低高附加值的文化产品。而漆器产品不仅是文化的载体，同时也是增加经济效益的产品。漆器这种商品同时达到了文化传播和提高经济的双重目的。所以文化与经济并不是两个相互游离的不同存在。

1）经济包含文化

从某种意义上说经济活动本身就是具有文化意义的活动。因为经济活动的目的与文化的目的方向一致，都是为完善人的发展需要服务。其次，经济活动本身不可能产生任何价值判断，而必须依靠文化的参与。所以发展漆器不仅发展当地经济，而且也是对该文化传播的最好载体。

2）文化支撑经济

佩鲁在《新发展观》中指出："经济体系总是沉浸在文化环境之中……意义比较明确的价值使某些目标处于相对优先位置，对这些目标的追求，激励着每一个人对经济和社会发展做出自己的贡献。"因为文化价值观念必然通过人的影响，进而影响人们在经济活动中的行为及彼此发生各种关系。因此拥有丰富文化内涵的漆器产品通过非强制性的影响，使人们心理达到一种共识，进而增大其经济效益。

3）文化对经济的影响

文化是经济发展的精神动力，文化对经济形态的特点，经济增长的速度乃至对某些特定经济门类是否应当发展都产生着决定性影响。其次，文化营造经济发展的社会环境。就是要营造适应社会主义市场经济运行要求的理想信念、伦理道德、风俗习惯等。最后，文化是新的经济增长点。对于"朝阳产业"的文化产业是文化与经济结合的典范。文化产业以文化为基础资源，规模化生产，追求社会效益和经济效益双重效益。① 因此发展漆器产业并不会影响其文化的本质内涵，反而会带动经济和文化的双赢。

三　漆器产业的优势与劣势

由上述分析可知，漆器这种商品同一般商品投入生产要素不同，主

---

① 曲晓燕：《中国文化产业发展初探》，《首都经济贸易大学》2004年。

要是因为文化因素占的比重很大。据此我们可以分析漆器产业的文化优势与劣势。其优势有：一、贵州省是多少数民族的省份，尤其是彝族，自古喜爱漆器，其特有的少数民族传统文化是彝族漆器发展的一大保证。二、贵州大方县素有"国漆之乡"的美称，栽培漆树的历史，距今已一千多年。大方生漆以产量较多、品质优良而名扬海内外。由于境内气候、土壤等自然条件适宜于漆树生长，县内各地均有漆树分布，尤以海拔1500—1800米地段所产生漆质量最佳，为该地区漆器发展提供极佳的原材料。三、大方漆器属于依附于日常生活用品作装饰的民间实用工艺美术，属于大众文化，更贴近人们的日常需求，更易被大众所接受。

漆器产业也会受到现代文明的冲击，其劣势和不足表现在：一、漆器文化保存较好的地方大多属于较封闭的地区，交通不便，与外界的交流较少，缺乏应有的竞争意识。二、缺乏对传统工艺的保护措施。20世纪90年代后期，大方漆器技艺纯熟的老艺人陆续退休，新工人和学徒增多。手工艺品生产技术大多靠传、帮、带学艺的传统方式，老艺人不愿教，新艺人不想学，缺乏相应的培训制度，企业又不注重资料和技艺经验的收集整理，加之皮胎工艺既脏又累，隐花工艺的工序非常复杂，导致传统工艺失传。三、漆器艺人美术修养缺失，设计人才缺乏，以及对大方漆器艺术定位与市场定位没有研究，另外还缺乏对大方漆器品牌的保护措施。四、漆器产品的生产大多以依附其他产品来进行自身的发展。具有一定的寄生性质导致整个产业缺乏活力，缺乏进取精神，在产品开发、技艺革新、市场开拓等方面故步自封。这些都是阻碍大方漆器发展的关键原因。

四　漆器产业生产函数特征分析

美国数学家柯布和经济学家道格拉斯曾提出著名的"柯布－道格拉斯函数"，即在技术经济条件不变的情况下，产出与投入的劳动力和资本的关系可表示为：

$$Y = A（t）L^{\alpha}K^{\beta}\mu$$

柯布－道格拉斯生产函数

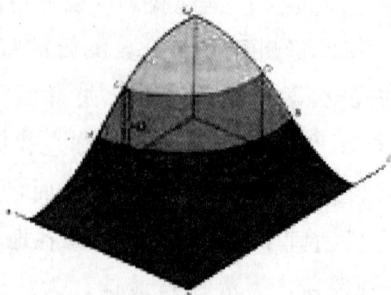

生产函数模型——经济增长分析

式中，Y 是工业总产值；At 是综合技术水平；L 是投入的劳动力数（单位是万人或人）；K 是投入的资本，一般指固定资产净值（单位是亿元或万元，但必须与劳动力数的单位相对应，如劳动力用万人作单位，固定资产净值就用亿元作单位）；α 是劳动力产出的弹性系数；β 是资本产出的弹性系数；μ 表示随机干扰的影响，μ≤1。从这个模型可以看出，决定工业系统发展水平的主要因素是投入的劳动力数、固定资产和综合技术水平（包括经营管理水平、劳动力素质、引进先进技术等）。

可见对于一般商品而言，投入的劳动力数、固定资产和综合技术水平是决定其发展的重要因素。而对于较特殊的漆器这种文化商品而言，除了上述这些因素制约外，关键一点是其有丰富的文化内涵，因此其生产函数也会有所变动。即 Y = F（T，L，K，C），其中 T 代表技术（包含生产时先进的科学技术，也包含制作漆器时传统的手工艺技术），L 代表投入劳动力，K 代表资本，C 代表文化要素。现在的漆器产业规模不大，大多以家庭式作坊生产，技术水平与美术、制作技艺上也参差不齐，之所以把文化因素单独列出来是因为，由于文化因素是附加在此商品上的，它可以与这种商品独立存在，但是如果这种文化以某种商品为载体的形式表达出来的时候，就会增加这种商品的附加值。所以我们在文化要素投入多，就可以获得相对较多的回报。所以我们在保护和发展彝族漆器这种少数民族工艺品时就要根据技术（T）、劳动力尤其是具有一定文化素质和美术修养的艺人（L）、投入资本（K）、文化要素（C）四个方面提出相关建议。

五　从产业经济学的角度提出大方县漆器产业发展的经济对策

每个民族都有它特有的文化，都具备发展文化产业，传播文化价值观的条件，但是并非每一种文化都能成为有竞争力的产业，所以我们在了解漆器文化产业优势的同时，也要认清其不足之处并加以解决。

(一)　从产业组织理论的 SCP 模型角度分析①

SCP 模型是由产业经济学权威乔·贝恩、谢勒等人于 20 世纪 30 年代建立的。该模型提供了一个既能深入具体环节，又有系统逻辑体系的市场结构（Structure）—市场行为（Conduct）—市场绩效（Performance）的产业分析框架。SCP 框架的基本含义是，市场结构决定企业在市场中的行为，而企业行为又决定市场运行在各个方面的经济绩效。而集中度是分析市场的常用指标。影响集中度的因素有：

1. 规模经济性。是指由于该产业的经营规模扩大而带来的单位产品成本降低的经济性。在不考虑产业市场总规模变化的条件下，提高规模经济性将推动集中度的上升。所以要改变传统的"家庭式"作坊生产方式，采取现代企业制度和经营制度，把分散的制造商集中起来，不断扩大生产规模，以此来降低成本，提高企业竞争力。②

2. 市场总规模。对于漆器这样正快速发展的行业，需求不断地增加，市场规模是在不断扩大的，所以要想提高市场集中度，企业的扩张速度要比市场规模的速度快。

3. 大企业优势。大企业在资金、技术等方面有一定的优势，且在市场环境下有一定的影响力和信用度。所以政府在发展漆器产业时要着重发展几个规模较大，效益较好，质量较优的企业，使他们能做大做强，提高市场集中度。

4. 产品差别化。根据需求弹性的性质可知，若有对漆器替代性较

① 熊刚：《论产业集聚区》，《四川大学》2004 年。
② 安国良、王国生、刘志彪：《现代产业经济分析》，南京大学出版社 2001 年版，第 424 页。

大的产品时，会影响漆器的发展。所以要提高漆器产品的差别化。如改进质量，提高技术，大量做广告等。

（二）从产业结构理论的动态比较成本角度分析

日本经济学家筱原三代平提出著名的动态比较成本说，该理论认为，产品的比较成本是可以转化的，从某一时点看在国际贸易中处于劣势的产业，从发展的眼光看却有可能转化为处于优势的产业。对于漆器产业而言，在明清两代作为国贡赏赐给其他国家的使臣，后来依附于茅台酒在国际上宣传，其无论在实用价值还是在观赏价值都有很高的效益。所以政府应大力发展。一方面政府要积极吸引资金，技术手段，扩大规模；另一方面要加大对漆器文化的宣传力度，更快地促进漆器文化产业的发展。走模式化道路，贵州可以依托当地的原生态多样化的文化资源，推动具有鲜明民族地域特色的文化产业。走以地域性民族文化为内涵，以文化旅游为主线，以品牌运作为核心的文化产业发展路径。①

（三）从产业经济发展的"四化"角度分析

1. 产业经济全球化。经济全球化对漆器产业的发展既是挑战又包含机遇。贵州处于我国西南地带，靠近东南亚自由贸易区、成渝经济区等，为我们发展漆器产业提供了良好的国内和国际环境。所以我们要有选择的吸引外资、先进的管理技术，培养优秀"漆器"人才。降低成本提高效率，进一步扩大内需和开拓市场。

2. 产业经济现代化。要全面增强自主创新力，努力掌握核心技术，增强科技成果转化能力，提升产业整体技术水平。走信息产业化，通过互联网等高科技手段，使漆器产业能打开国际市场。

3. 产业经济融合化。全球性产业体系的形成，正冲破各国相对独立的产业体系，所以我们在扩展国际市场的同时，也要学习其他国家的技术，相互渗透，相互进步。

4. 产业经济知识化。随着经济的发展，世界产业结构正由过去的刚性结构逐步向柔性结构转化，由生产重、厚、长、大为主的生产转向

---

① 张海燕：《论文化产业的结构形态与价值趋向》，《山东师范大学》2004 年。

为高效、智能、知识、信息为主的生产结构。所以对于发展漆器产业来说，不仅要增大企业规模，同时要使产品更加附有民族特色化、文化化、个性化等，充分满足各个消费者的需求。

六 结语

漆艺文化是一种独特的、优秀的、有很高价值的传统文化。但是，现在的漆艺文化在表面上繁荣的背后已经在衰退，这里既有客观因素，又有人为的主观因素。如何在飞速发展的时代更好地保护和发展这种独特的少数民族工艺，是我们今天必须正视的一个问题。它迫切要求我们用现代技术和手段改造引领漆器文化，用有效的政策保护漆器的文化资源，用市场去激活漆器文化资源，使漆器发展出现文化"经济化"与经济"文化化"日趋融合一体，在经济运行过程中，文化内涵不断增大，文化要素不断发挥作用，文化活动越来越融入到经济活动中，精神生产和物质生产之间的关系愈加紧密。

李巍 童波

从苏绣看黔绣的保护与再生

刺绣是中国民间传统手工艺之一，在中国至少有二三千年历史。在我国除"四大名绣"外，还有京绣、鲁绣、杭绣等地方名绣，我国各少数民族也有各自特色的民族刺绣。下文将贵州境内的民族民间刺绣划归为"黔绣"范畴，对中国刺绣作个概述，再从黔绣的历史演变进程，不同视角下的黔绣等作个阐述。如今，黔绣的发展既面临机遇也有困境，对此，结合四大名绣之一的苏绣这个现实例子的产业发展及采取的相关措施，结合新古典经济增长理论，从理论和实际两个角度探讨对黔绣的保护与再生的相关措施。

一 刺绣概述

（一）刺绣历史

中国刺绣是一种以针引线在纺织物上按照花纹、图案及色彩设计穿刺缝缀的传统手工艺，是世界上著名的工艺美术品，以悠久的历史，高超的技艺，丰富的针法而著称。无论是江南水乡，西北边疆，黄河流域，岭南热带，还是少数民族地区，都有不同风格和特色的刺绣。在中国至少有二三千年历史。

早在黄帝时代就有彩绘花纹的记载。《尚书》说虞舜的衣服有五彩花色，上衣六种花纹，即日、月、星辰、山、龙、华虫；下裳六种花纹，为宗彝、藻、火、粉米、黼、黻，共十二种花纹，称十二章。这里至少有两种是刺绣的。《礼记·祭义篇》中说"古代天子诸侯都有公室养蚕。蚕熟，献茧缫丝，把它们染成红、绿、玄、黄等色，以为黼黻文章"。据《辞海》，"黼"字解释为在古代礼服上绣半黑半白的花纹；

"黻"字解释为在古代礼服上绣半青半黑的花纹。可见刺绣发源很早，历史上早已存在。

（二）刺绣工艺

刺绣的针法有齐针、套针、扎针、长短针、打子针、平金、戳沙等几十种，丰富多彩，各有特色，其工艺要求是顺，齐，平，匀，洁。顺是指直线挺直，曲线圆顺；齐是指针迹整齐，边缘无参差现象；平是指手势准确，绣面平服，丝缕不歪斜；匀是指针距一致，不露底，不重叠；洁是指绣面光洁，无墨迹等污渍。一件好的刺绣艺术品是工艺性和艺术性的完美结合，作品凝结的艺术效果也就成为鉴别刺绣工艺品和艺术品的重要标准。一般通过以下几个方面可以辨认，一是作品图案的整体构思，二是作品做工的精细程度，三是作品色彩的处理和艺术效果。一件艺术价值高的刺绣艺术品一般是图案秀美，做工精细，色彩典雅，富有深远的意境；价值低劣的刺绣工艺品，图案一般比较呆板，缺乏艺术性，做工也相对粗糙。

（三）刺绣分类

我国除苏绣、湘绣、粤绣和蜀绣这"四大名绣"外，还有京绣、鲁绣、瓯绣、杭绣、汉绣、闽绣等地方名绣，我国少数民族如维吾尔、彝、傣、布依、哈萨克、瑶、苗、土家、侗、白、壮、蒙古、藏等也都有属于自身特色的民族刺绣。

二　黔绣的发展进程及从不同视角看黔绣

（一）黔绣发展进程简述

据北宋郭若虚《图画见闻志》的记载："唐贞观三年，东蛮谢元深入朝，中书侍郎颜师古奏言：今圣德所及，万国来朝，卉服鸟章，俱集蛮邸，实可图写贻于后，以彰怀远之德。上从之，乃命阎立德等图画之。"此处"东蛮"即今黔东南和黔南地带。可见在唐代，与中原刺绣迥然不同的黔绣的"卉服鸟章"图案丰富，色彩斑斓，风格与中原地区不同。

在宋代，贵州少数民族具有强烈原始图腾意识的"卉服鸟章"依然是一种民族标志，其服饰式样和刺绣纹样在艺术风格上与中原地区各有传承，各有千秋。

在元代，统治阶级大量使用刺绣，朝廷在大都人匠总管府设有绣局，所辖绣工数以千计，实行奴隶制生产方式，专造皇室百官所用刺绣，其官服分为九等，多用刺绣加工，连皇帝的部分诏书为表庄重也用刺绣绣成，元朝在现今贵州等少数民族地区册封了不少土司，这些土司的官服也主要是用刺绣来装饰的。

在明代，刺绣的技术和艺术水平恢复到宋代的水平而又有所超越。相关文献中也有记载，如明郭子章《黔记》载：黎平一带苗族女子"织绸如锦，为盖头。服短衫，系双带结于背胸，前刺绣一方，银线饰之。长绳短裙，或长裙数围，而无绔。加布一幅，刺绣垂之，名曰衣尾"。可见明代贵州少数民族服饰中使用刺绣已十分普遍。

在清代，伴随着商品经济和对外贸易的发展，刺绣的制作和使用比前代更为广泛，但绝大多数苗族男女仍盘髻插簪，穿绣花衣服，女子仍着百褶裙，佩戴银饰。在清代"改土归流"后，官方强令少数民族男子改装，于是贵州绝大多数地区的少数民族中，只有女性继续穿戴传统少数民族服饰，在服装上形成了所谓"男降女不降"的独特现象。

近30年来，在贵州一些偏远的少数民族地区，仍然保持着服饰刺绣的传统。刺绣制作主要被用于商品经济，文化内涵、社会功能、制作技术等已与过去迥然不同，其技术和艺术水平无任何超越，对照旧物和新品，让人常有"后不见来者"之感叹。据笔者在贵州黔西南布依族苗族自治州兴义市贞丰县对苗族、布依族居民随机访谈发现，对刺绣等传统手工艺的传承占比不是很高，多数都是为生计奔波，加之制作刺绣花费时间很长，有些寨子的村民制作刺绣仅仅是自给自足，未能形成规模效应。

（二）从不同视角看黔绣

1. 黔绣的艺术风格

黔绣不追求写实写真，不攀摹文人书画，而是遵从刺绣艺术本身的规律，充分发挥材料和工艺的特质，坚持艺术创作的独立性、原创性和自由性，与宋元明清以来的中国主流传统刺绣相比，艺术风格独树一帜，艺术成就毫不逊色，在内容和形式上不受封建等级制度的约束，是平等自由的艺术，比如黄色和龙的图案可被任何人在任何服饰上使用，其艺术形式高度图案化、装饰化、程式化，并且多样化，各个种类的刺绣都具有浓烈的地域文化特征。

2. 黔绣的社会功能

黔绣涉及人们各个时期以及生活的各个层面，如信仰、祭祀、婚恋、丧葬、节庆、生育、礼仪、身份识别等，其功能可概括为：对历史的追念，对族群的认同，对婚配的范围界定，对美丽的追求，对幸福的热望，对恋人的情意，对儿童的关爱，对亡灵的祭奠。刺绣在女子一生中的作用更是不言而喻，尽管随时代的演变有些地区的少数民族日趋汉化，但民族聚居区仍保持着较多的传统。

3. 黔绣内在文化内涵和图纹造型

贵州是中原文化、荆楚文化、百越文化、巴蜀文化、氐羌文化和本土夜郎文化的交汇地区，黔绣更是各民族服饰和日用纺织品的主要构成部分，也是其最重要的装饰手段之一，但并不是完全为装饰而装饰、为艺术而艺术，在一针一线中还蕴藏着丰富而深厚的文化内涵和审美价值。同时，少数民族大多没有文字流传，除了口传，其中的刺绣就替代了文字主要功能，成为这些民族记录历史、神话、传说、宗教信仰、族群认同等重要信息的载体。

黔绣的图纹造型丰富而多彩，比如苗绣中龙的纹样就有多种，有鱼龙、鸟龙、蜈蚣龙、蛇龙、飞龙、山龙、水龙、蚕龙、牛龙、马龙、象龙、羊龙、人头龙、双身龙、双头龙、螃蟹龙、草龙、花龙、叶龙、虾龙、蚯蚓龙、螺丝龙、簸箕龙、板凳龙。这些都与其原始宗教信仰是相关的。

以上从黔绣的发展历程及不同视角下的黔绣，明晰其意义在于它是有图无字的史书，是彩线绣成的史诗，是穿在身上的图腾，记录着贵州各少数民族的历史、宗教和文化，像族徽一样保持了这些民族的自我身份认同，彰显了少数民族妇女的自由精神和艺术才能，进而了解对黔绣的传承保护、再生的重要性将是不言而喻的，如何保持和传承，"他山之石，可以攻玉"，下面将通过对苏绣的产业发展及采取的相关措施来反观黔绣，进而探讨性地提出对黔绣的保护和再生的措施。

三　苏绣的产业发展及采取的相关措施

苏绣产生于素有"人间天堂"之称位于长江下游江苏南部的苏州，是精致而高雅的民间艺术品。近代苏绣是以苏州为中心，包括江苏地区刺绣品的总称，它是在顾绣①的基础上发展而来的。对苏绣的评价，可以用"平、齐、细、密、匀、顺、和、光"八个字概括，其具有"精、细、雅、洁"的独特风格。

同时苏绣作为一项民间工艺，不仅具有重要的文化意义，而且具有重要的经济意义，其文化意义体现在对优秀民族文化的具体反映和传承，其经济意义则表现为开发旅游资源、繁荣城乡经济、致富人民百姓的重要作用。

各级政府和行业协会对苏绣事业的发展是高度重视的，对苏绣给予了如同园林、昆剧遗产一样的保护和开发，并将之作为苏州旅游业的重要组成部分，鼓励支持其发展。镇湖刺绣协会则担当了培养绣女、提高绣技、管理市场的职责，将提高刺绣质量作为中心工作来抓，定期辅导刺绣艺术、举办学术讲座、评展刺绣作品。

苏绣正成为苏州的一个庞大产业，部分地区的生产、销售规模已非常之大，并形成了创作、绣制、营销专业分工的产业链，如苏州高新区的镇湖已成为远近闻名的刺绣之乡。

镇湖刺绣之所以名声远扬，在于其在历史传承、群体性、普及率上皆具有独特优势。镇湖街道党工委、办事处将弘扬苏绣技艺作为农民增收、繁荣经济的支柱产业来抓，而且政府全力搭台，让身怀技艺的绣女唱好戏。在镇湖街道就修建了长达 1670 米的绣品街，280 多家绣庄前店后坊，楼上楼下陈列着精美的苏绣艺术品，在作坊内绣工门潜心刺绣。同时，也开办了绣庄、工场，招收女工，注重对后继人的培养。

---

① 顾绣原指明代上海顾家的刺绣，顾氏家族的顾名世以嘉靖三十八年（公元 1559 年）进士著称。他的孙子顾寿潜善画，从师于董其昌。顾寿潜之妻韩希孟工画花卉，擅长刺绣，在顾家众多的名手中堪称代表，连董其昌看后都惊叹地说："技至此乎！"明代的商品经济已较发达，由于顾家的刺绣名扬海内外，因此到了清代时，江南一带的绣庄许多干脆挂起"顾绣"的字号，广义的"顾绣"便由此而来。

回首 20 世纪 90 年代之前，镇湖一带的刺绣纯粹是家庭式自产自销，绣女们在家飞针走线，坐等买主，后借助市场经济的大浪潮，她们勇敢走出家门、国门，捕捉商机，在新品开发、技术创新、表现形式上大做文章，产品档次多样化，产品销售多元化，产品开发灵活化，吸引了大批不同文化艺术修养，不同经济收入的客户群体，终使高雅的苏绣走进寻常百姓家。

对苏州镇湖采取的相关措施可概括为，1. 为民间苏绣创造适宜的发展空间；2. 政府的保护和对绣女的尊敬与对后继人的培养，即"政府搭台，绣女唱戏"；3. 从原生态向市场态的过渡；4. 积极适应时代生活的需要；5. 以苏绣工艺带动农民致富。苏绣产业发展的措施对黔绣，在一定程度上，是可以进行借鉴的。

四　从索罗增长理论看黔绣的保护与再生

（一）索罗增长理论简述

经济增长理论作为宏观经济学中的重要组成部分，是在凯恩斯宏观经济学基础上进一步动态化研究而得出的成果，其中著名的索罗模型便是研究经济增长理论的主要分析范式。

罗伯特·索罗提出的发展经济学中的著名的模型，又称新古典经济增长模型，是在新古典经济学框架内的经济增长模型。

模型假设：1. 该模型假设储蓄全部转化为投资，即储蓄—投资转化率假设为 1；2. 该模型假设投资的边际收益率递减，即投资的规模收益是常数；3. 该模型采用资本和劳动可替代的新古典柯布 – 道格拉斯函数（C – D 函数）。

模型变量：1. 外生变量：储蓄率、人口增长率、技术进步率；2. 内生变量：投资。

模型的数学表达 $Y = A * F(K,L)$，$\dot{k} = sf(k) - (n + \delta + g)k$，其中，$K$：资本；$L$：劳动力；$k = \dfrac{K}{L}$：人均资本；$n$：人口增长率；$\delta$：折旧率；$g$：技术进步率；$f(k)$：人均收入；$\dot{k}$：人均资本变化率。

当 $\dot{k} = 0$，人均资本和人均收入不再变化，每个国家或地区的经济增长将会向这个稳态趋近，这是由储蓄率、人口增长率和教育水平决定，属于条件趋同。

（二）基于索罗增长理论的模型建立

索罗增长模型可用于国家地区的经济增长分析，本文借鉴索罗增长模型的分析思路，构建扩展后的 C－D 函数，用于分析不同地区产品产量的增长趋势，其中所建立的 C－D 函数为：

$Y = F(K, AL, H, O) + C(c) = K^{\alpha}(AL)^{\beta}H^{\gamma}O^{1-\alpha-\beta-\gamma} + C(c)$（其中 $\alpha + \beta + \gamma = 1$），其中，$K$：资本投入；$A$：技术投入；$L$：劳动力数量；$H$：人力资本投入；$O$：相关宣传措施投入；$C$（$c$）：文化要素函数；$k = K/L$ 表示人均资本投入；$\tilde{k} = K/AL$ 表示有效劳动人均资本。

C－D 函数两边取自然对数，即 $\ln Y = \alpha\ln K + \beta\ln(AL) + \gamma\ln H + (1-\alpha-\beta-\gamma)\ln O + \ln C(c)$，继续对时间 t 求导，得出：

$$\frac{\dot{Y}}{Y} = \alpha\frac{\dot{K}}{K} + \beta\left(\frac{\dot{A}}{A} + \frac{\dot{L}}{L}\right) + \gamma\frac{\dot{H}}{H} + (1-\alpha-\beta-\gamma)\frac{\dot{O}}{O} + \frac{\dot{C}(c)}{C(c)} \quad (1)$$

k = K/L 对时间 t 求导，得到 $\dot{k} = \dfrac{\dot{K}(AL) - K(\dot{A}L + A\dot{L})}{(AL)^2} = \dfrac{K}{AL}\left(\dfrac{\dot{K}}{K} - \dfrac{\dot{A}}{A} - \dfrac{\dot{L}}{L}\right)$

$$\quad (2)$$

又 $I = \dot{K} + \delta K = sY$，则 $\dfrac{\dot{K}}{K} = \dfrac{sY - \delta K}{K} = sK^{\alpha-1}(AL)^{\beta}H^{\gamma}O^{(1-\alpha-\beta-\gamma)} + \dfrac{C(c)}{K} - \delta$，代入式（2）得：

$$\dot{k} = sK^{\alpha}(AL)^{\beta-1}H^{\gamma}O^{1-\alpha-\beta-\gamma} + \frac{C(c)}{K(AL)} - \frac{\delta}{AL} - \tilde{k}(n+g) \quad (3)$$

（三）模型分析

由式（1）可见，总收入变化率与资本投入增长率、技术进步率、劳动力增长率、人力资本投入率、相关宣传措施投入变化比率，以及凝聚在商品上的文化要素比率，皆是成正比的。由式（3），$\dot{k} = 0$，则

$sK^{\alpha}(AL)^{\beta-1}H^{\gamma}O^{1-\alpha-\beta-\gamma} + \dfrac{C(c)}{K(AL)} = \dfrac{\delta}{AL} + \tilde{k}(n+g)$，对比黔绣与苏绣，两者如需达到条件趋同的稳定状态，必须使刺绣劳动增长率、技术增长率保持一致，以及对刺绣传统工艺产品的文化价值、内涵要加大宣传，加大对刺绣从业人员的培训，以提升凝结在刺绣从业人员身上的资本存量，这是基于新建扩展 C - D 函数的增长模型初步得出的分析结论，接下来将对相应措施做具体探究。

五　黔绣再生的措施探究

前文通过对苏绣产业的发展及采取的相关措施的阐述，了解到了苏绣在当代依旧兴盛的原因，又基于索罗增长建立相关模型，理论与实际结合，从苏绣反观黔绣，进一步探讨性地提出如下相关措施，以期对黔绣的保护与再生有所贡献。

（一）文化措施

黔绣的创作实际包含了深邃的思想内涵和朴实的感情色彩，是创作者发自内心深处的思想和感情的宣泄，创作的主题、造型及色彩，在依附本民族宗教信仰、伦理道德和民俗活动等基础上，还吸收了其他民族的优秀文化。随着社会进步，少数民族人民的人生观、价值观、审美意识面临着挑战，凝结在刺绣上的文化内涵正被逐步淡化，制作出的刺绣品质不高。从所建模型中也可发现，人均资本变化率将会降低，从事刺绣工作的人的收入降低，将使从业人员数量减少，加之贵州处于欠发达地区，人均收入偏低，这一境况将进一步加大这种危机。

保护和使黔绣的工作刻不容缓，可由政府牵头，组织相关专家和学者，深入挖掘黔绣文化内涵，努力提升苗绣品质，并将隐含文化特色的刺绣的隐形价值凝结在刺绣产品中。

（二）品牌效应

品牌是企业成长的强大动力，是企业、商品个性化的沉淀，是在竞争激烈市场中所引起的消费者注意或购买的重要识别特征，是企业在长期经营或服务过程中形成的无形资产。现代实体企业的发展无不通过打造属于自身的品牌进行市场推广，进而盈利，品牌效应的重要性不言而喻。打造属于黔绣的品牌是可以实施的。通过整合地区资源，打造黔绣品牌，可使客户在寻找合适的黔绣产品过程中，降低搜索成本，快速找到需要的黔绣。也可通过黔绣隶属品牌来区分高中低档刺绣，以满足不同群体的需要。

（三）知识产权的保护

苏绣目前的困境之一是知识产权的问题，仿制颇多，市场上良莠不齐，对实际的苏绣冲击是很大的，因而对黔绣通过法律手段，对黔绣的知识产权进行保护是有必要的。

（四）人力资本

注重对刺绣工作人员的培养，提升从业人员数量，从经济增长模型中得出的结论更说明了这一点。苏绣的从业人员号称有 10 万绣娘，而黔绣的从业人员却是偏少，或不成规模，由政府牵头，集中整合初步具备刺绣技能或对黔绣感兴趣的人力资源资源，给予其发展平台和政策措施，做标准化培训和集中管理，提升这些从业人员的资本存量，以期向苏绣靠拢。

目前苏绣发展也面临的困境是，从业人员减少，边际效益下降，因一幅苏绣精品一般要绣上几个月甚至一年半载，辛苦程度不言而喻，而要成为一名合格、优秀的绣工，则需要几年、十几年的学艺、从艺生涯。随着苏州工业化、城镇化的进展，年轻姑娘大多报考入学、务工经商，从劳动成本与经济效益的比较出发，她们中的大多数人已不大愿意从事这种费时慢作的苦活，一些年龄大些的绣娘也靠动迁补偿的补贴而放弃了刺绣这一行当。这将导致刺绣人才，特别是高级技艺人才的后继乏人，已成为苏绣业发展，尤其成为制约精品市场发展的瓶颈。对于黔绣，可由贵州省政府牵头，对从业人员制定专项政策，鼓励其从业信心等。

（五）宣传措施

现如今"酒香不怕巷子深"的时代已经过去，现今就得学会主动推销自身，对黔绣的保护与再生同样如此，比如：（1）通过立体、平面媒体，如在报刊、电台、电视台开辟黔绣专栏和专题节目，请黔绣专家、黔绣工艺美术大师讲解黔绣的历史文化、黔绣作品的风格、黔绣的针法技艺、黔绣制品的质量鉴别及收藏保管等；也可由刺绣技艺人员举办个人绣品展并开设讲座，展示刺绣作品，宣讲苏绣知识。通过这些普及性的宣传教育，不仅可大大提高大众消费者对绣品的鉴赏能力，而且可有效传播黔绣文化。（2）建立贵州黔绣博物馆，向外界展现贵州黔绣。（3）定期举办黔绣学术研讨会，扩大黔绣的影响。（4）借助网站，苏州刺绣的发展也离不开网络的宣传，已经建立了如"中国苏绣网"、"苏州刺绣研究所"等相关网站。

（六）产业化与手工制作并存

通过产业化发展，整合产业链，形成产业发展集群，在贵州不同民族地区建立黔绣生产基地，可对刺绣进行大批量、流水化生产，以满足大规模的群体需要，产生规模效应，这些可看成是走中低端群体路线，同时也得保持刺绣的手工制作路线，可以手工制作的精品同国内外相关客户签订长期协议，定期供应，走高端路线。

（七）引进投资

政府引进投资，加大对黔绣从业人员的技能培训，对刺绣设备的改进，对黔绣的宣传等都将有益处。

（八）以旅游业间接带动黔绣的发展

贵州省的旅游资源丰富，中外游客来黔旅游人员每年的趋势都是递增的，这对贵州发展是有帮助的，这不仅是文化的交流，更是提升整体地区生产总值的一个举措。可是现实是在不同的旅游景区，对贵州本省民族特色的东西的宣传不是很多。

以旅游业带动黔绣的发展是可行的，如在相关景区添加些含民族特色的元素，如对黔绣的宣传，可对黔绣发展起到促进作用。

（九）扶贫间接带动黔绣的发展

贵州人均收入不是很高，依靠大规模种植粮食、水果、药材等可以提升人均收入，进一步地，如在相关地区，通过扶贫间接带动黔绣发展，比如招募懂刺绣的相关居民，给予其相应生活保障，并集中收购其刺绣成品，便是一种间接的扶贫，间接带动黔绣发展。

六　结语

刺绣的艺术博大精深，对我国的影响非凡。不管苏绣还是黔绣都是中国少有的世界非物质文化遗产之一，可现在，很多绣种都几近"人亡艺绝"的地步，所以弘扬刺绣文化，保护其顺利的发展下去，将变得刻不容缓。

民族艺术呼唤全社会的精心培育，全社会需要提高对民族民间艺术、文化的再认识。对黔绣更要深入研究分析，广为发扬，让其永葆青春。

参考文献

［1］张世申、张炳德：《中国贵州民族民间美术全集》（刺绣卷），贵州人民出版社 2008 年版。

［2］黄能馥：《印刷织绣》，文物出版社 1985 年版。

［3］《苗族简史》，贵州民族出版社 1985 年版。

［4］张茂远、丘则奇：《技术应用为什么失败——以近代长三角和珠三角地区机器缫丝业为例（1860—1936）》，《中国社会科学》2009 年第 1 期。

［5］龙叶先：《苗族刺绣文化的现代传承分析》，《贵阳学院学报》（社会科学版）2006 年第 3 期。

［6］潘嘉来：《中国传统刺绣》，人民美术出版社 2005 年版。

［7］胡美芳：《民族服饰要素与创造》，华夏出版社 2006 年版。

［8］樊宁：《苏绣技艺，如何弘扬光大——从苏绣看传统民间技艺的保护与发展》，《江苏科技信息》2007 年第 7 期。

［9］刘洋、蒋陈卓、彭袆、何双琳、张方方：《传统手工艺类非物质文化遗产保护研究——以苏绣为模型》，《法制与经济》2011 年第 1 期。

李　巍　田　忠

牙舟陶的发展与保护

——基于 R&D 角度的分析

牙舟陶，是贵州陶瓷艺术中的"精绝"之作，它融入了贵州本土的陶文化内涵，形成了独具一格的贵州陶艺。其生产始于明代洪武年间，距今已有六百多年的历史。牙舟陶的产品多为生活用具及陈设品，动物玩具和祭祀器皿，其特点是造型自然古朴，线条简洁明快，色调淡雅和谐，具有浓重的出土文物神韵。牙舟陶瓷色泽鲜艳、晶莹光润、神韵别致，富有浓厚的民族特色，在中国陶瓷界独树一帜，极具艺术性、观赏性和收藏价值。2008 年牙舟陶被列入第二批国家非物质文化遗产名录，这给牙舟陶和整个民间工艺的传承带来新的机遇。但是同时我们也要注意到，由于受到现代文明的冲击，经济的飞速发展，农村人口向城市的集中，传统工艺赖以生存的小农经济基础的解体和工业商品经济对市场的无情冲击，使传统的生活方式、价值观念发生了很大变化。[1] 受此影响，传统工艺品失去了市场，工厂倒闭，工人下岗转业，价格低廉的玻璃制品与塑料制品代替了以前的陶制品。消费与审美观念的变化从根本上动摇了制陶业的发展。因此，如何保护和发展这一传统手工业成为各部门、学术界研究的重要课题。以前的学者对牙舟陶的研究主要从两个方面研究：一是从生产技术和手工艺的角度研究[2]；二是从中观层面以及管理学的角度提出相关的保护建议[3]。在前人研究的基础上，本文主要结合科学研究与试验发展即 R&D（research and development）的相关

---

[1] 邱耿钰：《村头上那即将废弃的陶器——1996 年春夏之际对云南、贵州等地民间陶器的考察》，《热点论坛》1997 年。

[2] 陆斌：《黄昏的景色——中国民间制陶技术状况的调查》，《南京艺术学院学报》2006 年第 4 期。

[3] 祖明：《牙舟陶的传承与发展》，《科海·交流》2008 年第 9 期。

知识，从科学技术、知识总量以及通过这些知识进行创新性活动的角度，分析发展和保护牙舟陶产业过程中各变量的关系。

一　牙舟陶的发展及现状

（一）牙舟陶发展的地理环境因素

平塘县位于贵州省黔南布依族苗族自治州南部，在云贵高原向广西丘陵过渡地带。牙舟镇便处于平塘县中部。牙舟镇盛产一种灰黄而黏的优质泥土，其中富含硅与铝，当地艺人称之为"白胶泥"，是制作陶器的上好材料。牙舟镇所属长寨村下瓢组的"釉泥山"之土含铁量高，是早期的褐色土釉，效果极佳。由于牙舟镇"地处东经107°03′—107°12′，北纬25°43′—26°01′之间，海拔多在七百至九百米，属中亚热带季风湿润气候类型"，夏无酷暑，冬无严寒，"年平均气温在15.1℃至17.2℃之间，无霜期长达282—313天"。① 因此其温和湿润的气候，适宜生长亚热带、温带植物，"这里的森林原生植被主要为壳斗科、樟科、玄参科和金缕梅科的麻栎、白栎、栓皮栎、樟楠、泡桐、枫香等阔叶林"。这些木材便成了牙舟烧制陶器的主要燃料。正是由于牙舟所处地理环境的优越性，使制陶业在明末形成规模，并在清末远销海内外，为牙舟陶文化的形成打下了坚实的基础。

（二）牙舟陶发展的政治经济因素

关于牙舟陶的起源，一般的说法是明初朱元璋在贵州建行省后，把东部尤其是江南一带的生产技术带进了贵州，牙舟陶即是当年的屯军士兵或随之而来的陶工把制陶技术带到牙舟的结果。清初，受政府政策与经济发展的影响，牙舟当时已发展到40多座陶窑，但大多以小陶窑式的家庭作坊为主。在新中国成立后全面实施公有制形式下，牙舟制陶业的基本生产单位由小作坊集中为陶厂即企业，其性质由私营转变为集

---

① 李定元主编：《平塘县志》，贵州人民出版社1992年版，第3、131、138页；《平塘县牙舟镇总体规划（2003—2015）》，《黔南州规划设计院》2003年第10期。

体，销售方式也由自产自销转变为统产统销，制陶艺人的社会地位和身份意识也由民间艺人或农民转变为居民或工人。这种集体化在牙舟陶发展的初期起到了关键的作用，它集中了众人的力量和智慧，成就了牙舟美术陶的诞生和牙舟陶品种样式的丰富多彩，但是这种模式逐渐成为其发展的阻碍。进入20世纪80年代后期，牙舟陶瓷业日渐式微。61岁的张福忠曾任牙舟陶瓷厂厂长，他说，牙舟陶衰落的主要原因1984年将厂从25公里外的牙舟镇迁往县城，盲目搬迁，盲目上规模，技术跟不上，造成成本高，机械生产烧制不过关，而老厂又无资金投入，技改搞不过来，生产工艺、规模上不去，最后两败俱伤，老厂、新厂全部倒闭。目前，牙舟街上坚持做陶的已寥寥无几，在牙舟镇，也很难见到牙舟陶的踪迹。[1] 但是在此期间，也是牙舟陶向世界展示自己的关键时期，其中1974年到1984年是其发展的辉煌时期，以展出、订购等形式与美国、英国、法国、加拿大、澳大利亚、马来西亚等10多个国家交往。许多精美之作在日本、朝鲜、丹麦、芬兰等国际展览会上亮相，并远销美国、英国、法国、加拿大、澳大利亚、马来西亚等10多个国家。1983年在北京召开的中国国际旅游会上，牙舟陶"鸡纹双耳罐"获得金质奖章。2008年12月，平塘县通过招商引资在牙舟镇建起了贵州平塘牙舟陶瓷彩石工艺品开发有限公司，使牙舟陶走向了规模化生产。

二　牙舟陶发展中的阻碍

　　牙舟陶在自身发展中也遇到了不少阻碍，主要体现在：一、高耗薄利导致民间制陶业的萎缩。贵州长期处于经济较封闭而农业发展缓慢的地带，当时制陶艺人的收入十分微薄，积极性不高，而且当时贵州及西南广大地区在地瘠民贫、战乱不断的状况下消费层次普遍很低，形成了陶制品价低利薄的社会窘境。这样的经济环境，决定了牙舟陶的发展只能是一种经济基础薄弱的低层次发展，牙舟陶的生产规模、生产技术、产品结构等的更新发展必然十分艰难而缓慢。笔者在牙舟镇调研期间曾见一制陶老艺人在自家烧窑旁立了一块碑，来纪念其发展历程："清光

---

[1]　王太师编辑：《盲目搬迁毁了牙舟陶》，《贵州日报》2003年第10期。

绪年间钟文举公与通州党振龍卜周先辈首先在此建窑烧陶……二零一零年七月中旬因窑房年久腐朽倒塌……尚缺修窑资金在省陶协专家及县领导的关心下得到县广电局县工商联等单位资助于九月初修复……"可见，正是由于制陶的薄利，使这位老艺人在自家窑倒塌之后无力自行修建，只能靠政府帮助才能重建。二、生产技术的滞后。受当地民族风俗的影响，牙舟陶制作的艺人大多以满足广大农村日常生活需求的坛、罐、钵等日用陶为主，主要有盐辣罐、烟斗、玩具、老罐、蘸碟、筷篓等。虽有少量色泽鲜艳、造型奇特的产品，如十二生肖等，但是很难成规模化发展，此外笔者在对一家制陶厂调研期间发现，该厂制陶产量受老艺人勾兑染料的成功率与多少有密切关系，而这种制作染料的方法只有当地几位老艺人掌握，且产量很低。三、艺术设计与创新不足，随着工业化进程的加快，许多传统工艺产品的商业价值趋于下降，某些民间传统工艺作为养家糊口的行当，其产品的生产基础发生动摇，人才流失，后继乏人，手工艺日渐式微。以前，贵州平塘县牙舟镇的冗平、高寨、冗盖、陈家桥、长寨、甲那等自然村寨都有制陶，鼎盛时期有陶窑48座。但如今只在冗平还能看到较完整的制陶产业，陶窑也不过几座。①

综上所述，牙舟陶的发展主要受经济、技术等因素的影响，但是归根结底是受其技术尤其是创新性技术缺乏的制约，因为创新可以为其带来更高的利润空间，再加上牙舟陶特有的文化底蕴，便会使其立即升值，产生较大的经济效益。② 所以如何使其不断更新发展，适应社会需求便成了保护和发展牙舟陶的重要内容。因此本文欲通过 R&D 的相关原理来分析，并提出相关建议。

三　R&D 模式的投入影响

科学技术是推动历史向前发展的革命性力量，是促进经济增长的关

---

① 董迅：《民间传统工艺面临的困境——基于云南、贵州民间制陶的考察》，《思想战线》2009 年人文社会科学专辑。

② 笔者在与贵州牙舟陶瓷有限公司的负责人交谈时，了解到许多上海北京的商人来这里采购造型独特的牙舟陶后，通常以上万元的价格出售，可见其创新与文化所带来的升值空间。

键因素，尤其是在今天，市场经济的发展使企业间的竞争日趋激烈化，要想在激烈的竞争中生存和发展，技术进步尤其重要。而技术进步的原动力是研究与开发（Research & Development）。因此，经济学家把目光投向研究驱动 R&D 投入的因素。新经济增长理论的经济学家 Romer 和 Lucas 认为，企业层面的 R&D 投入是技术进步和经济增长的动力。Scher（1965，1982）和 Levin 等（1985）人发现企业面临的技术机会和技术的专用性条件对企业或者行业层面的技术创新活动有着举足轻重的作用。Shimizutani 从基础应用研究和开发设计两个方面对比分析了日本海外跨国公司的 R&D 活动的决定因素，发现海外企业的基础研究致力于先进技术的开发，而开发设计活动则主要受到东道国市场大小的影响。[1] 安同良（2003）以"企业技术能力"为研究范式，剖析了中国企业技术选择与 R&D 战略的动因。另一方面，2007 年美国生物医药产业 R&D 投资总额已达 588 亿美元（占全球医药 R&D 投资 1052 亿美元的 56%），比 2006 年度净增 30 亿美元，其 R&D 投资占国内销售额比重达 18.7%。[2] 可见在国内外专家及企业中，R&D 的投入是其发展、增加收益的重要动力。

大部分经济学者研究 R&D 活动对生产率的贡献时从柯布—道格拉斯生产函数开始，模型设置如下：

$$Y_t = Ae^{\lambda}K_t^{\alpha}L_t^{\beta}R_{t-1}^{\gamma}$$

式中，Y 表示产出，A 表示全要素生产率 TFP，K 表示物质资本存量，L 表示劳动投入，R 表示 R&D 活动的投入，t 则表示时期。产出表示为资本、劳动、研发活动的函数，这意味着剔除了资本、劳动（还包括扰动项）对产出的贡献，剩余的部分就可以计算出 R&D 活动对产出的贡献，对上式两边进行对数求导可得：

$$LnY_t = LnA + \lambda_t + \alpha LnK_t + \beta LnL_t + \gamma LnR_{t-1} + Ln\mu_t$$

式中，μ_t 表示扰动项。如果要进一步计算 R&D 活动对生产率的贡献则可以把上式进行差分得到：

① Fan Shenggen, Hazell Peter, Thorat Sukhadeo1 Government Spend2ing, Growth and Poverty in Rural India. 1American Journal ofAg2ricultural Economics, 2000, 82（4）: 1038 – 10511.

② 李晓蓉、李群、安同良等编：《中国产业经济学前沿》，南京大学出版社 2010 年版，第 20 页。

$$Y_t/Y_{t-1} = \lambda + \alpha K_t/K_{t-1} + \beta L_t/L_{t-1} + \gamma R_{t-1}/R_{t-1} + \mu_t$$

从上式可以看出，生产率表示为资本增长率、劳动增长率、R&D 活动的增长率的函数，α、β、λ 则相应地分别表示资本、劳动、R&D 等要素相对产出的弹性，也就是其中任何一种要素变化1%，则产出相应变化的百分比例。在上式中最关心就是参数 λ 的值，也就是 R&D 活动支出变化 1 个百分点，相应的产出会变化的百分比例，从而能够直接衡量 R&D 活动对经济增长或产出的贡献。吴延兵（2006）利用 2002 年中国 28 个制造业测算出 R&D 产出弹性约为 0.1，在横截面数据研究的基础上，吴延兵（2008）利用 1993—2002 年期间的时间序列数据研究中国大型工业的 R&D 产出弹性，测算的范围在 0.1—0.3。这表明 R&D 活动对生产率或经济增长具有重要的促进作用。因此投入资金在产品研发科研创新上必然会带来经济上的回报。但是田梦珍在研究我国区域 R&D 资源分布比较时发现：[①] 西部地区，人均 GDP 与 R&D1 联系不强。

表1　　　　2009 年我国区域 R&D 资源与经济发展相关系数及相关指标

区域	GDP 与 R&D 经费相关系数	人均 GDP 与 R&D 经费投入强度相关系数	R&D 投入强度/人均 GDP	R&D 投入强度/人均 GDP 离散系数
东部地区	0.74	0.80	2.79	0.34
中部地区	0.74	0.11	4.06	0.21
西部地区	0.74	0.00	3.64	0.55

从表1易看出，西部地区的 GDP 与 R&D 经费投入呈正相关，GDP 越高，GDP 投入越多，反之亦然，但是人均 GDP 却与 R&D 经费投入强度相关系数为 0.00，两者联系并不强。所以在发展和保护牙舟陶产业的时候，要加大投资力度，充分发挥 R&D 对经济发展的作用。而科学论文和专利是衡量 R&D 产出的有效指标，但是对于牙舟陶来说这方面少之又少。因此要更好地保护发展该民族文化产业，必须制定相关政策来增加 R&D 产出，在此笔者提出一些不成熟意见。

---

① 田梦珍：《我国区域 R&D 资源分布比较及变动趋势分析》，《研究探索》2011 年第 11 期。

四 发展牙舟陶企业 R&D 活动的相关意见

(一) 加大对牙舟陶企业 R&D 研发的资本投入力度

由于 R&D 的投入与 GDP 呈正相关性，因此要发展牙舟制陶业首先就要大量投入科研经费，在技术、管理、设计等层面上不断创新，并保护其相应的专利。高月姣、吴和成在研究江苏规模以上工业企业时发现：R&D 人员全时当量（人年），新产品销售收入（万元），R&D 项目数（项），专利申请数（件），发明专利数（件），拥有发明专利数（件），R&D 经费内部支出（万元）分别从不同侧面反映 R&D 活动基础环境以及投入产出总量水平状况，是 R&D 活动基础环境以及投入产出的总量因子。[①] 因此要想发展牙舟制陶业，研发资金的投入是其关键。好钢用在刀刃上，研发资金的高效使用对其有着至关重要的作用。这里可以参考日本的相关经验，日本在加强研发经费的管理、杜绝经费分配上的浪费和不正当使用上有着有效的经验。2007 年，日本在发挥内阁府"政府研究开发数据库"作用，综合排查各政府部门研究课题是否重复的同时，作为构建电子政府的重要环节，开通了"政府共通研究开发管理系统"。依据《关于防止公共研究费不正当使用措施（共同指针）》，制定并实施了《研究机构公共研究费管理监督指南（实施标准）》。

(二) 提高政府对牙舟陶企业 R&D 活动的引导和支持

大量研究表明，R&D 活动程度的高低直接关系到私人企业与社会的利益。但是同时大量有关 R&D 活动的研究揭示 R&D 活动具有溢出性的特点，R&D 活动的溢出导致了其私人收益会低于它的社会收益，私人企业得不到 R&D 活动所产生的全部收益，这抑制了私人企业从事 R&D 活动的热情，结果市场体制内 R&D 活动不足。[②] 因此强化政府在

---

① 高月姣、吴和成：《地区 R&D 活动差异成因与对策——基于江苏规模以上工业企业的实证研究》，《软科学》2011 年第 7 期。

② Bernstein 和 Nadiri（1991）运用加拿大的产业数据，发现 R&D 活动的私人收益范围在 0.15—0.25 之间，而社会收益的范围则在 0.2—1.1 之间。

R&D 活动中的作用，完善 R&D 政策支撑体系，科学合理地安排好科技投入，注重政府对企业 R&D 活动的支持和引导。除了经济上的支持外，还应该注意扶持那些在制作牙舟陶中有创新能力的中小企业，鼓励这些企业的创新，为牙舟陶的民营企业创造良好的外部环境。

（三）确保高技术、高创新牙舟陶企业 R&D 活动的投入力度

技术、设计的创新无疑会给牙舟陶企业的发展带来无限动力。因此，当地企业与政府应促进科研院所、高校和高技术企业联合，为高技术产业发展提供必需的创新人才和技术优势；并且要充分利用全球经济一体化和国际制造业中心转移以及跨国公司寻求投资区域、建立研发基地的大好时机，尽快出台有关引进外资投向高技术产业、促进跨国公司建立研发基地的有效政策，以进一步确立具有优势的高技术产业、高技术企业以及高技术产品。研究表明，贵州的技术转移与产学研投入增长率、区域经济增长率分别为 0.55、0.49，排名全国第二。[①] 因此贵州处于对科技重视的初步阶段，技术研发的增效较高。工业企业与高校的科研人员投入，以及研发机构的经费投入对于促进经济增长较为重要。区域内部技术转移活动对促进经济的发展有着较高的贡献。所以在发展牙舟陶企业创新技术的阶段，应多与沿海发达地区的高校和相关企业联合，促进技术、创新等的转移，更快、更好地发展牙舟陶产业。

（四）建立完善牙舟陶企业 R&D 人员的创新机制

创造良好的科研与创新环境，多层次、全方位地加大对牙舟陶科学技术创新人才的培养。可以通过成立人才开发基金的形式加大对科研人才开发的投入。通过建立人才流动机制、开辟引进人才的绿色通道，提升牙舟陶企业自主创新的能力。

（五）减少牙舟陶企业 R&D 活动中的风险

由于 R&D 活动具有技术含量高、投资金额高、知识密集度大、市

---

① 冯锋、李天放：《基于技术转移与产学研 R&D 投入双重影响的区域经济增效实证研究》，《科学与科学技术管理》2011 年第 6 期。

场不成熟等特点，使得 R&D 项目结果具有高风险性及不确定性。[①] 因此在 R&D 活动的立项、研发和项目商业化阶段，要警惕技术风险、资金风险、研发人员风险和管理风险。R&D 项目风险产生于项目全寿命周期的不确定性，可从项目环境影响、项目自身能力、项目过程三个方面综合考虑，将其放入一个空间维度，建立三维模型，如图 1。[②]

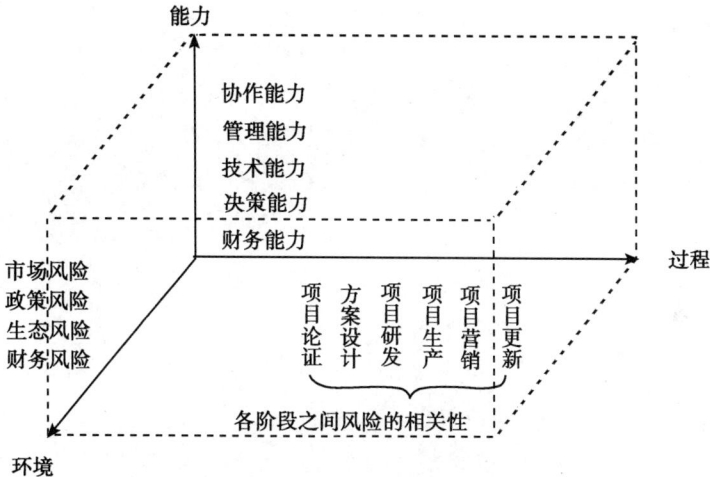

图 1　R&D 项目风险分析三维模型

图 1 包含能力维、环境维和过程维，每一个维度都有相应的风险。首先明确过程维中 R&D 项目过程的各个阶段，然后在过程维的各阶段从环境维分析项目风险影响因素，最终通过能力维寻找解决不同特征风险所需的技能，以防范、规避项目风险。

五　总结

牙舟陶产业在形成和发展的这六百多年间，经历过辉煌与衰落。如何在飞速发展的时代更好地保护和发展这种独特的少数民族工艺，是我们今天必须正视的一个问题。它迫切要求我们在技术、管理创新上有所

---

① 根据 Standish Group 咨询公司在 2003 年公布的调查数据表明，在被调查的 13522 个项目中，绝对成功的项目比例远远低于 50%，仅为 34%，彻底失败的项目为 15%。
② 高威、贾泮江：《R&D 项目风险分析的三维模型》，《管理纵横》。

突破。通过对 R&D 的投入来促进牙舟陶技术上的创新，在市场中重新激活牙舟陶的文化产业。这样有助于牙舟陶走向复兴之路，为保护国家非物质文化遗产和合理利用民间工艺寻找新的思路。

李　巍　　童　波

技术进步促进贵州茶业可持续发展

茶产业是贵州的传统优势产业，从 2006 年全省大规模的调研活动开始，2007 年，贵州省委、省政府出台了《关于加快茶产业发展的意见》。黔党发〔2007〕6 号文件的出台，全面提升了全省茶产业发展的水平。2008 年初，省委、省政府召开全省茶产业发展现场会议。至今，贵州茶园基地规模迅速扩大，茶园的规模化、技术化、合作化水平明显提升，全省茶叶基地步入快速发展轨道，同时，贵州茶产业开发的技术问题也日益突出。

一　贵州茶叶栽培历史及优势

贵州是茶叶原产地之一，栽茶、制茶、饮茶历史悠久，源远流长。追溯到汉代，扬雄（公元前 53 年至公元 18 年）在《方言》中说："蜀西南人，谓茶曰。"汉代的蜀包括云南、贵州、四川部分地区。到了唐代，陆羽在《茶经》中记载："黔中生思州、播州、费州、夷州……往往得之，其味极佳。"唐代的黔中包括贵州省的北部。乾隆《贵州通志》（1741）有"茶出务川，名高树茶"。

贵州具有良好的生态环境优势，与云南同属一个高原，低纬度、高海拔、寡日照、少污染的生态环境特点特别适宜茶树生长，有利于生产无公害茶、绿色有机茶。

贵州具有亚热带高原季风湿润气候的特点，属高海拔、低纬度地区，雨量充沛，晴天多云，散射光和漫射光多，特别适合喜阴、喜湿茶树的生长。贵州有 47 余万公顷非耕地待开发，土壤多为酸性黄壤，肥力适中，有机质含量较高，富含多种有益微量元素，非常适宜于茶树的生长和茶叶优质产品的形成。因此，贵州是种植茶叶的最适宜区，茶叶产品内含物丰富，品质优异，其中游离氨基酸和水浸出物两大指标尤为突出。经检测，绿茶样品游离氨基酸含量大多在 4.0% 以上，水浸出物一般在 43% 以上，内质好、耐冲泡。

二　贵州发展有机茶的重要性

（一）都匀毛尖的困境

贵州黔南地区的"都匀毛尖"曾是中国十大名茶之一。但是，这个国内颇有名气的毛尖也曾遇到过难题。

都匀毛尖茶产业化发展与贵州省内遵义地区的茶产业发展相比，已显逊色；与国内外品牌茶相比，更有明显的差距。2008 年，都匀毛尖茶由于未通过《中国名牌农产品管理办法》中规定的"无公害农产品绿色食品有机农产品的认证"，同时未获得贵州省名牌农产品称号，最终与"2008 中国名牌农产品"称号无缘。对此，贵州省乡镇企业局局长叶韬认为有三大原因，其中有一条，是生产"都匀毛尖"茶叶的加工机器和加工技术老化，先进茶机及应用技术引进不及时。

面对日益严峻的食品安全问题，食用绿色安全的农产品，成为了人们的普遍需求。所以，有机茶成为了眼下茶业发展的重要指标。

（二）有机茶的界定与现状

我国无公害茶和国外有机茶，均始产于 20 世纪 80 年代，经过近 20 年的实践探索，有机茶的生产要求已逐步规范。我国颁布的有机茶颁证标准规定，有机茶园指采用与自然和生态法则相协调种植方式的茶园，强调应用使茶园生态系统保持稳定性和可持续性的生产技术，且不允许使用化肥、农药、基因改良工程等技术。

有机茶是采用颁证的有机茶园生产的鲜叶为原料，按照有机茶加工要求加工，经有机茶认证并颁发有机茶证书的产品。

中国农业科学院茶叶研究所有机茶研究与发展中心结合国内外实际，引入了国际有机农业运动联盟的基本准则，制定了有机茶颁证标准，规定了有机茶生产的生态环境、品种选择、土壤管理、病虫害治理及茶叶加工、包装、贮藏、运输和销售过程中所应遵循的原则及技术要求。茶叶生产企业应根据这一标准进行生产。

目前，世界有机茶销售量达 7000 余吨，其中红茶占 60% 左右。有机茶主要销往西欧、美国和日本等国。有机茶的销售量约占上述国家和地区茶叶销售量的 1%，而有机食品的销售量在上述国家和地区已达到 5% 以上，而且以年均 20% 的速度增长。发展有机茶前景广阔。

近年来，我国共有 20 多个茶叶生产单位获得有机茶颁证，建立有机茶基地近 6000 多亩，有机茶年生产量已达 500 余吨。

（三）发展有机茶是贵州茶业的重要方向

在生长环境上，贵州隶属中国西南，是世界茶树原产地。茶树品种多为抗逆性、适制性强的地方群体良种和从外省引进的良种。如"湄潭苔茶"、福鼎大白茶等产出的鲜叶原料加工的茶叶，品质独特。据有关部门介绍，贵州已发现可作茶饮料的植物至少有 6 种，省茶科所还收集了全国 16 个省的 275 个茶树品种，这些良种均能在省内海拔 1300 米以下茶区种植。

贵州的茶场均远离中心城市，茶场 20 公里范围内均无污染型工业企业。由贵州特有的地形地貌决定，茶场大部分处于交通不便、常年云雾缭绕的山丘或山坡，周围青山叠翠，与常规农业耕作区有天然的隔离带，受外来污染少。而且土壤多为砂页岩黄色沙壤土，土层深厚，富含硒、锌、锗、锶、钾等元素，为各种优质有机茶开发创造了条件。所以，贵州积极推广应用有机农业技术，从根本上解决茶叶农药残留问题，大力开发有机茶，促进茶叶出口。

在产品的定位和开发上，结合贵州茶树品种资源和加工技术实际，生产中高档有机绿茶和少量的有机红茶较为适宜。贵州各产茶区长期以来除少数茶场外均以生产内销绿茶为主，加工设备、加工技术有一定的基础，产品质量相对稳定；现有茶园茶树品种多为中小叶群体种，再加上贵州独特的自然气候及土壤条件，用这些茶树的鲜叶原料加工成的绿茶，内在品质较好。

在 20 世纪 80 年代及 90 年代初，黔中茶区的羊艾、广顺等茶场，用秋季鲜叶原料生产的红碎茶，由于香气独特，品质优异，深受广州、上海等口岸好评。

因此，应该在秋季组织相关茶区的茶场生产一定数量质量较好的有机红茶出口。同时，积极引进国际先进、通用的质量管理体系，加强茶叶企业各个环节的管理，提高产品质量，增强国际市场竞争力。羊艾、普安、晴隆等茶场在省外经贸厅、农业厅、省茶叶质检站的大力支持和帮助下，已推行 ISO9001：2000 质量管理体系及 ISO14001：1996 环境管理体系，在加强企业内部技术管理的同时，在可持续性发展战略上与国际标准接轨，为贵州茶叶企业参与国际市场竞争奠定了一定的基础。只有全行业共同努力，齐头并进，才能形成规模，提高产品的市场竞争力。

截至 2011 年 10 月，贵州已有多家茶叶公司以有机茶为主打产品，比如贵州茶禅文化传播有限公司的"指月茗"系列毛尖、翠峰，遵义湄潭地区的"栗香茶业"、"兰馨"翠片，国品黔茶公司的翠峰，黔南螺蛳壳地区的"黔匀"，团山地区的"贵珍"毛尖，都在有机茶的打造上取得了极大成功。

三　栽种与培育管理的规范

（一）贵州的茶种栽培现状

茶树良种化是茶叶生产优质高效的基础，建立贵州高品质绿茶生产基地，需要适制绿茶良种。迄今为止，贵州栽培适制绿茶的专用良种：福鼎大白茶（占贵州省茶园栽培面积的 50%—60%）；黔湄 601（红绿茶兼制，占全省茶园栽培面积的 10%—15%），产量 472.0kg/667m²，比福鼎增产 15% 以上，制绿茶品质超过福鼎良种（全国茶树良种品质审评得分为 99.01），从福鼎群体品种中单株选育而成，产量高，抗逆性强，这两个品种适制扁形的针芽茶，近年来产品畅销市场；黔湄 101由湄潭苔茶群体种中采用单株选育法育成，氨基酸含量高，酚/氨比低，持嫩性较强，宜制卷曲形茶。

截至 2007 年，在贵州省种植的茶树品种中，福建品种约占总面积的 70%；云南品种占总面积的 20%；贵州、湖南及浙江品种占总面积的 10%。目前替代优良品种少，应对全国推广适制绿茶的良种进行适应性栽培研究，以培育和引进更多的适制绿茶良种供生产上应用。

（二）发展茶树繁育技术的必要性

茶园的建设需要大量的茶苗，但是，凭现存的茶苗储备，难以满足需要。

因此，苗木的解决有几种方式：一是通过引进栽培成功的良种茶苗种植；二是培育优质良种，运用快繁技术就地育苗；三是通过嫁接实验，寻找和开发新的适应性苗种。

鉴于此，贵州需要重点支持建立 10 个 6.67 公顷以上的苗圃基地，才能确保无性系良种茶苗供应。这无疑为科学研究提出了新的更高要求。因此，需要通过技术攻关，建立优良品种母本园，建立无性系良种繁育和种苗生产体系，为大面积迅速增加的茶园提供技术支撑。

（三）加强科学手段，促进培育规范——以贵州小叶苦丁为例

贵州小叶苦丁茶生长在乌江沿岸及苗岭山区，为木樨科女贞属灌木或小乔木。20 世纪 90 年代中期，贵州根据市场的需要，促进农村经济发展，将苦丁茶列入重点开发的绿色支柱产业。

但是，由于发展初期缺乏合理的规划和正确的市场引导，特别是缺乏规范性的技术体系，导致贵州小叶苦丁茶种苗质量得不到保证，培育技术、品种选择和改良等工作严重滞后。

多数产区的苦丁茶生产仍处于半野生和粗放经营状态，苦丁茶种苗基本上是没有经过选育和更新的"原始种"。区域性强，抗病虫性差，繁殖系数低，用种苗量大，加之一些地方急于求成，盲目进行种苗大调运，种苗质量低劣的情况十分普遍。

苦丁茶规模化生产还缺乏成熟、配套的综合栽培技术，苦丁茶生产发展受到严重制约。相关部门在贵州小叶苦丁茶育苗、栽培技术、病虫害防治、摘采、茶园建设等方面进行了长期的研究，反复试验示范论证，在这个基础上，制定了《贵州小叶苦丁茶培育技术规程》。

《贵州小叶苦丁茶培育技术规程》的公布，对省内的小叶苦丁茶业发展起了极大的推动作用，笔者采访省内相关茶界人士时，省内权威茶

叶专家朱志业说：相关行业规范的颁布，为贵州长期发展茶业，打造品牌，做出了巨大的贡献。

四　工艺技术的优化与创新

（一）相关政策支持

2009 年，贵州省质量技术监督局启动中央财政现代茶叶生产发展资金项目茶产业标准化建设工作。为了有效指导和促进全省茶产业规范化、标准化、规模化种植和加工，提高茶叶生产的质量安全水平，该局组织贵州省茶叶研究所、贵州省茶叶质检站、贵州省茶叶协会等单位编制《贵州省茶叶技术标准规程》。

2010 年，在面临茶产业品种单一、老化，名优茶标准化加工及配套装备落后，茶叶深加工技术研究和茶产业抗风险应用技术研究处于初始阶段等问题时，贵州省第二个产业技术创新战略联盟"贵州省茶产业技术创新战略联盟"应运而生。

依托贵州兰馨茶业有限公司，整合了省内外近 20 家企业、科研机构、高等院校组建。该联盟主要是提升产学研结合机制，集聚创新要素，持续解决茶产业共性、关键、前沿性技术问题，形成技术创新链，为茶资源高效利用和茶产业技术水平的整体提升搭建技术支撑平台，引领全省茶产业持续、快速、健康发展。

（二）技术的创新与发展

1. 绿茶加工工艺

宋代的蒸青团茶的制茶方法已达到炉火纯青的地步。据宋代赵汝励《北苑别录》记载，龙凤团茶的制作分为蒸茶、榨茶、研茶、造茶、焙茶五道工序，每一道都有要求。

到了明代，茶人逐渐认识到蒸青团茶加工技术的缺点，于是加快了向蒸青散茶的转变。散茶比团茶更好地保留了茶的香味，但仍不够浓郁。

然后又出现了炒青，即高温杀青、揉捻、复炒、烘焙，利用干热发挥茶叶香气。

目前，贵州的绿茶加工，多用炒青，如都匀毛尖、云雾雪芽，口感相对较为接近。在高温蒸青杀青上，贵州日渐少用。现在定义的蒸青绿茶和宋代的蒸青散茶略有不同，但都是通过高温蒸汽来进行杀青，比如"恩施玉露"、"阳羡雪芽"等都是蒸青绿茶中的名品。

针对贵州茶加工技术的多元化，笔者认为可以适当多发展蒸青工艺，开发新口感的茶。在杀青这个流程上，进行多元化尝试，从而达到产品的精细差异化。

2. 红茶加工工艺

贵州茶青在当地的纬度、海拔、气候环境下，有着独特的口感香味，结合其高山小叶种的特点，加工出的红茶，与福建产区相比，各有千秋。

但是，贵州加工红茶比例很小，在绿茶占多数的贵州茶产业中，适当发展红茶，创建红茶品牌，是发展本地茶产业的重要方向之一。

2010年，贵州红茶标准的主要结构参考了 DB51/T 878—2009，萎凋和发酵指标是根据贵州的气候特点、鲜叶原料、生产方式所确定的。红茶的发酵叶象和红碎茶的揉切技术指标是贵州省茶叶研究所的科研成果，已被广泛应用于生产中。

截至2011年9月，贵州省已有多家茶企业开发"黔红"，如黔南地区某企业，用一芽二叶的夏茶，加工成类似滇红的红茶，遵义地区的兰馨，加工一芽一叶的毛尖红茶，目前都在市场上取得不错反响。

3. 再加工工艺——以桂花茶为例

再加工技术的内容很多，涉及面广，一般是针对贵州针茶。贵州针茶在省内只是半成品，其产品主要是在省外进行茉莉花窨制，其指标的确定主要来源于贵州省茶叶研究所试验示范基地的做茶实践。

以桂花茶窨制为例，贵州的再加工技术已经相对完善。

桂花茶窨制（今湄潭茶场）三年（1940—1942）制茶一览表记载："1942年该场生产桂花茶169.5市斤，采用绿茶加桂花窨制而成。"

其品质特点：以一级为例，外形紧细有毫，条索匀整，色深绿尚润；内质香气鲜灵浓纯，滋味鲜爽，汤色绿黄清亮，叶底绿黄明亮细嫩柔软。加工过程中，以贵州烘青、炒青为茶坯，用半开和大半开的呈虎

状、金黄色有光、无异味的鲜桂花，经摊放、筛花、拣除枝梗和杂质，
与茶坯拌和窨制 20—24 小时，当坯温 45℃ 时通花，再收堆续窨，然后
复火，冷却后匀堆装箱。各级各段茶坯规格与拼配比例、窨次和配花
量，质量执行贵州省技术监督局 1992 年 8 月 1 日批准实施的 DB52/
354—92 贵州省《桂花茶》地方标准。以一级茶为例，茶坯按上段
23%、中段 59%、下段 15%、下身 3% 的比例拼配，一窨一提，每千克
茶坯下花量 50 克、提花量 30 克。理化指标：水分不大于 8.5%，总灰
分不大于 6.5%，粉末不大于 1.0%，杂质不大于 0.1%。

（三）依靠科技，加速贵州茶业发展

1. 科技因素的重要性

茶叶是多年生植物，茶树从定型到第一次自然更新约 20 年，其生
命周期在 60 年，甚至几百年，经济生产年限只有 40—50 年。从茶叶种
植到盛产高峰期，茶叶的生理效益在 15—20 年。贵州省的大部分茶园，
多数于 20 世纪 80—90 年代种植，部分茶园生产能力明显衰退，这些茶
园需要增加投入，增加科技含量。依靠科技进步，科学管理，延长盛产
期，减缓茶叶生物产量边际效益递减的速度。

在目前的中国，土地是稀缺资源，在有限的土地上，发展生态农
业，成本是比较高的。作为生产资料中的土地资源，往往是茶农无法通
过人力因素获取的。在此基础上，要在有限的土地上收益最大化，是必
须依靠科学的资源配置，以及科学手段的最优化的。加快贵州茶产业的
发展，科技创新是最大动力之一，培养环境上的生态化，栽培育苗上的
进步，以及制茶设备的更新和工艺技术的多元化，都要在原有基础上向
高产、优质、高效迈进。

2. 利用科技，加速茶业可持续发展

笔者在贵州省茶叶协会任职，同时在一家茶叶公司担任研发总监，
长期与茶科所等相关部门往来，充分认识到科技创新对传统农产品的加
速发展有着极大的作用。茶叶是中国的传统优势产业，几千年来，茶叶
史上的每一次飞跃，都与茶技术的创新息息相关。在制茶工艺上，新技
术的开发更是层次不同，目前市场上的很多新产品、新品种，都是制茶
人，通过不断的技术开发，不断的实践尝试，才得到人们认可的。

从茶叶的生产流程分析，贵州茶业目前还面临一些问题：

第一，在栽培育苗等技术上，实现了一定的突破，但主要是局限在苦丁茶上，新品种的培养，还需要茶科所等科研部门的持续研究。

第二，在有机茶产品培养上，贵州相比于国内其他省，已经很有优势，在黔南、黔西南等地区，自然生态的良好，导致了在做有机茶方面的天时与地利。但在长期而言，全省还需要减少农药化肥的使用，不能一味的求产量而忽视质量。

第三，在茶园的科学管理上，黔南都匀、遵义湄潭等地区，已经实现了管理的现代化，信息技术化。但管理落后的茶园仍然不少，所以还需要加大投入，在更大范围内实现生产资源的优化配置。

第四，在加工工艺上，贵州落后于国内其他茶产区。新产品的开发，多数依赖于工艺上的技术进步，在研发上，如杀青、炒青等新技术的应用，以及发酵上的控制，仍然过于滞后。贵州应该积极与相关部门合作，加大技术的研发力度，加快创新，开发新产品。

依靠科技进步，让贵州茶业稳定健康的发展，是目前贵州茶业界的重点方向，科技创新，是传统农产品发展的重要因素。目前，贵州省委、省政府，大力扶持贵州茶科所、农科所，以及各高校的农产品研究部门，正是重视技术进步，促进茶业发展的体现。贵州茶产业作为集劳动密集型、技术密集型为一体的产业，在可持续性发展上，只有依靠技术进步，和创新的多元化，才能提高其竞争力，更顺利地走向世界市场。

参考文献

[1] 罗显扬、张正秋：《贵州茶业发展的现状、优势与对策》，《贵州农业科学》2009 年第 7 期。

[2] 王林：《连参评的资格都没有都匀毛尖无缘"中国名牌"》，金黔在线—贵州商报，中国茶业信息网，[2008—10—30]. http：//www. teainfo. cn/。

[3] 百度百科（有机茶）[N/OL]，http：//baike. baidu. com/view/24671. htm。

[4] 开发有机茶 促进黔茶出口 [N/OL]，金黔在线. http：//www. gog. com. cn。

[5] 郭颖、王华、刘隆德：《贵州小叶苦丁茶培育技术规程》，《贵州省林业调查规划院》2008 年第 3 期。

［6］我省组建磷化工及茶产业技术创新战略联盟［N/OL］，金黔在线—贵州日报，http：//gzrb. gog. com. cn/system/2009/12/31/010708067. shtml。

［7］嘉叶：《名优绿茶鉴赏与冲泡》，中国轻工业出版社2009年版。

［8］贵州茶叶加工类标准编制小组：《贵州省茶叶加工类技术标准编制说明》，2010年5月13日。

［9］贵州桂花茶窨制技术：《中国食品科技网》，http：//www. tech-food. com/kndata/1026//0052416. htm。

刘彦青

下　篇

试析汉武帝时期的经济政策

西汉初期，从汉高祖刘邦到文景时期，中央政府实行"休养生息"的"无为"政策，至汉武帝执政后，一改汉初"放任自由"的经济政策，推行了盐铁专卖、算缗告缗、均输平准等一系列经济措施，汉武帝新经济政策的出台有着复杂的历史背景，是一系列因素所导致的结果。同时，汉武帝新经济政策在经济目标上达到了预期的效果，这一制度的有效推行关键在于汉武帝针对财政改革实行了有效的措施，包括务实经济学家的任用。汉武帝新经济政策是国家干预经济的典范，对后世经济政策具有重大影响。

一

汉武帝调整经济政策，一些学者认为与抑商有关，也有学者持否定态度。陈明光认为，若分析汉武帝对商人和私营商业的态度变化过程，便可以发现这种调整无非都是出于财政考虑的财政增收手段，不能把它与传统的为重农而抑商的政策混为一谈。① 林文勋在分析中国古代专卖制度与重农抑商政策时，认为二者的区别是明显的，二者既表现为实施的动机上的不同，也表现为理论基础和实际应用的不同。② 汉武帝之所以要一改西汉初期的"无为"政策，推行新经济政策，并不是单纯为了抑商，而是有着深刻的历史背景。

汉武帝实行的盐铁专卖制度其目的在于扩大中央财政。盐铁是中国传统农耕社会必不可少的产品，"夫盐，食肴之将；铁，田农之本。非

---

① 陈明光：《财政考虑与汉代所谓重农抑商制度》，《东南学术》1994 年第 4 期。
② 林文勋：《中国古代专卖制度与重农抑商政策辨析》，《思想战线》2003 年第 3 期。

编户齐民所能家作，必仰于市，虽贵数倍，不得不买"。① 在中国早期商品经济中，盐铁是两种最重要、利润也最高的商品。盐铁有着丰厚的利润，因此政府要增加财政收入，最关键的就在于控制其生产、销售，以垄断其利润。专卖制度产生于春秋时期，管仲为了增加齐国的财政收入，就实行了"官山海"政策。桑弘羊在与贤良文学争辩其经济政策时，便明确提出专卖制度的推行在于充实国库以供边用："边用度不足，故兴盐铁，设酒榷，置均输，蓄货长财，以佐助边费。今议者欲罢之。内空府库之藏，外乏执备之用，使备塞乘城之士，饥寒于边，将何以赡之？"②

汉武帝之所以要实行积极的经济政策，扩大中央财政，其主要根源在于军事费用的增高。文景时期，西汉政府奉行汉高祖以来"与民休息"的政策，在与边疆各民族的交往中，尽量采取和平的方式，至汉武帝继位时，国家实力相当雄厚，司马迁在《史记》中记载："至今上即位数岁，汉兴七十余年之间，国家无事，非遇水旱之灾，民则人给家足。都鄙廪庾皆满，而府库余货财。京师之钱累巨万，贯朽而不可校。太仓之粟陈陈相因，充溢露积于外，至腐败不可食。"③

文景之时，国家财政丰厚，但这一时期已出现重农抑商的呼声，如文帝时贾谊上书："今背本而趋末，食者甚众，是天下之大残也。……今驱民而归之于农，皆著于本，使天下各食其力，末技游食之民转而缘南亩，则畜积而人乐其所矣。可以为富安天下。"④ 文景之时，重农抑商的呼声不断，但国家并没有实行专卖制度，只是要求政府重视农业。这一方面表明重农抑商与专卖制度是两种不同的经济思想，重农抑商其实质在于调节农业和工商业在国民经济中的比例，而专卖制度是国家垄断商品生产与销售以获取高额利润的一种工商业行为。

汉武帝时，政府实行扩张政策，在南方，派严助、朱买臣等人招揽东瓯，唐蒙、司马相如开路西南夷；在北方，用王恢设谋马邑，与匈奴交恶。由于军事费用的高涨，中央财政日趋紧张，遇有水旱灾害，国家

---

① 《汉书》卷 24 《食货志》。
② 桓宽：《盐铁论·本议》，中华书局 1992 年版。
③ 《史记》卷 30 《平准书》。
④ 《汉书》卷 24 《食货志》。

无力振救，"于是县官大空"。为了解决中央财政，汉武帝只好实行积极的财政扩张政策，正如桑弘羊所说；"富国非一道"，"富国何必用本农，足民何必用井田"①，汉武帝采纳了孔仅、咸阳实行盐铁等专卖制度的建议："山海，天地之藏也，皆宜属少府，陛下不私，以属大农佐赋。愿募民自给费，因官器作煮盐，官与牢盆。浮食奇民欲擅管山海之货，以致富羡，役利细民。其沮事之议，不可胜听。敢私铸铁器煮盐者，钛左趾，没入其器物。郡不出铁者，置小铁官，便属在所县。"②

汉武帝实行新经济政策其扩大财政收入的目的极为明显，但并不是单纯为了增加财政收入而推行这一经济政策。汉武帝执政后，不仅在经济上，而且在政治上、思想上实行了一系列改革措施，这些改革措施其根本目的在于加强中央集权，规范一系列社会制度。在政治上，继续前代景帝时的削藩政策，"诸侯惟得衣租食税，不与政事"③，在地方迁徙豪强，并任用酷吏打击地方豪强势力；在行政上设立十二部刺史和司隶校尉，以加强对社会的控制；在思想上，采纳董仲舒"大一统"思想，"罢黜百家，独尊儒术"。汉武帝新经济政策的推行，与政治上、思想上的中央集权政策相配套，同时更是与其边疆政策相配合，共同组成汉武帝"新政"的一个方面。

二

汉武帝新经济政策在增加中央财政的同时，对于中央政府规范国内经济，加强政府调控力具有重大作用。中国古代自春秋战国以来，就一直存在两种经济管理模式的争论，汉昭帝时举行的盐铁会议即是以桑弘羊为代表的"干预"派与以贤良文学为代表的"放任"派之间的经济大辩论。

在盐铁会议上，桑弘羊"干预"主义者明确提出国家干预的重要性，"昔商君相秦也，内立法度，严刑罚，饬政教，奸伪无所容。外设百倍之利，收山泽之税，国富民强，器械完饰，蓄积有余。是以征敌伐

---

① 桓宽：《盐铁论·力耕》，中华书局 1992 年版。
② 《史记》卷 30《平准书》。
③ 《汉书》卷 14《诸侯王表第二》。

国，攘地斥境，不赋百姓而师以赡。故利用不竭而民不知，地尽西河而民不苦"。① 而贤良文学认为文帝之时实行"放任"政策，无盐铁之利，百姓反而富裕，"盖文帝之时，无盐铁之利而民富。今有之而百姓困乏，末见利之所利也，而见其害也。且利不从天来，不从地出，一取之民间，谓之百倍，此计之失者也"。② 桑弘羊的经济主张是从中央政府财政的角度出发，认为干预可以规范经济秩序，充实国库，增强国力；而贤良文学的经济主张是从"利"的源泉出发，认为"干预"政策其本身并不生产财富，只不过是将百姓的财富转入国库而已。

规范经济秩序，增强中央政府在经济资源配置中的作用是汉武帝新经济政策的另一深层原因。桑弘羊在盐铁会议上提出国家在经济调控上具有重要功能，不能放弃，而应加强，"古之立国家者，开本末之途，通有无之用。市朝以一其求，致士民，聚万货，农商工师，各得所欲，交易而退。易曰：通其变，使民不倦。故工不出，则农用乏；商不出，则宝货绝。农用乏，则谷不殖；宝货绝，则财用匮。故盐铁、均输，所以通委财而调缓急。罢之，不便也"。③ 以桑弘羊为代表的"干预"派认为农工商之间应协商发展，三者不能偏颇，只有政府开本末之途，通有无之用，才能使经济正常运转，否则任何一个环节出差错，都可能导致经济混乱。

汉武帝新经济政策采取了各项经济措施以整顿经济，加强政府调控。如在货币上，西汉初期铸币较自由，一些诸侯、官员、豪强控制着货币发行，"至孝文时，荚钱益多，轻，乃更铸四铢钱，其文为'半两'，令民纵得自铸钱。故吴，诸侯也，以即山铸钱，富埒天子，其后卒以叛逆。邓通，大夫也，以铸钱财过王者"，正是由于货币权不在政府，反在私人，为扭转这一局面，禁止私铸的货币政策才在这一背景下出台，"故吴，邓氏钱布天下，而铸钱之禁生焉"。④ 汉武帝鉴于货币的混乱，遂实行中央统一货币政策，"于是悉禁郡国毋铸钱，专令上林三官铸。钱既多，而令天下非三官钱不得行，诸郡国前所铸钱皆废销之，

---

① 《盐铁论·非鞅》。
② 《盐铁论·非鞅》。
③ 《盐铁论·本议》。
④ 《史记》卷30《平准书》。

输入其铜三官"。① 中央政府统一货币，并杜绝地方"盗铸"有利于中央真正控制地方财政，统一的五铢钱也有利于社会经济发展的需要，增强货币、商品的流通。

均输平准制度的建立即是中央政府利用行政手段调控全国经济的具体体现。《汉书》卷24《食货志》记载："桑弘羊以诸官各自市，相与争，物故腾跃，而天下赋输或不偿其僦费，乃请置大农部丞数十人，分部主郡国，各往往县置均输盐铁官，令远方各以物贵时商贾所转贩者为赋，而相灌输。置平准于京师，都受天下委输。召工官车诸器，皆仰大农，大农之诸官尽笼天下之货物，贵则卖之，贱买之。"均输即是由中央政府统一调控物质，统一由大司农管辖，形成了由政府主导的全国物品在各地的流通、调节。均输解决了政府对物品流通的控制，但对于物价，则由平准来解决。平准的主要作用是由设立京师的平准这一商业机构，与均输官员相联合，根据市场物价，"贵则卖之，贱则买之"，调节市场供需以达到调节物价的目的。

专卖制度、算缗告缗的实行其主要目的在于增加政府财政，"杨可告缗遍天下，……于是商贾中家以上大率破，民偷甘食好衣，不事畜藏之业，而县官有盐铁缗钱之故，用益饶矣"。② 政府在实行专卖制度、算缗告缗等经济政策以获取利润的同时，也是出于控制国家经济的目的。盐铁官营，即是由政府统一收购并由政府组织人员销售，既为了增加国库收入，又为了加强政府对经济的控制。桑弘羊在针对盐铁官营的弊端而导致指责时指出："令意总一盐铁，非独为利入也，将以建本抑末，离朋党，禁淫侈，绝并兼之路也。"③ 盐铁的专卖是新经济政策的核心，政府如果不控制盐铁这两宗大商品，就无法调控整个国家经济，无法消除地方豪强势力对中央权威的挑战，"浮食奇民，好欲擅山海之货，以致富业，役利细民，故沮事议者众。铁器兵刃，天下之大用也，非众庶所宜事也。往者豪强大家，得管山海之利，采铁石鼓铸，煮海为盐。一家聚众或至千余人，大抵尽收放流人民也，远去乡里，弃坟墓，

---

① 《汉书》卷24《食货志》。
② 《史记》卷30《平准书》。
③ 《盐铁论·复古》。

依倚大家。聚深山穷泽之中，成奸伪之业，遂朋党之权，其轻为非亦大矣"。① 经营盐铁者，往往是地方富豪，这些人聚众可达千余人，这对于中央政权是一个较大的威胁，因此由政府垄断经营地方富豪所经营的盐铁，不仅有利于从事"本"的农民，杜绝地方富豪对个体小农的兼并，而且有利于中央政权的巩固。

算缗即政府对工商业者征收的工商税，如元光六年（公元前129年）"初算轺车"，元狩四年（公元前119年）"初算缗钱"。② 工商税的征收其主要目的在于增加政府财政收入，这一政策由于敛财目标太明显，最终导致告缗风行天下，导致商贾中家以上纷纷破产，当然政府的财政收入激增，"乃分遣御史廷尉正监分曹往，即治郡国缗钱，得民财物以亿计，奴婢以千万数，田大县数百顷，小县百余顷，宅亦如之"。③

汉武帝新经济政策是自春秋战国管仲"管山海"以来，政府实行经济"干预"、经济调控之大成者。汉武帝新经济政策的推行，既是当时政治、经济、思想等方面"大一统"的中央集权的制度需求，同时又与汉武帝开拓边疆的军事需求有关。为了解决庞大的军费开支，汉武帝及其同僚者不得不在实行经济干预的同时，加强对各阶层的敛财，以扩大中央政府的财政收入。

三

制度的制定和实行需要符合当时的社会环境，汉武帝新经济政策的推行并非个人凭空的想象，而是有着深厚的社会基础，同时其政策的有效实行还在于汉武帝采取了一套有效措施。

汉武帝时期专卖制度、货币政策、均输平准、算缗等经济政策在前代已有先例，只不过汉武帝将其实现得更为典型、彻底。如盐铁专卖，春秋时管仲就实行这一政策，以后历代均有所仿效，如《史记》记载："汉兴，海内为一，开关梁，弛山泽之禁"，④ 西汉初年"弛山泽之禁"

---

① 《盐铁论·复古》。
② 《汉书》卷6《武帝纪》。
③ 《史记》卷30《平准书》。
④ 《史记》卷129《货殖列传》。

说明山泽之禁已成为当时的惯例，而汉初为了"与民休息"而放弃这一政策，也正是因为这一政策，促进了汉初经济的复苏，商品经济的发展，"是以富商大贾周流天下，交易之物莫不通，得其所欲"①。汉武帝专卖制度的"新"是相对于文景之时的"新"，其实这一政策是沿袭自管仲以来就有的"官山海"。

其货币政策其实质也是沿袭秦始皇以来的统一货币政策，"及至秦中，一国之币为二等；黄金以溢名为上币；铜钱识曰半两，重如其文，为下币；而珠玉龟贝银锡之属为器饰宝藏，不为币"。② 可见秦朝已开始统一货币，只不过汉初又令民自铸，放开了货币政策，开放的自由货币政策（这里指在铸造上的自由）不仅阻碍商品流通，而且导致中央权威的丧失、经济控制力的衰弱。汉文帝时，贾谊曾警告统治者，"今令细民人操造币之势，各隐屏而铸作，因欲禁其厚利微奸，虽黥罪日报，其势不止"。③ 货币铸造权必须收归中央，否则无法杜绝恶币现象，无法控制地方势力借此掌控庞大的经济，甚至威胁中央。汉武帝经过长期的努力，最后才将货币权收归中央，并使私铸得以禁止。

政府干预、调节市场的经济政策在中国古代起源很早，如《通典》记载西周时期政府就注意对市场的管理，"周制，司市掌市之理教政刑，量度禁令，以次叙分地而经市，以陈肆辨物而平市，以政令禁物靡而均市……贾师掌其次之货贿之理，辨其物而均平之，展其成而奠其贾"。④ 春秋战国时期，随着商品经济的发展，人们对于市场价格及如何调控价格有了较深入的认识。管子认为："夫物多贱，寡则贵，散则轻，聚则重。人君知其然，故视国之羡不足，则御其财物，谷贱则以币与食，布帛贱则以币与衣，视物之轻重而御之以准，故贵贱可调，而君得其利，则古之理财赋，未有不通其术焉。"⑤ 战国时李悝指出粮食价格过高、过低对老百姓都不利，政府应平易物价，"小饥则发小熟之所敛，中饥则发中熟之所敛，大饥则发大熟之所敛，而粜之。故而遇饥馑水旱，粜

① 《史记》卷129《货殖列传》。
② 《史记》卷30《平准书》。
③ 《汉书》卷24《食货志》。
④ 《汉书》卷11《平准》。
⑤ 《通典》卷11《轻重》。

不贵而人不散，取有余而补不足也"。①

汉武帝时期均输平准承继前代对市场管理的经验，以加强经济调控。《盐铁论·力耕》记载："往者财用不足，战士或不得禄，而山东被灾，齐、赵大饥，赖均输之畜，仓廪之积，战士以奉，饥民以赈。故均输之物，府库之财，非所以贾万民而专奉兵师之用，亦所以赈困乏而备水旱之灾也。"均输平准的功能并非只是单纯为了增加政府财政收入，而且还可以调节各地物质，平易各地物价，"赈困乏而备水旱之灾"。桑弘羊在盐铁会议上强调均输平准"所以平万物而便百姓，非开利孔为民罪梯者也"。② 桑弘羊以言"利"为荣，对于盐铁专卖的牟利性毫无隐讳，而在辩驳均输平准时，一再强调其经济调控功能，可见均输平准决不是单纯为了敛财而推行的经济政策。这一政策的推行是符合社会需求的，是政府对市场的一种调节。

汉武帝推行新经济政策成功的关键在于人才的选拔和任用。汉武帝执政后，在人才选拔上进行了改革，如在察举的基础上，实行征召，并坚持考绩制度，根据官员的政绩来决定升迁。汉武帝摒弃了门第之见，任人唯贤，如主父偃出身贫困，由于上书切中时弊，被任用为郎中。汉武帝在人才任用上不仅实现了专业化，而且实现了年轻化，最为典型的即是新经济政策的重要策划者、实施者桑弘羊，《史记》记载了"弘羊，洛阳贾人子，以心计，年十三侍中"，后成为全国最高财政长官"大农"；东郭咸阳，"齐之大煮盐"，孔仅，"南阳大冶"，两人都是因商而官，正是因为有桑弘羊、东郭咸阳、孔仅等一批熟悉经济方面的专业官员，汉武帝新经济政策才能承继前代经验，并使之有效推行，"故三人言利事析秋豪矣"。③ 当时许多财政管理官员均由商人出身的人担任，"使孔仅、东郭咸阳乘传举行天下盐铁，作官府，除故盐铁家富者为吏。吏道益杂不选而多贾人矣"。④ 李埏先生曾指出，汉武帝胜利的契机在于用商贾打击商贾，"商人最懂得商人的窃要，用商人去打击商

---

① 《通典》卷11《轻重》。
② 《盐铁论·本议》。
③ 《史记》卷30《平准书》。
④ 《史记》卷30《平准书》。

人自然能中其要害，置之于死地。汉武帝的手段是最巧妙的，最成功的"。[1]

汉武帝新经济政策相对于汉初是一大变革，然而是承继春秋战国以来国家干预政策的基础之上的，并有其深厚的社会基础，符合当时经济社会发展的需要。其经济政策之所以成功，关键因素在于汉武帝大胆选拔、任用专业性人才，一批懂经济的专家如桑弘羊、东郭咸阳、孔仅等成为其经济政策的策划者、实行者。

四

汉武帝新经济政策的推行是与当时汉武帝在政治上、思想上实行大一统中央集权政策相配套的经济政策，皆在加强中央集权；这一新经济政策也是当时商品经济的发展，需求政府对其加以调控的时代产物，如统一货币、调控市场物价等。同时，由于汉武帝实行开拓边疆政策，军费开支消耗较大，国库空虚，这一形势加快了汉武帝新经济政策的步伐和力度。《史记·平准书》记载，由于汉武帝对边疆的开拓，"江、淮之间萧然烦费矣""巴蜀之民罢焉""燕齐之间靡然发动""匈奴绝和亲，侵扰北边，兵连不解，天下苦其劳，而干戈日滋"，这样，"兴利之臣自此始也"。[2]

汉武帝新经济政策因敛财而使其政策走向了反面。专卖制度是国家凭借政治权力，对若干关系国民生计的重要商品进行垄断经营，它的理论基础是重商论，正是由于国家看到了巨额商利的重要性，才会充当商人，才会与商人争夺商业利润。[3] 汉武帝实行盐铁专卖其目的在于加强中央集权，增加政府财政收入，其手段即是政府亲自充当商人经营盐铁，以获取高额利润。专卖制度在理论和行为上是重商，重视工商业在国民经济中的地位，但由于政府垄断经营，势必导致私人工商业的衰落。

桑弘羊在盐铁会议上鲜明提出其重商论，认为致富并不仅仅依靠农

---

① 李埏：《史记·货殖列传时代略论》，《思想战线》1992 年第 2 期。

② 《史记》卷 30《平准书》。

③ 林文勋：《中国古代专卖制度与重农抑商政策辨析》，《思想战线》2003 年第 3 期。

业，"燕之涿、蓟，赵之邯郸，魏之温、轵，韩之荥阳，齐之临淄，楚之宛、陈、郑之阳翟，三川之二周，富冠海内，皆为天下名都。非有助之耕其野而田其地者也，居五都之冲，跨街衢之路也。故物丰者民衍，宅近市者家富。富在术数，不在劳身；利在势居，不在力耕"。①　然而汉武帝新经济政策由于其敛财行为，在客观上不仅没有促进工商业的发展，反而导致工商业的萧条。汉武帝新经济政策之所以走向反面，其深刻根源在于政府重商其实质是重视官商，而对于私有工商业者，为了敛财则对之实行打击，使其无法与政府抗衡。

汉武帝盐铁专卖、算缗告缗等经济政策，通过打击私人工商业者，在客观上造成了工商业的衰落，造成了抑商。因此，汉武帝时期专卖制度的实行与抑商不谋而合，即在重商论基础上的专卖制度在客观上造成了抑制工商业发展的后果，"于是商贾中家以上大率破，民偷甘食好衣，不事畜藏之产业"。②　当然，由于专卖制度抑制私商（并不抑制工商业，正是因为政府重视工商业，需垄断经营而造成抑私商）而使一部分商人转入政府官工商业中来，"吏道益杂不选而多贾人矣"。

汉武帝新经济政策强调经济干预，运用政府力量调控农工商之间的比例并控制整个国民经济，最终由于敛财而导致了对私人工商业的抑制。政府拥有绝对的权力，其本身在参与工商业的过程中必然造成腐败，导致不遵守市场规则，造成不公平竞争，以贤良文学为首的反对者在盐铁会议上指出，正是因为政府垄断盐铁，造成各方的不便，"县官笼而一之，则铁器失其宜，而农民失其便。器用不便，则农夫罢于野而草莱不辟。草莱不辟，则民困乏。故盐冶之处，大傲皆依山川，近铁炭，其势咸远而作剧。郡中卒践更者多不勘，责取庸代。县邑或以户口赋铁，而贱平其准。良家以道次发僦运盐铁，烦费，百姓苦之"。③

汉武帝新经济政策在当时为加强中央集权，解决财政问题发挥了巨大作用，同时由于敛财也导致了对国民经济发展的破坏。司马迁曾指出："于是外攘夷狄，内兴功业，海内之士力耕不足粮饷，女子纺绩不

---

① 《盐铁论·通有》。
② 《史记》卷30《平准书》。
③ 《盐铁论·禁耕》。

足衣服。古者尝竭天下之资财以奉其上，犹自以为不足也。"① 并在《史记·货殖列传》中鲜明地提出自己的经济思想："故善者因之，其次利道之，其次教诲之，其次整齐之，最下者与之争。"② 最好的经济政策就是顺应自然的"因之"政策，最不好的就是与民争利的过度干预政策。汉武帝新经济政策由于政府的过度干预而造成了农、工、商之间的比例失调，导致经济衰落，"海内虚耗，户口减半"，③ "国家衰耗，城郭空虚"。④

桑弘羊与贤良文学在盐铁会议上的经济辩论并不是"抑商"的问题，而是要不要实现国家经济干预的问题，要不要抑制官商或抑制私商的问题，其实质是春秋战国以来"放任"与"干预"两种不同的经济思想争论的继续，并对中国古代经济政策产生了深远影响。汉武帝新经济政策是经济干预论经济思想的集中反映，其政策的正反两面均对后代经济政策有重大借鉴意义。

曹端波

---

① 《史记》卷30《平准书》。
② 《史记》卷129《货殖列传》。
③ 《汉书》卷7《昭帝纪》。
④ 《盐铁论·轻重》。

唐代民间借贷刍议

中国古代的借贷行为发轫于何时，确切的年代现已无从细细查究，但从现有典籍的记载中暂可追溯其一些隐约的发端。《周礼》中关于借贷行为及借贷契约已多有记载，《秋官·朝士》所载"凡民同货财者，令以国法行之，犯令者，刑罚之"即对民间借贷财物所应遵循的利息支付作了法令上的规定；而针对官府借贷，亦有描述，《地官·泉府》所载"凡赊者，祭祀无过旬日，丧纪无过三月；凡民之贷者，与其司辨而授之，以国服为之息"便是对官府放贷行为的细致描绘。从西周至今，历史已绵延近三千载，其间王朝更迭、帝相轮转，世间已不知历经了多少盛衰沉浮，但借贷之行为却未曾停止过发展，于今日大可见其鼎盛之繁荣。

商品经济的发展、货币概念的延伸使得借贷行为出现，这一点已无须赘言，借贷在金融体系中的地位和作用亦无可置疑。但仍有必要提及借贷发展的历史影响和经济影响。古典中有关中国古代借贷的记载和研究，可谓不多，但于浩若繁星的书籍中仍可拾得不少记载借贷的片段。倘若如前所述把西周设定为借贷的发端之处①，那么到春秋时期，借贷可谓已初成气象，因为彼时已经出现了赊贷业。《管子·问篇》中所载"问：邑之贫人，债而食者几何家？""问：人之贷粟米，有别券者几何家？"便形象描述了当时业已存在的农贷现象，这在农业生产并不发达、易受天灾人祸影响的古时，通过农业赊贷实现正常生产、生活的维系确实不失为一举良策，虽然此中确已存在潜在的利益盘剥，但它的促进意义是值得肯定的。从初时的农业借贷到后期逐步发展起来的消费借贷和

---

① 关于借贷的起源历来就无定论，或有认为"借贷之事，自秦汉始"（黄现璠著：《唐代社会概略》），不过在这一看法上的殊异并不会对借贷的研究产生较大影响。

商业借贷，借贷的目的呈现出越来越多元化的发展趋势，借贷的被动性也在向主动性延伸。这种借贷行为的演变对于中国古代早期经济的发展无疑具有不容忽视的推动意义，虽于古籍记载中并未多见当时社会对于借贷地位和作用的肯定①，甚而后世不少史学者也还对私债（多指带有高利贷性质的私人借贷）持批判态度。但从借贷，尤其是非高利贷性质的借贷对生产生活的扶持作用及对商品货币经济的促进作用来看，我们应该重新审视和判度借贷的历史地位和经济地位，即便是对广受诟病的高利贷，我们也应给予其恰适的历史定位和评价。

一 中国古代借贷系统简述

依照历代沿革，借贷一般分为官民两个系统，形式和作用上都存在较大的差异。官府的借贷系统因为是藉由政府作为借贷主体，且一言一举皆置于民之所察中，因而形式上较为单一，法令上也多约束。其借贷行为的政治意义与经济意义并重，在一定程度上可以看作是上层建筑实现调控、引导、赈济、平衡作用的工具，按其利息的不同大体可分为无息或少息性的济助赊贷②和约定利息性的生产消费贷款③。当然，官府借贷也不乏在特定时期下通过放贷生息实现填补军资和冲抵行政公费的目的，有时甚至是高利贷性质的放款。民间的借贷系统则更多地体现出发展趋势的自由化和存在形式的多元化，不管是在债权债务主体的多样性，还是在借贷形式的灵活性以及借贷利率的波动变化上，民间借贷都表现出自成其一派别样的景观。因其涉及面广、触及度深，所以对所处

① 关于这一现象的原因还有待讨论。一者官府主导的政治性借贷毕竟不多，影响也很有限；二者民间存在的借贷多带有高利贷性质，与传统的礼教思想有所抵触，因而在当时可能并不为人所推崇。

② 此与《周礼》中所倡导的礼乐文化及人文关怀相合，因而西周、春秋、战国三代的官府放贷多为赈济之用，一般无息或只计提少量利息。同时这种由官府财力支撑和主导的济贫助困行为也对后世的借贷产生较大影响，历朝历代均有仿于周礼而设立的用于特定用途的贷款。

③ 王莽时期的三种放款可以很好地说明这种官府的借贷系统。一种为特定用途赊贷，一般为无息借贷，期限较短，同于周礼，如"民欲祭祀丧纪而无用者，钱府以所入工商之贡但赊之"（《汉书》卷24《食货志》）；一种为生产性放款，需计少量息费，如"民或乏绝，欲贷以治产业者，均授之，除其费，计所得受息，毋过几什一"（同前出处）；还有一种消费性放贷，息费较之前面更高，如《汉书》卷99《王莽传》中载："又令市官收贱卖贵，赊贷予民，收息百月三。"

的社会环境和经济格局都有着重要影响。

虽然中国历代的借贷系统都有官民之分，但对经济产生尤为深刻影响的部分还主要集中于民间借贷，而且周礼中出现的官府赊贷系统在后世的延续中也体现出越来越微的社会效应，更多的只是流于被动的事后补救而非主动的事先防御。因此，本文对唐代借贷的研究以及其对社会经济的影响的主要视角聚焦在民间借贷系统上。

二 唐代民间借贷的产生背景

借贷在一方面是促进经济发展的动力，另一方面，作为商品货币经济活跃度的重要表征，借贷的繁荣与否也成为学者们研究和考察当时社会和经济发达程度的标志。提到借贷的繁荣，尤其是民间借贷的繁荣，不得不把目光聚焦到被视为"上承汉魏六朝，下启宋元明清"①、中国封建社会发展之转折点②的鼎盛王朝——唐朝。当欧洲大片疆域上的人民还在饱受宗教桎梏和茅舍坞壁③的苦难之时，东方，一个繁荣的经济体正在蓬勃兴起。可以说，直至今日，唐朝的鼎盛之貌依然为众人所津津乐道，"贞观""开元"也成为世人形容升平盛景的代名词。"稻米流脂粟米白，公私仓廪俱丰实。九州道路无豺虎，远行不劳吉日出。齐纨鲁缟车班班，男耕女桑不相失。……"杜甫在其《忆昔》一诗中如此描绘了开元盛世的社会形貌，寻常百姓已是如此，更毋庸提那华灯初上之时、绵延几十公里的长安都城是何其一派耀目繁华之景。借贷自发端以来，已历经了千年的变迁，但多数时候只是隐于主体经济的宏影之下有所成长。入唐以后，借贷却有如春日新绿、夏日繁花一般呈现出爆发性的发展态势。这繁荣的背后是有其深刻而必然的原因的，唐代社会经济在包容吸纳这股借贷热潮带来的金融密集性冲击的同时，也在经历着

---

① 不管是经济、文化（诗歌、书法等）、制度，唐代都处于承前启后的一个鼎盛地位，所以有此一说。

② 一般认为唐代是中国封建社会的顶峰，是封建社会发育臻于成熟、鼎盛的代称。盛极而衰，月盈而亏，尤其是在经历安史之乱后，唐朝逐渐走向衰落。

③ 按时间推算，欧洲当时（公元七八世纪）正处于中世纪时期，战乱频仍、生产荒废、民生凋敝，加之罗马教皇的思想禁锢和宗教迫害，欧洲诸国的经济和科学基本处于发展停滞的状态。

自身结构的微妙改变，这无疑是值得我们从经济学角度来更进一步地研究这段历史的。

唐代借贷的繁荣从其出现的背景上看，主要包括了社会和经济两个方面。借贷的发展一方面要倚重社会的稳定、法制的健全，另一方面也离不开商品经济的兴旺和货币支付功能和储备功能的广泛被接纳。相比前者，后者的作用力和影响力或许更大，社会的安定、政权的稳固诚然可以为借贷的发展提供极佳的摇篮，但在货币还未作为一种普遍的流通支付手段为众人所认可并在民众间产生某种较为强烈的货币需求之前，也只能将其视为一片暂缺"养分"的"沃土"罢了。这也是为何直至唐代借贷行为才开始如此广泛地铺展开来，应知唐以前中国并不缺少国泰民安、仓廪禀实的朝代，只是商品货币经济的阶段性发展还不足以促成借贷行为的举国繁荣，当然，唐代借贷的兴旺还有其自身内生性的因素，这在后面还会进行讨论。

（一）从混乱到统一，一个安定局面的开启

秦汉之后的 300 年，中国版图上一直在演绎着封建势力间的战乱史和割据史，即便有短暂的统一也仿若昙花一现不能久长①。进入隋朝的中国，本以为可以开创一派统一后的崭新格局，却因为君主的残暴和政令的昏聩使得百姓的生活如处水深火热之中。直到唐代历史的开启，一个真正民之所盼的开明社会才再次出现。

百姓对这一次的"分久必合"报以了巨大的期许，而入唐以来的种种政令的颁发和举措的施行也没有让经历了太久战乱流离和暴政之苦的民众失望。

一者唐朝政府广修律法，封建法律制度达到了空前完备的地步②，其最大的成就便是后世称为《唐律疏议》③的产生。《唐律疏议》不仅在当时是一部综合体现统治阶级意志的完备法典，对后世各朝各代乃至整个世界的法律发展史也有着深远的影响。其中对个人权利的法律确认

---

① 此间西晋曾在公元 280 年统一了中国，但因为统治力量羸弱，延续时间很短。

② 这一点在后面提到的唐朝对于借贷利息和借贷契约等方面的律法规定上还会有更详细的体会。

③ 又称《永徽律疏》，是中国现存最古、最完整的封建刑事法典。

和对公民财产权利平等性的肯定（如"良人部曲合有资财"①）尤其引人注目，这对民间借贷业的发展带来了极为有利的正面影响。

二者唐朝十分重视交通要道的开设和拓展，水路有"商旅往返，船乘不绝"② 之大运河，海路有"云帆转辽海，粳稻来东吴"③ 之便利，陆路有"坦坦而方五轨，阗阗而走四通"④ 之畅达，加之以自西汉已有的"丝绸之路"为代表的诸条国际交通要道的活跃，发达的交通线路使得各地往来交流愈加频繁，更加速了商品贸易经济的全面发展。

三者唐朝当时的诸多措施适应了政治关系的变迁，譬如将科举作为一种选拔官吏的制度正式确立的举措适应了成熟地主经济的发展，使得中央集权政治的根基更为稳固；同时府兵制⑤的瓦解废除、募兵制的建立也顺应了当时商品货币经济的发展和租佃关系的强化⑥；此外前面提到的律法的修订也适应了经济的发展和社会关系的变革。

由此可见，唐代当时安定的社会环境不仅为借贷的繁荣提供了摇篮，其中一系列政治关系的变化也在顺应着经济的发展，而整个社会的经济早已如一股乘势之波澜，奔涌向前。

（二）"夜市千灯照碧云"⑦，唐代商品经济的兴旺

唐代商品经济的兴旺发达首先起于商品生产和流通的扩大，尤以手工业和农业产品的商品化为明显表征。一方面，唐代私营手工业产品绝大部分已成为商品进入流通交换领域；另一方面，伴随着农业生产力水平的逐渐提高和农业专业化程度的提升，原来自给自足的农户经济也出现了产品存留，于是相应的农产品和农副产品开始走进市场，进入商品

---

① 《唐律疏议》卷二十一《贼盗律四》。

② 《旧唐书·李勣传》。

③ 出自唐杜甫诗《后出塞》。

④ 见张九龄《开凿大庾岭路序》。

⑤ 府兵制是中国古代的一种兵制，起于西魏，重在兵农合一。府兵制建筑在均田制的基础上，府兵平时是耕田种地的农民，战时又负起行军打仗的职责。府兵制于唐玄宗天宝年间被废除，取而代之的是募兵制，相比前者，募兵制虽然实际操作上也多强制性，但法理上已经赋予了佣兵更多的自愿选择空间。

⑥ 募兵制替代府兵制其实从内质上反映了一种人身依附关系的弱化，是伴随着均田制的瓦解而逐渐发生的，由强制向自愿的变迁反映了唐代当时社会雇佣关系的发展。

⑦ 出自唐王建诗《夜看扬州市》。

流通环节。一个典例就是江淮一带的茶叶生产。据记载，当时已有不少茶区的百姓已把种植茶叶作为主职，江南各处"百姓营生，多以种茶为业"①，而由此形成的茶叶专业化生产也已颇具规模，如《封氏闻见记》中有载："其茶自江淮来，舟车相继，所在山积，色额甚多。"而其他农产品，如花、果、姜、芋也开始出现大面积的专业种植。

手工业和农业商品的大量涌入市场极大地活跃了当时的商品经济，同时商业形式和性质的改变也为商品经济的鼎盛发展创造了契机。中国古代的商业在很长一段历史里都停留在商品贩运的模式上，缺少流通和生产之间的联系，更毋庸提商业资本对生成和销售环节的渗透。而进入唐代以后，这种传统的商业形式发生了巨大改变，商业不再独立于生产之外，而是通过资本注入的方式影响和推动生产的发展和变革。这种变化从根本上结束了流通与生产间的脱节，也结束了原先分离格局下市场的不完善和不健全。故有学者认为，唐代商业的发展是从古代型的贩运贸易开始向近代型商业转变的过渡期②，这种近代商业模式的发端在一方面推动着唐代经济走向鼎盛，另一方面也使得人们对货币的需求呈现出越来越旺盛的态势。

（三）"钱荒"现象，唐代货币经济繁荣的缩影

追溯借贷繁荣最直接的原因，乃是社会骤然兴起的对货币的旺盛需求与有限的货币供给之间的矛盾。作为自秦汉以来中国封建社会商品经济发展的第二个繁盛时期，唐代的货币经济也同样得到了空前的复兴。虽然唐代还有着"钱帛并行"的现象，这在一定程度上丰富了唐代的货币体系，也缓和了当时因为商品经济的发展带来的货币供给紧缺的局面③，但"钱荒"这一现象仍然不可避免地出现了。

---

① 《全唐文》卷 967。
② 傅筑夫：《中国经济史论丛》（下）。
③ 关于"钱帛并行"的问题，著名历史学家李埏老先生做出过较为深入的探讨（见李埏《略论唐代的"钱帛兼行"》，原载《历史研究》1964 年第 1 期）。李老认为"钱帛兼行"的根本原因在于唐代社会分工的不够完善，商品种类有限，因此诸多场合里钱币还并不被真正借助或需要，所以用布帛作为流通手段的现象仍得以存在。当然，从"钱帛并行"是否能看出唐代的商品经济水平，还有待进一步研究，但是毋庸置疑的一点是，唐代社会确实存在流通手段供给不足的困境。

唐代"钱荒"的产生有着诸多方面的原因：从货币供给层面看，钱币（主要是铜钱）投放量的供不应求导致货币短缺，加之一些贵胄和富户大量窖藏铜币，使得这一供求失衡的现象愈加严重；从民众观念层面看，小农经济发展起来的中国百姓存在着一定的对铜钱的偏好①，铜钱所代表和满足的市井间的小额交易贯穿着整个中国封建经济的发展史，在大额货币还未被广泛接纳之前，以小农经济为主导的唐代社会势必出现对铜钱的过剩需求，而布帛作为与铜钱相匹配的小额价值尺度，成为唐代货币体系的一员也因此显得较为自然了；其他次要影响因素还包括对外贸易中产生的铜钱外流、"以钱纳税"的两税法②规定加大了铜钱需求、铜原料不足造成的铸币量减少等。

从唐代"钱荒"现象可以看到，虽然实物经济的比重依然很大，但货币的主导地位已经日益凸显。对货币急剧增加的需求极大地刺激了一系列信用的发展，金融市场的规模日渐庞大，官府和私人纷纷介入到这个广阔而新兴的市场中，而当时也早已兴起了今日所存在的几大主流金融业务（包括了存款、贷款、抵押、担保、信用凭证等），同时还出现了包括"飞钱"③在内的一些金融创新工具，这些金融工具不仅给商贸活动提供了更大的便利，也对后世金融市场的发展起到了极其重要的推动意义。

唐代货币经济的兴旺，使得"货币"真正凸显出其应有的现实意义和经济功能，也为千年来"货"与"币"在不同程度上的相互分离寻找到了最好的契合点，可以说货币于彼时开始全面体现出作为商品的特质，也于彼时开始体现出支付、储备等功能上的完备。

---

① 一些学者将之定义为"恋铜情节"（史卫：《从货币职能看唐代"钱帛兼行"》）。此外，还有学者从货币拜物教观念的角度对唐代社会中人们对金钱的喜爱进行了分析（唐任伍：《唐代经济思想研究》）。

② 德宗建中元年（公元780年），杨炎上疏奏请改革税法，两税法至此开始施行。两税法结束了先前租庸调制的诸多弊端，简化和确立的税制，体现了税收的公平，适应了商品经济的发展，除"田亩之税"用谷物交纳外，其余各税均折合为货币交纳。如果说租庸调制是劳役赋税向实物赋税的飞跃，那么两税法则是实物赋税向货币赋税的又一次赋税形态的飞跃。

③ 又称"便换"，是一种唐宪宗年间出现的类似于汇票的早期汇兑业务形式。当时商人外出经商带上大量铜钱有诸多不便，便先到官方开具一张凭证，上面记载地方和钱币的数目，之后持凭证去异地提款购货。此凭证即"飞钱"。"飞钱"的产生解决了货币远程流通的困难，对缓解钱币不足、促进贸易发展有很大的意义。

三　民间借贷——唐代社会一道独特的景观

通过较为全面的对唐代社会背景和经济背景的审视和研究，我们已经厘清了引致唐代借贷爆发性繁荣的一些宏观诱因，最为直接的就是商品经济的发展带来的货币需求旺盛。同时，我们应该意识到借贷业的兴旺还有许多微观层面的因素在起作用，这里就涉及借贷参与者的因素和民众借贷意识的变迁。民间借贷作为唐代借贷的一个重要组成部分，不仅在数量和规模上占有很大的比重，在分布和渗透上拥有更大的优势，而且其在实现社会资金融通的作用上也体现出更大的效力。相较于借贷系统中的另一部分——官府借贷，民间借贷体现出更多操作上的自由性和行为上的隐蔽性，在仍以小农经济为主导的唐代，这种摆脱了时间地域和形式规程约束、细致而微的金融渗入对中国传统的封建经济格局的影响是巨大的。而且从另一个侧面看，唐代的官府借贷也已不再仅仅是延续传统的赈济功用，官府在脱离了单纯的慈善者身份后已然开始作为类于民间私债放款人的角色进入金融借贷市场。如此观之，唐代的民间借贷和颇具私债性质的官府借贷已经涵纳了唐代社会借贷业的大半壁江山，因此集中对唐民间借贷的研究便有其一定的历史意义了。

（一）唐代民间借贷的特点

对于唐代民间借贷的特点，已有不少学者做出了较为细致的研究，成果也颇为可观。在此，笔者对于这一部分也只是通过整理现有的学术研究成果，以期能采他山之石绘得一个更为生动的唐代民间借贷史的风貌。

1. 借贷主体的多样性

借贷主体包括放款人和借款人，唐代时期还未出现像今天银行一样的完整意义上的金融中介机构[①]，因此对借贷主体的研究暂限于放款来

---

① 唐代当时已经出现诸如柜坊这样的存款机构，而且柜坊的性质也已超出了一般的寄存和储藏，它与商业有着颇深的联系，甚至已开始出现类似于支票的工具。关于柜坊如何运用所筹存款，又是否会用于借贷，还无确切的史料记载予以支持和说明。另外，唐代还出现了大量的放款机构，不过多为私人放债。因此虽然唐代的金融业已有了长足的进步，但完整意义上的金融中介机构仍未成形。

源和借用对象两方面。唐代的借贷主体组成可谓繁杂，不仅有传统的商贾、富豪、百姓作为放款人，官吏、僧侣、道人以及诸多机构性质的放款者也加入到了放款来源中；借款对象也不乏单一，不仅有被动型的借款，也有主动型的生产消费性借款。下面逐一对其进行简略论述。

（1）放款来源

商贾历来有贱买贵卖、盘剥侵占的本质①，把利润视为首要追逐目标的商人在借贷盛行的唐代自然不会放过这样一个契机实现财富的增值。因此，商贾成为唐代放贷的重要来源之一。因为唐代民间借贷多为高利贷性质，放贷取息便成了聚敛货币的最为快捷和有效的途径，不仅很多本国商人加入到私债行业，大量胡商也积极投身到放款人的角色扮演中。德宗年间，大批胡商留居长安，以"举质取利"为生，从事专门的高利贷。宰相李泌彻查后发现，这些胡商中只拥有田宅的就多达四千余人，足见放贷人规模的庞大。②另《资治通鉴》中有载，自大历以后，节度使多由禁军大将充任，其中资历较高的"皆以倍称之息贷钱于富室，以赂中尉，动逾亿万，然后得之，未尝由执政"③。从这一点上看，唐代民间借贷在数额上也是颇为惊人的。

入唐以后，佛教得到了统治阶层的高度重视和偏爱，佛教思想和佛教文化也有了中国历史上最为鼎盛繁荣的发展。佛教的炽盛带来了各地寺院的雄厚资财，因此寺院僧侣也开始涉足民间借贷，并成为其中的重要一员。在唐武宗时期，长安城资财雄厚的寺院都开设了多处邸店，从事"货卖"经营。更有寺院专门收受信徒施舍之财物，以致"钱帛金玉积聚，不可胜计"④，一面供给各地寺院的修缮建造所需，一面放贷经营。除寺院僧侣之外，各观道人也不乏参与放贷活动中。

各级官吏、诸军诸使是组成放款来源的又一大团体，虽然唐代有禁

---

①　最初的商人通常利用当时商品市场狭小、彼此隔离及商品短缺的状况，因利乘势，欺诈掠夺广大小商品生产者。商人的唯利是图为当时的人们所憎恶，也因此秦汉以来几乎都把"贱商""抑商"作为国策。

②　《资治通鉴》卷232。"举质取利"描述的是一种通过发放有物品抵押的贷款获取高额利息收入的方式。

③　《资治通鉴》卷243。

④　《西京新记》卷3。

止郡县官僚放贷取利的规定①，但在唐代兴旺的民间借贷热潮中，各级官吏实则成为了一支数量不菲的放贷大军。

此外，稍有余钱的寻常百姓也是放款主体的重要来源，而且各地还出现了诸如质库、邸店、行肆、寄附铺等形式的机构性质的放贷团体。

（2）借款对象

唐代民间借贷的借款对象既包括了富足阶层，也包括了平民百姓。富足阶层，如官僚、地主、商贾、富户，借贷的目的较为多样，或为聚资购买土地，或为贿赂官员之用，或为生活所逼无奈举债，或为借钱用于某些奢侈性消费。而平民百姓的借款目的便显得比较单一，不外是形势所迫之下的被动举债，以维系正常生产和生活。

2. 借贷形式的灵活性

唐政府对民间借贷基本上没有法定形式约束，人民在兼顾己方利益和对方意愿的前提下，运用各自的资源便能达成形态各异的借贷。

一般而言，唐代民间借贷可以分为信用借贷、质押借贷和特殊借贷三个大类。

（1）信用借贷

信用借贷顾名思义便是指依附于借款人信用的借贷，借贷之时借款人无须交付或明确指向担保品作为抵押，但仍需签订契约作为凭证。这种借贷形式因为缺少抵押品的保障，故风险较大，一般出现在已有比较深入了解的放款人和借款人之间。

（2）质押借贷

质押借贷是与信用借贷用对应的一种借贷形式，而根据质押方式和质押品的不同又有所分类。质库形式的借贷一般要提供实物作为抵押，并且抵押品交由放款人保管，"以物质钱，异时赎出"② 就说明了质库的基本特点。质举形式的借贷虽然也要提供实物作为抵押，但抵押物仍暂留借款人保管，仅当借款人无力还贷时，抵押物才归于放款人。因为质举抵押方式的不同，相较于质库其体现出更多的抵押品选择的多样

---

① 《唐会要》卷69《县令》中载："郡县官僚，共为货殖，竟交互放债侵人，互为征收，割剥黎庶。自今已后，更有此色，并影认一匹以上，其放债官先解见任，物仍纳官，有剩利者，准法处分。"

② 《资治通鉴》卷227胡三省注。

性，屋舍、田地、牲畜、粮食甚至人都可以作为抵押之物，而这一点也使得借款人在无力偿贷时的损失更大，也更难估计。另外一种借贷形式——举贷——虽未涉及实际的抵押之物，但由于有保人作保，保人负有连带之责，因此也将其归入质押借贷一类中。

（3）特殊借贷

特殊借贷涵盖范围广泛，虽不都是主流的借贷形式，却展现了唐人在民间借贷上的灵活性和创造力。按照罗彤华先生的研究[①]，唐代的特殊形态借贷主要包括预租、预雇、赊买赊卖和互助型等几大类别。

预租型借贷和租佃颇为相似，主要差别在于租佃是佃户先获收成再付地租，而预租是佃户尚未耕种前即先付租，相当于地主以土地种植权向佃户借款，因而具有借贷的特征。

预雇型借贷也不难理解，一般的雇佣是先劳役再付酬劳，而预雇是指雇主预先支付雇佣费，受雇人后以劳力或工作产物冲抵预付费用的本利。这相当于受雇人以自己的劳力为质向雇主借款，因此也具有借贷的特征。

赊买赊卖即今天所说的延期付款，其在一定程度上已拥有借贷的性质，但仅仅是停留在理论之上，若无明确的契据文约加以辅证，恐难确定为严格意义上的借贷。

互助型借贷则是指类似于"金融合会"（或者说是基金会）的经营形式，参与者共同集聚资本形成互助金，以轮流方式，按期依序得会[②]。互助型借贷在唐代已初见雏形，尤其是"社""社邑"等互助性合会性质组织的出现。《新唐书》卷197中有记载："（永州）民贫无牛，以力耕，宙为置社，二十家月会钱若干，探名得者先市牛，以是为准，久之，牛不乏。"可见互助型借贷在解决生产、生活问题上有很大的贡献，同时基金形式的互助金也有储蓄备用、应对突发事件和满足急困的功能。

3. 借贷利息的束约与变化

唐朝政府对民间借贷的利率有过前后规定上的变化，一般规定月利

---

① 参见罗彤华所著《唐代民间借贷之研究》一书。
② 另按王宗培在《中国的社与会》中的看法，先得会者为借贷，后得会者为储蓄。

四分到六分。如《唐六典》卷6比部郎中员外郎条注载："凡质举之利，收子不得踰五分。出息债过其倍，若回利充本，官不理。"① 但这种利率的规定从实际情形上看多是对官府的高利贷活动起到了较严格的约束作用，而在民间真实的利率却与之出入颇多。

譬如《太平广记》卷434《戴文》载："贞元中，苏州海盐县有戴文者，家福性贫，每乡人举债，必须收利数倍。"另据吐鲁番出土的借契表明，唐代西昌县民间借贷的月利已然高达15分至20分，借贷利息之高、借贷条件之苛刻都令人触目惊心。②

出现民间私债实际利率与法令规定利率脱节、不匹配的现象是有其原因的，一者官府介入私人高利贷必定会引起利率的抬高，因为很多官府的高利贷是放贷给商人后，商人再将其贷予百姓，这种逐级的盘剥使得利率被迫走高；二者钱荒现象的激化和唐中后期"钱重物轻"趋势的加剧，使得民间高利贷利率日渐攀升；三者民间私债本来就有许多游走于法令之外，加之律法不能顾全市井细微之处，这也给民间"吃人"高利贷提供了生存发展空间。因此，随着唐后期民间借贷利率的飙升，原本有利于经济发展的私人借贷逐渐变为小生产者的噩梦。

（二）高利贷——唐代民间借贷的盘剥本质

唐代民间借贷从其性质上看，基本上都属于高利贷的范畴③。从唐政府对民间借贷利息的一般性规定来看（月利不允许超过6%），唐时的私人借贷已处在一个相当高的利息率水平。当时没有银行贷款利率这一概念，但按照今天的界定标准来衡量——高于银行贷款利率4倍便已是高利贷（暂把贷款利率定位年息8%）——那么月利6%（相当于年利72%，还算不上复利的情形）早已远超高利贷的最低界定标准了，更毋庸考虑当时仍不十分发达的生产力水平。因此，唐代民间借贷从根本上逃脱不了盘剥压榨的本质。

---

① 张兴胜：《唐代私人高利贷的形式、利率、文契及有关法规》，载于《银行家》2007年第11期。

② 徐嫩棠：《唐朝社会的举贷及高利贷》，载于《贵州文史丛刊》1996年第5期。

③ 虽然唐代民间借贷的实际月利率有低至一分甚至是无息（后文有论及）的情形，但从整体借贷利率水平来衡量，仍属于高利贷。

　　有史料记载，太和年间两京举债之人不乏利息超过本金 10 倍以上者，有的民间高利贷甚至延续数代，直至"主保既无，资产亦竭"①。这种广泛存在的财富盘剥对生产力也带来了极大的破坏，许多负债农户无奈之下只能背井离乡，选择逃亡。据《旧唐书·杜亚传》载："亚计急，乃取军中杂钱举息于畿内百姓，每至田收之际，多令军人牛车散入乡村，收敛百姓所得菽粟将还军。民家略尽，无可输税，人多艰食，由是大致流散。"由此可以看出民间高利贷的泛滥已经超出了普通金融经济所容许的范围，达到了影响社会安定和谐的经济正常发展的严重程度。

　　对于高利贷，马克思在其《资本论》第 3 卷中是这样评述的："高利贷不改变生产方式，而是像寄生虫那样紧紧地吸在它身上，使它虚弱不堪。……它只会使这种生产方式处于日益悲惨的境地，不是发展生产力，而是使生产力萎缩，同时使这种悲惨的状态永久化。"马克思对高利贷历史作用的论述"主要是从生产方式变革角度或者说是从研究资本主义生产方式起源的角度所作的一种整体估价"②，但若将特定时期社会经济的发展运行加入考量，并基于商业流通领域的内部视角，会给出一个对高利贷历史和经济意义的更为客观的评价。因此，对于唐代高利贷性质的民间借贷，我们在看到其盘剥一面的同时，也应认识到它对社会发展的积极影响。

　　虽然高利贷都或多或少存在利益的剥削，但似乎可以把唐代社会中出现的民间高利贷分为恶性和良性两种。恶性的高利贷就如前面所论及的一样，不仅不能促进生产力发展，相反还会阻碍甚至破坏生产力。而良性的高利贷主要体现在三类人群上：一是暂时陷入经济周转危机的农户或手工业者，通过民间借贷他们可以实现生产生活的维系，而高利贷还不至于使他们走向破产，仍在所能偿清债务的能力范围之内；二是拥有一定财力的商贾，他们或需要进行某项生产性投资，而民间高利贷恰好为其提供了很好的资金融通途径；三是一些富室、望族、官僚的消费性借贷，他们的借款多用于奢侈性财物的购买，通过借贷可以实现其提

　　① 《文苑英华》卷 422。
　　② 刘秋根在《明清高利贷资本》一书中有这样的评述。

前消费的诉求。前两类情形对唐代社会和经济的影响应该是值得肯定的，第三类虽无十分凸显的积极意义，但仍然不失为良性的影响。"从社会生产的宏观角度考察，他们（即高利贷）却以自身特定的功能，从价值和实物两方面促进社会总产品的补给，从而成为社会再生产绵绵延续的基本条件之一。"①

或许促进和阻碍都是相对的，也是阶段性而言的，民间借贷在初期对经济的促进意义不言而喻，但伴随着这种繁荣的畸形发展最终使得其变成了一个庞大的吞噬传统小生产者财富和利益的黑洞。

（三）官民高利贷共同发展——一种类共生②的借贷系统

中国历史上，一般的官府借贷和民间借贷分别走的是两条截然不同的路径，前者在明处，是政府济助灾民调节经济的工具；后者在暗处，散布于市井，藏匿于巷陌，缓缓有所发展。而到唐代，两者之间的界限变得越来越模糊，官府开始走下前台，涉足幕后广阔的借贷市场；借贷者开始走出市井巷陌，将民间借贷的放置于朗朗日光之下。

这种官民高利贷并存的现象不是偶然的，在笔者看来，这两者之间的联结更类似于生物学上所言的共生关系。唐政府自建国开始，便由政府拨款设立了一种叫"公廨本钱"③或"食利本钱"的资本，专营放款取息业务。在设立之初，官府高利贷收入只用于购买官僚马匹草料，后来逐渐扩大到用于支付和雇佣力役、祭祀宴请费用、添补官府杂物支出等的"诸司诸军诸使公廨诸色本利钱"④。若止如此，官府只是充当了一个放高利贷者的角色，官民之间的高利贷体系还未形成相互勾结，到官府设立专门的捉钱令史，将部分公廨本钱交由一些富户豪民替为操作时，这种依存关系才真正建立。捉钱令史从某种意义上看就是官民高利

---

① 张忠民：《近代中国社会的高利贷与社会再生产》，载于《中国经济史研究》1992 年第 3 期。

② 共生原指两种以上生物密切联系、互有益处、彼此依赖地共同生活在一起的现象。官民高利贷之间的联系颇深，是否完全存在某种相互依赖的关系，不敢妄下断言，但由于其依存紧密，故暂将其定义为类共生的关系。

③ 《唐会要》中有载："武德元年十二月。置公廨本钱。以诸州令史主之。号捉钱令史。每司九人。补于吏部。所主缮五万钱以下。市肆贩易。月纳息钱四千文。岁满授官。"

④ 《唐会要》卷 93《诸司诸色本钱（下）》。

贷系统的联结点，通过捉钱令史，官府实现了利益盘剥的转嫁，富户豪民充当了官府攫取高额利息的剥削工具，而官府则成为富户豪民敢于勒索追债的最强后台支撑。由此，唐代社会中形成了官、私借贷共存的一个独特景观。

从另一个视角看，官府对高利贷体系的介入和影响不仅体现在与富户间的勾结，还体现在官府介入后潜在的法律支持和保护。有唐一代以前，民间私债之所以没有得以兴旺发展，一个不可忽视的原因就是缺少健全法令的支撑。虽然唐政府并未对民间私债提供额外保护（甚至不予提倡），但唐代律法中对个人财产的明确以及对规定利率下高利贷的肯定体现出一种不予干涉的宽容。而官府对高利贷的涉足，使得这种宽容和默许更加凸显。因此从这一层面看，官民高利贷的联系已不限于私下勾结那么简单，潜在的联结或许更值得引起重视。

此外，还可以从社会意识的变迁来分析。官府的行为在一定程度上具有社会示范性，自武德元年便有的"公廨本钱"制，不得不说对民间借贷的发展有某种意识和认知上的潜在影响。这种意识和观念的变迁是互促的，以至于整个社会可能呈现出某种意识形态上的盲动，就像欧洲历史上曾经出现过的对黄金的疯狂渴求一样①，这种对于货币的追崇和不满足使得唐代的借贷体系呈现出某种超越物质需求的精神迷恋。

四 民间借贷对封建经济的影响

一个事物或现象的产生在其形成之初都会有其特定的意义，而且这种意义往往是积极的。如前所述，唐代民间借贷的繁荣，既有宏观的诱因，也有微观的缘由，非偶然的因素把民间借贷这种古已有之的金融事物在唐代推上了历史前台，并演绎得如火如荼。这股借贷热潮虽然最终伴随着唐王朝的衰败逐渐黯淡，但可以看到，自唐以后，民间借贷的现象已经成为商品货币经济中的一个重要组成，唐代借贷，仅从历史影响

---

① 中世纪的欧洲，人们对黄金呈现出一种近乎扭曲的迷恋和渴求，食品有时会被镀金，或在调料里掺入金银，只因为相信这些金属能加强心脏功能。人们探索着每一片可能的土地和水域，以期能找到黄金；炼金术士摇晃着手中的药剂瓶和世人贪婪的头脑，把招摇撞骗摇成了一门永不可实现的"科学"。

上就已经跨越了五代和两宋，对后世乃至今天的金融带来了诸多启示。

（一）从金融促进到财富侵蚀——唐代民间借贷的变迁

伴随着唐初社会剩余产品的增多、商品贸易的日趋繁盛、货币需求的高涨，民间借贷走入了历史上的一个鼎盛时期。在其繁荣之初，对金融和经济的发展是有着积极影响的，这不仅体现在调节农村金融、稳定农业生产上，也体现在对小生产者的扶持、防止家庭破碎、维系社会安定上。而且从敦煌出土的吐鲁番文书中可以发现，当时的许多借贷契约都是"限内无息"① 的，这种单纯的援助扶持性的民间借贷对于唐代农业和经济的促进意义是极为值得肯定的。但从唐后期民间借贷的发展看，这种良性的金融和经济促进作用并没被大力扩展，以至于高利贷对财富的恶性盘剥侵蚀超越了民间借贷本身的社会促进意义。

唐政府在政策上的无力应该对这一恶性发展担负重大责任。对于民间借贷，尤其是民间高利贷，唐政府是不提倡的，这从朝廷对民间高利贷利息率的强制性限定政策中可以看出。诸如《唐律疏议》中有"诸公私以财物出举者，任依私契，官不为理。每月取利，不得过六分。积日虽多，不得过一倍"的规定。同时，政府对利率规定内的"合法"高利贷也不加以干涉。因此，总的来看，唐政府体现出一种对民间借贷消极处理、放任自由的态度。而正是这种金融政策上的无所作为，使得唐代社会未能抓住借贷繁荣的契机采取有效措施完善借贷制度、健全资本市场、丰富金融渠道。加之民间借贷的规模有限、利率过高，真正用于生产性投资的借贷不多，唐代民间借贷最终逐步成为晚唐时期社会动荡的一个重要诱因，而这一时期，也成为很多官僚、地主、富商聚敛巨额财物，小生产者加速破产的重要阶段。

首先，唐代民间高利贷的盘剥使得广大小生产者的生产生活越发艰难，不仅是陷入赤贫，更有被逼死逃亡的悲惨境地。借贷者往往是旧债未偿新债又起，基本的生活都难以维系，更难言购买农具以改进生产方式、提高生产效率、扩大再生产。"京城内私债，本因富饶之家乘人急

---

① 如吐鲁番文书中的多件西州契无一例外地全数是限内无息（罗彤华：《唐代民间借贷之研究》第 2 章）。

切，终令贫乏之被陷死逃亡"①的局面不仅不罕见，实际上已能代表全国各地的情况。即便是一些原先稍有资财的官吏，由于突发因素陷入高利贷中也可能无力自拔。因此，到唐后期，民间高利贷的恶性发展对居民生活的影响可以说是毁灭性的。

其次，民间高利贷使得货币代表的社会财富激剧地向少数个人转移。通过高利贷所得利息，一些藏镪巨万的富户和官僚积聚了惊人的财富，货币财产的高度集中开始在这一时期开始了规模化的演变趋势。像那种"动逾亿万"的富户已不在少数，而越是这些富有阶层的货币财产的集中，越是使得诸如"子孙又尽，移征亲戚旁支；无支族，散征诸保人；保人逃死，或所由代纳"②等骇人情形激化。

再者，民间高利贷加速了土地这种资本形式在富裕阶层的集中。在唐代土地买卖并无明文禁止，因此借贷商人通过各种途径聚敛土地和庄户宅院，不乏"辟田数十顷，修饰馆宇，列殖竹木"③的局面。一方面是将土地作为质押写入借贷契约，一旦借款人无力还贷，相应抵押品便据归己有。如《太平广记》卷171《赵和》载："时有楚州淮阴农，比庄俱以丰岁而货殖焉。其东邻则拓腴田数百亩，资镪未满，因以庄券质于西邻。货缗百万，契书显验。且言来岁赍本利以赎。"另一方面高利贷商人大举从事土地买卖，兼并各方土地，以致"疆理隳坏，恣人相吞，无复畔限，富者兼地数万亩，贫者无容足居"④。

从促进经济发展、维系社会稳定，到侵蚀百姓利益、诱发社会动荡，唐代民间借贷的巨大变迁无不给后世留下诸多的启示，而借贷的侵蚀之害，也使得繁荣的唐代封建经济逐渐走向衰微。

（二）走向衰微的唐代封建经济

唐代后期，民间高利贷的盘剥侵蚀之害得以越来越明显的体现，传统的封建经济，尤其是小农经济主导的唐代经济在其影响下走向瓦解、分化。一方面是日渐高涨的财富集中和土地吞并，另一方面是小生产者

---

① 《文苑英华》卷422。
② 《唐会要》卷93《诸司诸色本钱（下）》。
③ 《旧唐书·王方翼传》。
④ 陆贽：《论均节赋税恤百姓疏》。

阶层的相继破产，唐代社会阶层已经开始发生某种质的变迁，原来封闭独立性的自然经济也开始有了解体的迹象。总体而言，包括以下几个显著特点：

一者生产者的苦困境地和动荡的社会格局已使曾经的经济发展之"摇篮"不复存在，鼎盛的唐代封建经济开始走向衰落。唐初社会商品经济迅速发展所倚重的安定和谐的社会局面被民间高利贷的各种影响所打破，手工业者和广大农户深受高利贷的盘剥之苦，社会生产环节和流通环节一定程度上被阻断。

二者民间高利贷引致的财富集中、土地兼并和小生产者的破产一定程度上重构了唐代的社会阶层和剥削关系。这种格局的展开实际上带来了中国古代广大农业者均田思想和"耕者有其田"认知的幻灭①，原有带有强制性的人身隶属关系被弱化，取而代之的是建立在地主土地所有制上的租佃关系，而这种租佃关系的真正建立也为中国封建剥削打开了新的方式。此后，大地主土地私有制成为整个社会的主导和一般发展趋势，直至封建社会的瓦解。

三者由此引起的社会阶级间的矛盾激化更加深了这一衰微之势。到唐代中后叶，土地诉求和生活困境的双重诱因使得社会矛盾频增，唐末更出现了席卷 12 省的黄巢农民起义。虽然起义的直接原因并不在高利贷，但从唐高利贷发展中的各种压榨之害不难看出这种没落的端倪。

此外，从高利贷的作用来看，这种衰微之势是必然的。高利贷在促进商品货币经济的发展的同时，也推进了自给自足的自然经济的解体。这种解体不能说是退步的，虽然在解体的过程中确实使得大量小生产者蒙受苦难，但从生产力发展的进程看，这种变迁是商品经济发展的结果，只是高利贷的出现在其中扮演了一个推手的角色，使得这种解体更早地到来。同时，原先自然经济的解体和社会阶层的微妙变化也给后代的经济格局带来了深远影响，尤其对宋代经济产生很大影响，促进宋代的商业走向新的繁荣。当然，言及唐代经济中的资本主义萌芽还为时过早，唐代出现的带有些许资本主义性质的丝织厂、茶园（据《太平广

---

① 到唐中叶武后时期，均田制实际上已经瓦解，原来隶属于国家所有的土地开始被大面积地被地主兼并、私有化。

记》记载）也只是偶发的、先现的现象。

　　民间借贷作为一个重要的见证者和参与者组成了唐代这段传奇的历史，试图对它的所有或褒或贬的评价都是可以的，但又是不完全的。一千多年后的今天，民间借贷依旧呈现繁荣之势，虽然日月已换，天地不同，但通过对唐代民间借贷发展及影响的研究，我们可以看到这种金融形式在经济中的作用仍是不容小视的，又因为这种金融形式的相对隐匿性和存在一定的法律空白，其存在和发展更应引起人们的重视。是"溃堤"的群蚁还是"松土"①的蚯蚓，可能全在于有何制度上的引导、法规上的约束和监管上的关注。

许　悟

---

　　①　这里前者喻恶性民间借贷对金融的侵蚀，后者喻良性民间借贷对金融的活跃和对经济的促进。

两税法改革的制度经济学分析

唐朝前期实行租庸调，在安史之乱后，两税法改革取代了原先的租庸调制。除了受当时政治、社会、经济因素制度背景的影响外，与租庸调相比，两税法有着其制度上的优越性。可以说，唐中叶时的两税法改革，有其历史必然与理论必然。安史之乱所带来的社会、经济、政治环境的变化是两税法产生的历史必然，而两税法这一制度在设置上本身具有的优越性使两税法的改革能够顺利进行。

一　租庸调的现代经济理论解释

租庸调制是唐沿袭隋朝，在均田制的基础上实行的一种税制。租庸调的征收是以民户授田为基础和前提的，如《新唐书·食货志》记载："唐之始时，授人以口分、世业田，而取之以租、庸、调之法。"而租庸调的征收方法，则是"课户每丁岁入租粟二石。调则随乡土所产，绫绢絁各二丈，布加五分之一。输绫绢絁者，兼调绵三两；输布者，麻三斤。凡丁，岁役二旬。若不役，则收其庸，每日三尺。有事而加役者，旬有五日免调，三旬则租调俱免"。[1] 租庸调是按丁口征收的，规定每丁征粟绵布等若干。但这里丁口应有所说明，由于唐制规定："自王公以下，皆有永业田。太皇太后、皇太后、皇后缌麻以上亲，内命妇一品以上亲，郡王及五品以上祖父兄弟，职事、勋官三品以上有封者若县男父子，国子、太学、四门学生、俊士，孝子、顺孙、义夫、节妇同籍者，皆免课役。凡主户内有课口者为课户。若老及男废疾、笃疾、寡妻

---

① 刘昫等：《旧唐书》，中华书局 1975 年版，第 2088 页。

妾、部曲、客女、奴婢及视九品以上官，不课。"① 因此，通过各种方式使课口转为不课口，会减少赋役的收入。

与租庸调并征的还有户税和地税。户税是一种财产税，按户等缴纳铜钱。户税一般作为州县官员俸禄及供军国、驿站传递之用；地税是唐初以设立义仓为名，在田租外按田亩或户等征收的一种税。其征收方法是："王公已下垦田，亩纳二升。"② 由于户税与地税在唐前期只是作为租庸调的补充，其收入并不多，对中央与地方分配的影响不大，故在此忽略不提。

从现代经济理论来看，租庸调代表一种中央统收统支的财政关系。假设全国租庸调收入是税收努力程度 w、丁口（结合土地和劳动力的一种表现形式）L、时间 t 的函数，即 $F = F(w, t, L)$。由于税收随着努力程度的增加而增加，但增加的幅度却是递减的，故 $F_w > 0$，$F_{ww} < 0$；$F_t > 0$，$F_{tt} < 0$，即随着时间的增加，税基会有所增加，但增长也是有限的；$F_L > 0$，$F_{LL} = 0$，即丁口增加，税赋增加，由于实行的是比例税，故 $F_{LL} = 0$。

设中央的收益为 T_c，中央规定的地方留存是一个定额，为 T_L（包括本地区留用和送往其他地方的钱物），则中央的收益为：

$$T_c = F(w, t, L) - T_L \tag{1}$$

二 两税法的现代经济理论解释

两税法的征收是："凡百役之费，一钱之敛，先度其数而赋于人，量出以制入"③，先确定全国下一年应支出总额，然后再"令黜陟使各量风土所宜、人户多少，均定其赋，尚书度支总焉"④。中央与地方财政关系通过两税三分法加以实现，即"分天下之赋以为三：一曰上供，二曰送使，三曰留州"⑤。两税三分法是以州为单位进行的，诸州

① 欧阳修、宋祁：《新唐书》，中华书局 1982 年版，第 1343 页。
② 刘昫等：《旧唐书》，中华书局 1975 年版，第 2092 页。
③ 同上书，第 3421 页。
④ 同上书，第 2093 页。
⑤ 欧阳修、宋祁：《新唐书》，中华书局 1982 年版，第 1359 页。

将其两税收入，一部分上供给中央，另一部分由地方支用，地方支用包括留州和送使两块。没有节度使的州（即支州）在剩余的收入中扣除了州自己留用外，还要将部分钱粮送往有节度使的州（即会府州），相当于中央对这些州的财政转移支付。

与两税共存的还有中央直接受益税，即工商税和青苗钱，工商税包括酒税、茶税和矿产税等，从法令上看，这些税由中央政府直接征收与支用，故总称中央直接受益税。[①] 所以中央实际可支配收入除了两税中的上供额外，还有直接受益税。

从现代经济理论来看，两税法实则是一种定额包干制。设 F_i 为各州的两税收入，$i = 0, 1, 2\cdots, n$，$i = 0$ 时为会府州，即有节度使的州，其余为支州。F_i 是税收努力程度 w、时间 t、资产 P 的函数，即 $F_i = F_i$ (w, t, P)。同理因为两税收入随税收努力程度的增加而增加，但增长的幅度又是递减的、有限的，故而 $F_w > 0$，$F_{ww} < 0$；随着时间的变化，税基会有所增加，但增长也是有限的，$F_t > 0$，$F_{tt} < 0$；资产增加，税赋增加，$F_P > 0$，由于按资产多少而实行累进税，故 $F_{PP} > 0$。两税法下，地方上供的定额为 T_c，地方的收益 T_L（包括地方留存在和送使部分）为：

$$T_L = F (w, t, P) - T_c \qquad (2)$$

三　两税法改革的制度背景

从经济角度来看，安史之乱使均田制遭到破坏，课口大量流失，弱化了租庸调的税收基础，财政收入大幅度减少。中央为获取必要财政收入，必须在制度上有所创新。

1. 课税丁口的减少。在唐前期，以丁口为征税对象的租庸调收入占全国财政收入的绝大部分，故课税丁口的多寡直接影响到财政收入的多少。影响丁口多寡的因素很多，而大量逃户是削减课税丁口的重要原因。产生逃户的原因很多：有"黠吏因公以贪求，豪强恃私而逼掠，以此取济，民无以堪"的，也有"（国家）又以征戍阔远，土木兴作，丁

---

① 李治安：《唐宋元明清中央与地方关系研究》，南开大学出版社 1996 年版，第 42 页。

匠疲于往来，饷馈劳于转运"的，也有"微有水旱，道路遑遑，岂不以课税殷繁，素无储积故也"的。① 由此可见，官吏苛剥百姓、豪强兼并、国家沉重的劳役等是造成民户逃亡的主要原因；而自耕农或托荫于豪强之下成为佃户，或成为行商坐贾等，也会导致课税丁口锐减。种种原因造成的后果是"自天宝十四年至乾元三年，损户总五百九十八万二千五百八十四，不课户损二百三十九万一千九百九，课户损三百五十九万六百七十五；损口总三千五百九十三万八千七百三十三，……课口损五百二十一万八千四百三十二。"②

2. 战乱造成地亩的损减。自安史之乱以来，由于连连战乱，战争所涉及的地区人户逃离，无心耕种，造成大量的良田荒芜。且战乱直接损毁大批良田、房屋及大量生产用具，造成巨大的经济损失。如"迨至德之后，天下兵起，始以兵役，……人户凋耗，版图空虚"。③ 战乱所带来的良田、生产力、资本等损失直接影响到经济的发展及财政收入的征收。

3. 地方强权导致起运率降低。由于中央税款的征收是一个自下而上的过程，先由基层征收后再运往朝廷。在中央权威的衰微、方镇权力的强大的情况下，常常会使中央税款不能按期如额送达。如成德镇李宝臣，"意在以土地传付子孙，不禀朝旨，自补官吏，不输王赋"。④ 而河北藩镇田承嗣，在本镇"户版不籍于天府，税赋不入于朝廷。"⑤ 更有甚者，有些藩镇还截留从江南运往长安与洛阳的租赋⑥。

在以上这些因素的影响下，中央赋税收入大幅度锐减。"每岁赋入倚办，止于浙江东西、宣歙、淮南、江西、鄂岳、福建、湖南等八道，合四十九州，一百四十四万户。比量天宝供税之户，则四分有一。"⑦ 由于供税户仅为天宝年间的四分之一，可推知其赋税收入已经不到天宝年间的一半。

---

① 王溥等：《唐会要》，上海古籍出版社1991年版，第1536页。
② 杜佑：《通典》，中华书局1984年版，第153页。
③ 刘昫等：《旧唐书》，中华书局1975年版，第3421页。
④ 同上书，第3866页。
⑤ 同上书，第3838页。
⑥ 同上书，第4076页。
⑦ 同上书，第424页。

4. 中央财政支出增加。除了上述的因素导致财政收入减少外，财政支出的增加使中央财政雪上加霜，中央财政面临巨大的财政压力。由于府兵制的破坏，巨额军费成为中央财政重负，加之宫廷奢侈之风渐浓，皇室支出增加，而官吏数量也从唐贞观年间的"凡文武定员，六百四十有二而已"[①] 增至唐玄宗时"一万八千八百五员",[②] 官俸支出剧增。在地方藩镇坐大，中央政令难以通行的情况下，如果仍实施高度集权的租庸调制，面临破产的唐中央财政支付不起高昂的执行成本、监督成本。强大的中央财政压力使得唐王朝中央不得不寻找解决这一压力的突破口——两税法。

四 两税法改革的理论必然性

从上面的分析我们已经从收入角度看出两税法取代租庸调有着其优越性，为更好地说明这一制度变迁有其必然，这里借鉴制度经济学的分析方法，从理论上对这一变迁行为前后的成本与收益进行分析。

1. 两税法实施前后的制度成本差额分析。一项制度在推行中的主要成本有谈判成本、激励成本和监督成本。从制度的谈判成本来看，在租庸调下，由于是统收统支，地方征收的财政收入（地方私人品的减少）与财政支出（公共品的供给）没有任何联系。地方预算线是两条互不相关的分别平行于横轴和纵轴的直线 CH、DH（图1）。地方政府要实现其利益最大化的行为是尽可能地减少财政收入（如减少努力程度）和扩大财政支出。而中央政府为了防止地方政府的这种行为，必然会制定地方政府的收入指标与支出指标，从而确定了地方预算线的位置。假设中央政府原来确定的地方政府的预算线为 AB，即征收两税 AC（私人品的减少），整个政府的财政支出为 OB（提供公共品），地方政府财政支出为 OD，则地方实际的预算线为 CHD。地方财政的决策点是 H。

在指标制定的过程中，地方会努力与中央讨价还价，降低收入指

---

① 杜佑：《通典》，中华书局1984年版，第471页。
② 同上书，第481页。

标，使 AC 线上移，同时会争取增加财政支出，使 DH 线右移，以求 H
点落在较高的无差异曲线上（如 I_2）。而在指标制定后，地方没有超收
的积极性，同时也没有节支的积极性，因为这样会使 CH 下移和 DH 左
移，使 H 点落在较低的无差异曲线上（如 I_1），减少其效用。当然，中
央的行为则与地方的相反。由于双方存在着利益对立，故在讨价还价过
程中更多地看其政治权力的对比。如果中央权威性较弱，则其讨价还价
的能力较差，就难以保证中央支出需求。

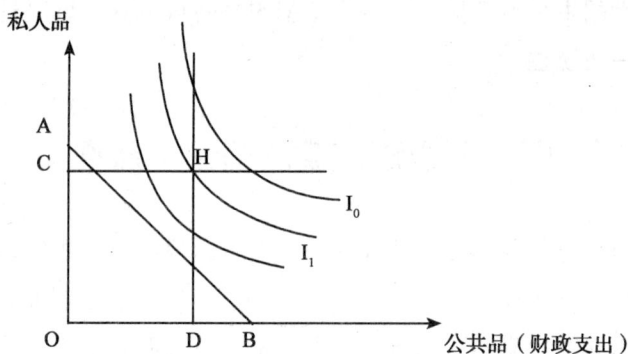

图 1　租庸调下地方政府讨价还价分析

而在两税法下，政策有一定的稳定性，中央不用每年与地方进行讨
价还价，可以维持一段相当长的时间。地方政府按照惯例上供中央，只
有在要重新核定两税元额时，中央政府才与地方进行重新谈判。

再看激励成本，从式（1）相应得出两税法改革以前的地方收入与
努力程度的关系，即图 2。两税法改革前实行租庸调，中央收入为 AB，
地方收入为 BC。由于地方政府收入固定，多收则上缴中央，不足则中
央有补助，故地方政府的税收努力程度不高。租庸调这种分配合同制
度，对地方政府的工作努力激励不足。而在两税法下，如图 3 所示，中
央收入为 EF，地方收入为 DE，地方政府在上缴给中央政府固定的税额
后，完全拥有税收的"剩余索取权"，多收则由地方政府独占，所以两
税法对地方政府更有激励性。

激励不足则必然要付出更多的监督成本。在租庸调下，中央政府监
督地方的成本要大得多。由于税收主要由地方政府征收，地方政府掌握
着征税的各种信息，它可能根据自己所拥有的信息和权力做出有损中央

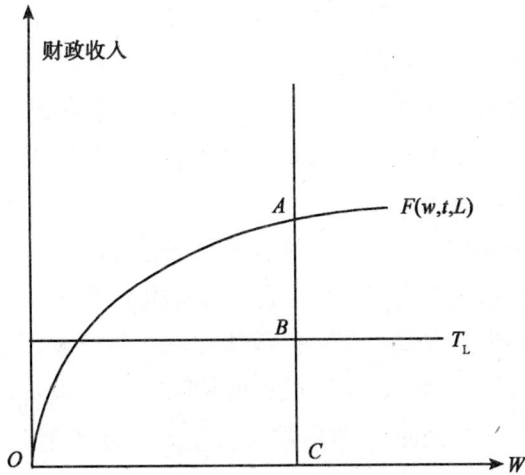

图 2 改革前地方收入与努力程度

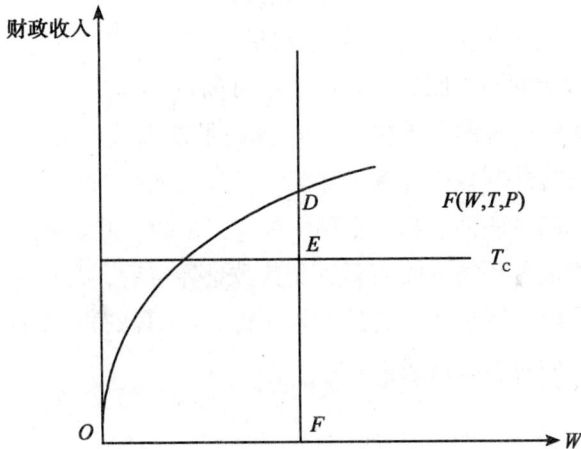

图 3 改革后地方收入与努力程度

的行为，如将正税划为羡余。由于信息的不对称，中央对地方的经济情况和税收信息了解不充分，如果要详细掌握，则要付出很大的成本；而在两税法下，由于每年上缴朝廷的数额固定，中央不用花费精力来监督地方，只要地方能够完成上缴任务就行，基本上没有这一监督成本。

2. 制度转变前后的摩擦成本分析。两税法改革，必然会遇到阻力，这种阻力来自原来的租庸调下的受益者和两税法所内含的保险模式。从财政分配角度来看，租庸调下地方政府受益颇多，如果两税法改革完全忽视了地方政府的权益，则必然会遭受巨大的阻力。而事实上，两税法改革后，给地方带来了更多的利益，与租庸税制相比较，地方政府并没有因两税法的实施而导致其收益的减少。地方政府在租庸税制下通过法外征收、截留税款等方式获得大量的赋税收入。而在两税法实施以后，其赋税情况并没有发生变化。

一是两税法实行的摊派制，并不明确规定征收的税率，地方政府在征收税收时随意加征更为方便，来自百姓的阻力要小得多。

二是，两税法的定税计钱、折钱纳物较之租庸调制下的实物征收，地方政府可以利用实物折币、币折实物获得实利。如《册府元龟·邦计部·赋税门》所言，通过"实估敛于人，虚估闻于上"的方法，地方政府一方面加紧了对百姓的剥夺，另一方面也变相地占有了中央的部分收入。当然，地方政府还获得了其他利益，对本级支出的确定和使用有了一定的权限。在租庸调下，地方政府的支出完全由户部核定，而两税法时则由刺史代表地方参与地方支出的核定；另外，对于地方政府支出，由于实行定额包干制，其支出节余可以自行方圆。

而两税法所内含的保险模式不但保证了地方政府的利益不受侵害，而且使中央政府的利益也得到了保障。两税法实行的定额管理保证了中央财政收入。两税法的定额包干制，中央采取以支定收的方法，在核定了州、使两级地方预算的收入项目及其数量界定后，每州有固定的上供定额。这从程序上保证了中央赋税收入如数征纳输送，缓解了自战乱以来困难重重的中央财政危机。

朱红琼

云南民国时期税权关系研究

一 税收立法权

云南的税收立法权分为两个时期：1912—1939 年间呈现的特点是：税收法令的制定权主要由中央行使，云南或遵循或借鉴，以名正言顺的方式增税扩充地方财政；税收法律的认可、解释、补充、修改和废止权则由地方决定。1940 年后，云南按照中央政府要求调整税收体制，税收立法权全部由中央行使。

（一）中央政府未能完全行使税收立法权时期（1912—1939）

1. 税收法令的制定权

1912 年北京政府的税制方针是"整理旧税，筹办新税"，从立法的角度，确定和规范了民国初年的税收体制。1912 年 10 月，财政部通令各省都督、民政长及省议会，凡各项应征税课，在新的税法草案未议决以前，"仍照向章办理，不得率议变更"①。同年云南省也公开承认中央政府关于税制构成的税收法令制定权，通令全省"民国初建，云南税收暂沿清末旧制"②。

这一时期，税收法律的制定权，主要是由中央实行的，地方只在"费"的范围内行使立法权③。开征税种云南省大都根据"财政部令"行事。按照中央政府的命令，云南省继承了清朝的田赋、盐税、厘金、矿税、牙税、当税、契税、屠宰税、关税等数十种税赋和附加；开征了

---

① 中国第二历史档案馆馆藏北京政府财政部档案，引自《中国税收制度史》，第 659 页。
② 《云南省志》，第 14 页。
③ 本文只对税进行讨论，"费"方面问题本文不作评述。

北洋政府议决开办的印花税①、所得税②和烟酒税③等税种；整理和修订了盐税、厘金④、矿税、牙税、当税、契税、屠宰税和房捐等相关税种法律制度；结合云南自身的情况，适时、适量地修正了上述税项的法令和征管措施。

以下主要以屠宰税为例进行说明：

1915 年 1 月，财政部认为"牲畜税为杂税中的大宗，屠宰税又为牲畜税中的要项……由于向无专章，省自为制，举废不一，轻重失当，其中损失，不知凡几。现值财政奇绌，不能不切实统筹，限以成法。特制定《屠宰税简章》（以下简称《简章》）须发各省，通饬遵照办理"。⑤《简章》主要规定：屠宰税以猪、牛、羊三种为限；猪每头征收税洋 0.30 元，牛 1 元，羊 0.20 元，但向征之数有超过者，仍依其旧；屠宰税由屠户完纳，不分牝牡、大小及冠婚、丧祭、年节屠宰者，一律照征；如有附收地方公益捐，不得超过应征税款之数。在财政部公布《简章》之后，"云南开始按简章征收屠宰税，征收以猪、牛、羊三种为限，规定猪每口征银三角，牛一元，羊二角。但旧征数有超过的仍依

---

① 北洋政府为增加收入，根据前清已酝酿多时的《印花税则》（由于各省反对，终清之世印花税只有立法，未有实施）加以修订后，制定了《印花税法（草案）》交由参议院议决，于 1912 年 10 月 21 日公布，1913 年 3 月 1 日起京师试行，其他各省自奉文 30 日之后实行。云南于 1913 年在昆明市试办，次年推及全省。

② 北洋政府仿照日本例，于 1914 年 1 月 11 日在前清《所得税条例草案》（清朝未实施）的基础上加以修改，公布实行了《所得税条例》。由于征收范围过广，加之当时法制、会计核算制度不健全以及人民的反对，实施困难，该项条例被暂缓执行。之后，由于时任大总统徐世昌极力主办，1921 年 1 月 6 日，财政部另行制定、颁布了《所得税分别先后征收税目》，通令各省开办所得税。但这也遭到了各省的反对，只在北京等较少的地区开征。南京国民政府时期也多次修正所得税法，但也多次推迟举办，直到 1937 年 1 月才在全国全面开征所得税。

③ 北洋政府仿照日本例，于 1914 年 1 月 11 日公布实行了《贩卖烟酒特许牌照税条例》。1915 年 2 月通令各省增加酒税之后，同年 3 月又将《整理烟税章程》及《整理酒税章程》通知各省参照办理。1915 年 5 月 30 日，财政部颁发《全国烟酒公卖暂行章程》及《全国烟酒公卖局暂行章程》，通知各省试办。云南于 1914 年试办烟酒牌照税。1915 年奉北洋政府财政部令后成立云南省公卖总局，开征烟酒公卖费。

④ 1912 年 8 月 3 日，北京政府财政部密电各省都督，称："各省厘金除改良征收章程、厘剔中饱浮收积弊以苏商困外，仍照旧征收，借维财政现状。"同年民国初建，云南税收暂沿清末旧制。财政司采取了整顿厘金商税等一系列措施。

⑤ 中华民国四年北洋政府：《屠宰税简章》，载中国第二历史档案馆编《中华民国档案资料汇编》第三辑，财政（一），江苏古籍出版社 1991 年版。

其旧，税额由屠户完纳，附收地方的公益捐不得超过正税数额"。① 从上述资料看，云南省所征税项、税率与中央相同。

2. 云南省地方对税收法律的认可、解释、补充、修改和废止

1913 年春，财政部颁布《国家税和地方税法案》及《国家费用和地方费用暂行标准案》。但由于全国连年战争频起，各省军费增加，原方案中以各种正税附加作为省税，其实际收入已入不敷出，所有国税都被地方留用，因此，两个方案实际上没有执行。云南省也不例外，"国家和地方的收支根本没有划开，一切税收，均为地方征收，没有属于国家的部分"②。

1919 年，"中央财政部规定国地两税范围。省税有田赋、契税、牙税、当税、屠宰税、杂捐杂税，省税与中央税各自独立。云南系自主财政，没有按照这个规定执行"。③

之所以如此，是由于滇系军阀实际控制云南省政权，出于自身利益的需要，在中央政府制定税收法律后，云南省可以与中央讨价还价。在这一时期，云南甚至可以另起炉灶，重新根据自己的需要制定税收征收规则；在税收法律的认可、解释、补充、修改和废止权上，云南地方政府往往有着中央无法掌控的决定性作用。这正如张肖梅所讲的那样：烟酒税"虽属中央税……一切规章税则，是地方政府所制定的"④。

从民国时期云南省厘金的发展、消亡过程我们也可以清晰地看到这个特点。

1912 年 8 月 3 日，北京政府财政部密电各省都督称："各省厘金除改良征收章程、厘剔中饱浮收积弊以苏商困外，仍照旧征收，借维财政现转。"⑤ 根据《云南省志》的记载："中华民国建立之初，云南厘金征收仍沿清末旧制，个别内容有所变动。全省厘金分为 11 大类。"⑥

---

① 《云南省经济综合志》编纂委员会：《云南省经济大事辑要（1911—1990 年）》，1994 年版，第 10 页。

② 同上书，第 4 页。

③ 同上书，第 17 页。

④ 张肖梅：《云南经济》第二十一章财政，中国民经济研究所出版社 1942 年版，第 41 页。

⑤ 中华民国四年北洋政府：《屠宰税简章》，载中国第二历史档案馆编《中华民国档案资料汇编》第三辑，财政（一），江苏古籍出版社 1991 年版。

⑥ 《云南省志·财政志》，第 82 页。

在厘金的征管上，按规定，北洋政府和南京国民政府时期，厘金属于中央税税种，按规定应由中央政府派驻机构——云南省国税厅筹备处统一征管，但由于云南地方政权自北洋政府时期开始为滇系军阀实际控制，对中央法令多有推诿乃至拒绝执行。1912—1914 年、1929—1932 年两段期间内，云南省政府为解决财政困难，制定了节约军政费用的措施，改进征收管理，加强财政工作，就先后将厘金交由"殷实绅商承办"①；1929 年甚至用公开投标的方式，对厘金的征收权进行招卖，从而架空了云南省国税筹备处。1922 年 1 月 1 日，云南省政府甚至公布《修正云南厘金暂行章程》②，将隶属于云南省国税筹备处的云南厘金局及其下属的 43 个厘金征收局改隶，直属于云南财政厅，各厘金局委员的任免、奖惩直接由财政厅负责。

由此可见，此时云南省在认可中央税收法令的同时，完全可以无所顾忌地根据自身需要对中央税法做出适度的修改、补充和解释。

云南省厘金从创立到废止前后 70 余年，厘金种类"多达 595 种"③。从一开始厘金就存在着税率高低不一、多重征收、中外商品税负不平、征管混乱等硬伤，裁撤厘金的呼声年年高涨。在全国商会第四届大会上"众议者皆痛陈厘税之苛虐、关卡之刁难，实商人切夫（肤）之痛耳"。迫于压力，南京国民政府把裁厘一事列上了议事日程，在 1928 年财政部召开的第一次全国财政会议上裁厘案就得到重视，讨论通过了《裁撤国内通过税改办特种消费税实施大纲》。由于裁厘一事牵涉太广，一时未能付诸实施。1930 年南京国民政府才颁布财政部令："10 月 10 日起全国厘金及类似厘金之一切税捐一律裁撤，改办特种消费税及整理地方税以资抵补。"④ 但是由于改征特种消费税，影响到列强的在华利益，遭到了英美等国的反对，南京国民政府迫于压力，随后又宣布取消裁厘的法令。

---

① 《云南省经济综合志》编纂委员会：《云南省经济大事辑要（1911—1990 年）》，1994 年版，第 2 页。

② 同上书，第 24 页。

③ 《云南改革税制计划书》，转引自李珪《云南近代经济史》，云南民族出版社 1995 年版，第 373 页。

④ 《云南省经济综合志》编纂委员会：《云南省经济大事辑要（1911—1990 年）》，1994 年版，第 43 页。

云南省政府在接到财政部令之后，随即积极筹备开征特种消费税的相关事项；在国民政府通令取消特种消费"改办营业税"时，云南省政府却没有按照中央政府的命令行事。"云南环境特殊，至今是项统制（征收特种消费税）依然存在，而成为云南税收的主要税种。"[1] 1931年"滇省财政厅将厘金、商税、布纱杂货捐、煤油化妆品特捐四项一并取消，另办特种消费税。同年又将糖捐、茶捐改为消费税"。[2] 这是在中央明令取消特别消费税，恢复厘金征收之后，云南省依然我行我素的实例。

从以上实例可见，对于中央税法的废止与引用，云南省是根据自己的需要决定的。

综上所述，1912—1939年间，税收立法权的特点是：中央政府只能行使税收法令的制定权，税收法律的认可、解释、补充、修改和废止权则完全掌控在云南省地方实力派手中。这一时期所呈现出来的历史特征则是：一方面，中央竭尽全力地进行税收立法扩大化，试图使更多的税收法制化，以裕中央收入；另一方面，云南省地方则是一有中央新税立法，随即认可中央立法，开征新税，然后再根据自己的好恶，随意进行解释、补充和修改，甚至废止。

之所以出现这样的情况，笔者认为应该从以下几个方面来分析：

一是中央税收立法为地方各种苛捐杂税正名，符合云南省地方财政的需求。民国初建，税收制度基本上是继承清代的税赋体系，名曰"整理旧税"，实则既有规范税制，承认清代的各种苛捐杂税，又有加征敛财的意味。所以民国初年对于中央政府颁令的税收立法云南省当然乐于接收，甚至欣然从令。

二是中央税收立法成为地方举办新税，增加收入的借口。民国建立后，各地军阀各自为政，中央政府政令不出京门，税收政策也是如此，中央税款几乎为地方截留殆尽。就云南而言，中央政府也不得不承认云南截留的事实。1914年"3月财政部同意云南支用民国3年3月底以前的历年盐税。……至此，北京政府财政部正式承认民国以来云南截留中央盐税以应军政急需的事实"。[3] 为缓解财政危机，中央往往立法开征

---

① 张肖梅：《云南经济》第二十一章财政，中国民经济研究所出版社1942年版，第48页。

② 郭垣：《云南省经济问题》，正中书局1941年版，第227页。

③ 《云南省志·财政志》，第14页。

新税，由于云南省实权掌控在滇系军阀手中，滇系军阀把持税权，把全省财政变成自己的金库。举办新税，无异于中央给滇系军阀"送礼"。由于新税对云南省财政增收有利，云南省当局当然乐于接受。

抗战爆发后，领土纷纷陷落日本侵略者之手，云南既是抗战的大前方，也是抗战的大后方。随着抗战的爆发，中央机构内迁云南，南京国民政府军队亦开进云南，动摇了龙云的"土皇帝"的地位。正如龙云所言："抗战以来，本省形势大变，这是各县县长和人民都应该知道的。今日的云南比较前几年，不论交通、经济、人事，都已经大不相同。"① 至此，云南半独立的地方割据局面结束了，财政也逐渐受中央政府的节制与控制。

（二）中央政府完全行使税收立法权时期（1940—1949）

从民国二十七年（1938 年）开始，中央势力开始向云南渗透，国民政府通过各种手段逐渐控制了云南，从根本上打破了龙云独裁的局面，云南的财政税收逐步为中央所掌控。1940 年，"元月 19 日，中央财政部致函云南省政府，要求云南省在军政设施及机关系统方面，凡不符合中央体制的，都要加以调整。如行政上的省税制度、国税制度、金融制度、省库制度等，均应逐渐改进，以符合中央政令"。② 此后，"云南财政被逐步纳入中央政府的控制之下"③，开始了一个新的时期。

1946 年《中华民国宪法》的颁布，进一步明确了国地双方的税收立法权限。宪法规定所得税法、遗产税法及印花税法等属于中央专属立法事项。从档案资料来看，云南省已经无权干涉，都是在"经财政部各署修订之后，报呈立法院完成立法程序"④ 的。至此，立法权全部收归中央，云南省所拥有的税收立法权也必须在中央法令授权范围内行使，1941 年后，"属于中央税，其立法、税率、税目、减税免税以及实施细

---

① 《龙主席训话（第二次）》，载（民国）云南省政府秘书处编《云南省政府召集昆明等六十市县长训话汇刊》，民国二十八年十一月，第 102 页。

② 《云南省经济综合志》编纂委员会：《云南省经济大事辑要（1911—1990 年）》，1994年版，第 72 页。

③ 《云南省志·财政志》，第 20—21 页。

④ 财政部直接税署代电（直秘字第 69564 号），中华民国卅七年一月廿四日，云南省档案馆馆藏：全宗号 14，目录号 3，案卷号 3。

则的制定权限，均属中央政府，云南无权变更"①。

涉及税法争议部分，也只能由中央政府行使解释权，云南省根本无从涉足。有一份云南省地方关于土地租赁是否征税的呈文，我们可以看到，关于税法争议部分的解释，云南省地方并不能做主，而是需要层层向上呈报，最终"由财政部呈院核示"②。

由此可见，这一时期经过中央政府的整治，税收立法权呈现出：中央负责国家税，云南省在中央的授权下，在权限范围内享有一定的立法权限；云南省制定的税收法规不得同中央法令相抵触，税法争议部分只能由中央政府负责解释；各级制定的税收法令，要逐级上报，最后由中央备案、认可。

二　税收执法权

执法（Legal Enforcement）也叫法律执行，有广义和狭义两种解释。广义上指国家行政机关、司法机关及其公职人员，依照法定职权和程序，贯彻实施法律的活动；狭义上指国家行政机关及其公职人员在法定职权范围内，依照法定程序贯彻和实施法律的活动。③ 税收执法权，顾名思义是指国家税务机关及其工作人员依法享有、执行和适用税收管理法规的职务权利。它是税务机关及其工作人员专有的权利。一般来说，税务机关及其工作人员的税收执法权，主要包括以下几项：

对有关税收法律法规的解释权、税款征缴权、相关税收事务的审察批准权、税收强制执行权、税收处罚权、税收检查权和委托代征权。

民国时期云南省的税收执法权表现出阶段性特征：1930 以前云南省的税收管理权（关税除外）实际为军人控制。1930 年至 1939 年，经过财政改革后，所有税收的税权收归省财政厅，税收执法权具体由财政厅下属各征收局所行使。1940 年之后，按照中央"调整税制的要求"，云南省形成了关税、盐税、货物税和直接税四个高度独立集权的中央税

---

① 《云南省志·财政志》，第 376 页。

② 财政部云贵区直接税昆明分局呈（昆直一字第 2704 号），中华民国三十七年六月，云南省档案馆馆藏：全宗号 14，目录号 3，案卷号 3。

③ 《法律词典》，法律出版社 2003 年版，第 316—317 页。

执法管理系统，以及以省财政厅为管理主体的地方税执法管理体系；这一时期，云南省地方税的税收执法权较弱，甚至受到了中央的侵占，而丧失对地方税的税收执法资格。

民国初年，云南省税局林立，查验卡哨繁多，直接带来了税收执法权的混乱。资料表明：全省共设 16 个商税局，局下设分局、卡 180 处①；厘金局 47 个，局下设分卡，分卡下又设查卡②；各县设烟酒事务分局③；茶税局 3 个④；特种消费税局 11 个，分局 20 个⑤；烟酒牲屠税局 100 多个⑥；盐务管理局 1 个，下设场务所 19 个，验放所 2 个⑦，盐务稽核分所 1 个，下设支所、收税局、稽查局分税局 22 个⑧；其他苛杂征收管理机构更是"局卡林立"。

1934 年 5 月，第二次全国财政会议通过"统一地方征收机关"的决议，但未能落实。直至 1941 年 6 月，第三次全国财政会议通过"统一征收机关，改进税务行政"的决议，至此，云南省的税务机关"事权既一，系统亦明"，形成了盐税、直接税、货物税、关税四个国税系统和由其他各税局组成的云南省地方税系统，税收执法权始得规范。

（一）税务机构的改革

1. 国税系统的演变

（1）盐税机关的演变

民国之初，战事迭起，盐政难以划一，"各省盐务，大举各自为政，

---

① 《云南省经济综合志》编纂委员会：《云南省经济大事辑要（1911—1990 年）》，1994 年版，第 11 页。

② 《云南省志·财政志》，第 84 页。分卡和查卡的数量无从查核。

③ 《云南省志·财政志》，第 89 页。

④ 《云南省志·财政志》，第 89 页。1924 年，云南省财政厅在主要产茶区设思茅、景东和缅宁 3 个茶税局，专办茶税征收事宜。其中思茅茶税局管辖思茅、元江、宁洱 3 县，景东茶税局管辖景东和景谷 2 县，缅宁茶税局则负责缅宁、顺宁、云县、凤仪、蒙化和镇康 6 县。

⑤ 《云南省志·财政志》，第 92 页。特种消费税分为以地名设局和以税目名设局两种。按地名设昆明等 11 个特种消费税局，其下根据业务量再设宜良等 20 个分局。按税目名设糖消费税局和茶消费税局。

⑥ 孙东明：《龙云统治云南时期的财政》，载政协云南省委员会文史资料研究委员会《云南文史资料选辑》第五辑。根据云南省档案馆资料，孙东明曾为云南区税务局副局长。

⑦ 张肖梅：《云南经济》第二十一章财政，中国民经济研究所出版社 1942 年版。

⑧ 国家税务总局主编：《中华民国工商税收史——盐税卷》，中国财政经济出版社 2001 年版，第 40 页。

有改为盐务局者，有改为盐政处者，尚有改称盐政部者，亦有仍沿袭清制者"。① 1912 年 9 月，北洋政府在财政部内设立盐务筹备处，分设总务、北盐、南盐三股，股内设分科，分别主管各地盐务。

1913 年，为筹集军费镇压革命党，袁世凯与英国、法国、日本、德国、俄国五国银行签订了善后大借款合同。该合同以盐税作为担保，同时规定盐务机关必须任用洋人为会办。同年 9 月，按照合同规定，北洋政府裁撤盐务筹备处，改设盐务署。并在盐务署内设盐务稽核总所，由盐务署长任总办，洋人丁恩任会办，从此不但中国的盐务行政为洋人干预操纵，而且盐务机构也一分为二，形成了行政与稽核两个系统。云南省的情况也大致如此。"云南省的盐务，在民国二十七年六月以前，是分设机关，分权任事的，关于盐务行政场产运销，缉私等事，归云南盐运使署管辖；关于盐税的征榷，盐斤的征放，账务的钩稽，则归财政部云南盐务稽核分所管辖"②，形成了盐务行政和盐务稽核两条线。但是云南省"盐运使署的主管，除方墅是袁世凯所委派，其他如由龙云、周钟岳、王九龄、袁树五、赵钟琦、马伯安、胡瑛、朱旭、张冲、李培炎等，都是地方政府所委派的"。③ 可以说，云南的盐务行政权，一直掌握在地方政权之手。

1932 年以后，国民政府几经周折才合二为一。到 1935 年，全国各区盐务机构大部分已实现统一，为以后的全国统一奠定了基础。④ 1937 年，国民政府为了集中盐务行政，按照《财政部组织法》及《财政部盐务总局组织法》对各盐务机关进行了全面的改革，同年 4 月裁撤了云南盐运使署⑤，4 月 5 日改组云南盐务稽核分所为盐务管理局，直属于财政部。

---

① 陶守贤：《民国三十年来之盐务官制》，载《盐务月报》，1943 年 12 月 24 期。

② 张肖梅：《云南经济》第二十一章财政，中国民经济研究所出版社 1942 年版，第 36 页。

③ 苏白仙：《云南盐务概况及其内幕》，载云南省政协文史委员会编《云南文史集粹六·金融交通》，云南人民出版社 2004 年版，第 33 页。

④ 国家税务总局主编：《中华民国工商税收史——盐税卷》，中国财政经济出版社 2001 年版，第 15 页。

⑤ 云南盐运使署虽在 1937 年 4 月裁撤，但是根据资料表明云南盐运使署与云南盐务管理局的交接工作是在民国二十七年（1938 年）6 月 1 日实际完成的。

（2）关税系统

中国的海关主权自《南京条约》已经丧失，列强掌握着中国海关的管理权，各地海关"任用外人管理"。[①] 辛亥革命爆发，列强借口"海关中立"，在控制海关管理权的基础上，进一步霸占了中国海关收入权，至此中国海关自主权丧失殆尽。云南省的情况大抵如此。

云南省最早的海关——蒙自关，成立于清光绪十五年（1889 年），之后分别于光绪二十一年（1897 年）设思茅关，光绪二十八年（1902 年）设腾越关。从建制看，三个关均为独立关，直属于海关总税务司署管辖，但实际为外国人掌控。民国建立，在继承清末海关体制的基础上，建制上未有大的变动。

1927 年 4 月国民党政府成立后，把实现关税自主定为国策，成立了专门的关税自主委员会，由于内战和列强的阻挠，几经周折，1930 年 5 月 6 日在与日本签署《中日关税新约》后，关税自主权才算回到中国人自己的手中。之后南京国民政府陆续对海关组织机构进行了调整，进一步完善了海关机构建制。

（3）货物税系统

货物税顾名思义是以货物为课征对象的租税，但是课征性质、范围和征收方式等方面屡有变化，代有兴革。民国时期，货物税是由统税发展扩大征课范围演进而来的[②]。民国以前货物税制很不完备，对货物税大多采用设卡抽厘的方式征收。民国成立之后，北洋政府几度试图改革，但终因地方各自为政，难以统一，货物税的征管依旧处于混乱的局面。南京国民政府成立，举办新税的同时对货物税也进行了积极整顿：起初采取分设机构，个别稽征的办法，导致货物税征收机构繁多，步调不一，以致"稽核难周，易长流弊"[③]；后来采用创办统税的方法逐步

① 贾士毅：《关税与国权》，商务印书馆 1929 年版，第 33 页。

② 1929 年 2 月 6 日，南京国民政府颁布《征收卷烟统税条例》。1930 年裁撤厘金后，南京国民政府为弥补财政损失，遂将统税扩大到棉纱、水泥、火柴、麦粉，构成"五项统税"。1933 年又将熏烟叶、啤酒、洋酒、火酒等相继纳入统税课征范围。抗战以来，为增加收入计，又陆续增加饮料品、糖、茶、陶瓷、皮毛、竹木、纸箔等税七种类。统税"遂与盐关两税，并称为国家的三大税收"。但是 1940 年以前云南并未按照国民政府的规定执行，各税仍由云南省财政厅下属各税务局所分项征收管理。

③ 国家税务总局主编：《中华民国工商税收史——税务管理卷》，中国财政经济出版社 2001 年版，第 20 页。

统一货物税的征管，归并货物税机构。

由于云南省情况特殊，并未按照中央的要求归并机构，举办统税。按照货物税税务机构设置和征管方式，云南的货物税可大致分为分征时期和统征时期。民国二十九年（1940年）前依旧由在云南省财政厅的统管下的各税务局所分头征管。1940年7月后，云南省的货物税征收后几经改组，货物税机构始得化繁为简，最终形成了以省为单位，设立了财政部云南区税务局。"原设特种消费税局、烟酒牲屠税局及糖、茶消费税局等也全部裁撤，这些税收改由新设的财政部云南区税务局负责。各县也相应设局，局分五等。"[1] 1947年云南省货物税局与贵州货物税局合并，统称为财政部云贵区货物税局。

（4）直接税系统

所谓直接税，是指间接税的对称，是直接对纳税人的收入或财产等课征的税额，其税种主要由所得税、过分利得税、遗产税和印花税构成。

1936年，国民政府开办所得税，成立财政部所得税事务处，云南省于1936年"在昆明设立办事处，二十七八年又先后在个旧、大理、保山、宣威等县成立区分处"[2]。1940年3月，国民政府明令公布《财政部直接税处组织法》，改财政部所得税事务处为财政部直接税处。《组织法》规定：①直接税处掌管全国所得税、遗产税及其他直接税，并兼办印花税事务。②直接税处于每省或两省或直隶于行政院之市设置直接税局，办理直接税处所管各税征收事务。③省局以下视事务繁简酌设分局。

同年7月，财政部云南区直接税局成立，下设5个室4个科[3]。按照中央的规定，云南省的印花税归还中央政府，随即印花税事务移交直接税局兼办。1947年，云南区直接税局与贵州省直接税局合并成立财政部云贵区直接税局。

在继关税和盐税之后，云南省形成了货物税和直接税两大国税系

---

① 《云南省志·财政志》，第443页。

② 张肖梅：《云南经济》第二十一章财政，中国民经济研究所出版社1942年版，第43页。

③ 《云南省志·财政志》，第443页。

统，"于是省内国家财政系统各税均由财政部云南区税务局和云南区直接税局办理"①。

随着直货两税的业务量的扩大，征管成本上升和税务人员不足的矛盾不断凸显，出于强化管理、降低成本的考虑，截至 1949 年 12 月云南宣布起义，国民政府又先后几次对云南省货直两大国税系统进行了合并—分立—合并的调整。具体的调整如下：

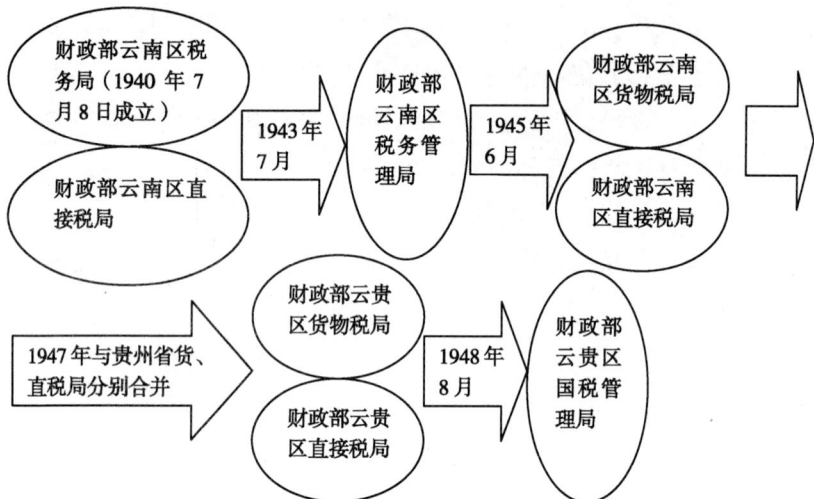

云南省货物税和直接税系统分立图

在实现与贵州省直货两税的合并之后，更进而合并为财政部云贵区国税管理局，总的来说，云南省直货两税的改革是朝着机构不断合并、垂直管理的方向发展的。之所以合并，并施行垂直管理的模式，国民政府主要出于加强直货两税的管理，保证中央税收不受地方的侵占，其次可以缓解税收成本攀升和税务人员不足的矛盾。在合并之后，也确实达到了这些目的，云南省税务管理的地区性、结构性的人员短缺现象得到了缓解，可比性的征管力度弱化的问题得到了改善，基本上确保了中央税收的及时、足额入库，基本可以解决中央税收的"应收尽收"问题。

2. 地方税系统

民国初年，"县市税捐征收机构之设置，历年各省各自为政，名称

---

① 《云南省志·财政志》，第 443—444 页。

既不相同，隶属亦互有差异，组织庞杂，系统紊乱"①，"且捐税多半采用商承制度，即有委派征收人员，实亦为包办之变相，固有'明委暗承'之称。在省市方面，除包商承办外，每一种税捐即设一征收机构"，"重复杂沓，系统分歧，以致一隅之内征收机构林立、催科频仍，各机构均可苛索，随意借口缉私留难，民众瘄于试听，官厅遂成怨府"②。1934 年 5 月第二次全国财政会议时，曾决议统一地方征收机关一案，由财政部转行各省参酌实施，但云南省并未遵办。截至民国二十九年（1940 年）7 月前，除关税和盐税外，云南省的其他各税并无中央税和地方税之分，都在云南省财政厅的统一领导下。这一时期云南省财政厅通过下设的各税务局所对全省的税收进行管理。

1940 年以后，国地税收支划开，各税种的征管机构随即划分开来，云南省所剩税种只有屠宰税、营业牌照税、使用牌照税、筵席税及娱乐税等小税种。这些税种由云南省财政厅在各县设税务征收局分别管理。但时景不长，1943 年 7 月云南区直接税局和云南区税务局合并为财政部云南区税务管理局之际，"省财政厅所属各县税务局也移交云南区税务管理局管辖，各县税务征收局视税源的多寡而分为四等"③，此时中央政府完全控制了云南省的税收征管。1945 年 6 月云南省税务管理局改组之际，又将省县所属税种划分出来，在各县设立税捐稽征处，"办理省、县两极税务征收事宜"④，云南省地方税收管理机构，又重新分立了出来，独立行使职权。

（二）税务管理

1. 国税系统的税务管理

（1）税务登记管理

税务登记是纳税单位或个人按照税法规定向税务机关办理纳税登记手续，并保证履行纳税义务的一种制度，也是税务机关监督纳税单位和纳税人进行稽征管理的一项法律依据。民国时期对不同的税种与纳税人

---

① 《财政年鉴》三编十二篇，1948 年 1 月财政部财政年鉴编纂处出版。
② 秦庆钧：《地方财政学》，广州大学，1948 年 5 月出版。
③ 《云南省志·财政志》，第 444 页。
④ 同上。

进行了不同的税务登记制度，如盐税①、货物税②、营业税③和所得税④等都有相应的税务登记规定。

（2）查验

查验是指对应税物品的出厂（场）、运销的纳税情况，根据品名、数量和证照等验证其合法性，借以保证税收的征缴。民国时期货物税主要是通过查验来保证税收的征收。

早在开征统税之际，就有《卷烟统税条例》关于加强查验促进税款征收的规定。改办货物税后，民国三十五年（1946年）4月24日，财政部又公布了《货物税查验规则》⑤，严格规定了货物税的查验方式和方法、查验的地点以及遇到暴力抗拒查验的处理等。同年财政部又公布了《财政部税务署查验人员办法》对查验工作做出了进一步的规定。

相比较而言，民国时期盐务的查验更为严格。所有盐在出场起运时都应以盐务机关发给的运盐执照、贩运联单、护票、验票、运单等作为运盐的合法凭证，按照制定销盐地区的行盐路线，随盐同行，随时接受沿途各关卡的查验。因此，云南多个地方设有查验关卡。照规定，关卡查验必须查验盐与票证是否相符，有无顶替重用、涂改逾期、夹带私盐等事情，必要时可以重新称量查验。如果相符则予以放行，不相符则按照贩运私盐论处。

---

① 1914年3月和9月北洋政府先后公布了《制盐特许条例》和《制盐特许条例实施细则》，把制盐人分为五类七种进行登记管理，同时还规定制盐者以中华民国国籍为限。1930年财政部公布《精盐通则》，规定：精盐业者从业，应按要求填制申请，由该管盐务机关转呈财政部查核批准。之后相继公布了《盐场管理通则》《盐专卖暂行条例》和《制盐许可规则》等。

② 货物税是由统税发展而来，按照《货物统税条例》的规定，征收的各种统税均必须办理税务登记。该办货物税后，1946年国民政府公布和修订了《货物税条例》，对货物税的税务登记进行了具体的规定。

③ 1931年国民政府公布《营业税法》，规定："凡应纳营业税之营业者，应开具下列事项，请领营业税调查证，填写内容包括：1. 营业种类，2. 商店名称及所在地址，3. 营业人姓名、籍贯及住址，4. 营业资本额。"1941年修正《营业税法》后，规定：应纳营业税之营业者，应于营业开始时间，向营业税征收机关申请调查登记，所填内容同上，营业调查证，每年换发一次，歇业、停业、转顶时，应申请注销登记。1943年1月19日行政院又公布了《营业税法实施细则》，进一步规范了营业税的税务登记工作，增加了每年验、换证的要求。

④ 自1936年创办所得税，同年8月22日并公布了《所得税暂行条例实施细则》，规定：凡"公司商号、行栈、工厂及盈利个人，应于本细则实施之日起一个月内将姓名、住址、营业资本或股本实额报明当地主管征收机关"。

⑤ 云南省档案馆藏：全宗号57，目录号8，案卷号6。

（3）缉私

民国时期的缉私工作主要体现在私盐查缉上，整个民国时期都有专门的缉私机构负责私盐的查缉。民国四年（1915 年），"于盐运使署设缉私总部，于黑、白、磨三区设缉私营，于各井场设缉私队，于分场设缉私排"①。民国二十年（1931 年）改编各场缉私队为场警局，仍分驻于各井场查缉场私，此外还有第一、第二缉私大队负责防区内缉私工作。抗战前云南省各地设有查验所及专门的云南区税警队负责办理。抗战期间云南区税警队拨交财政部缉私署。1944 年简化机构，缉私署裁撤，云南省奉令改编财政部缉私署下属税警第六团为 18 个场警队，"分布于迤西、迤南、滇中各产盐区及昆明、蒙自、保山、昭通等销盐区，专任……缉私、护运、警卫等工作"②。

2. 地税系统的税务管理

辛亥革命后，云南省由军人主政。1930 年以前云南的税务管理受到了军方的极大影响，特殊的"调剂酬庸制度"，使"征收权实际为军人把持"③，征收机关之间彼此独立，征多征少军人说了算，造成税务管理混乱。正如文献记载所言，"民国十八年以前，云南内部的政治局面，也是混乱不堪，军人各割一方，自成行政系统，没有一个有利的地方政府，政令既不能统一，财政自然也极为混乱"，"军人对税收机关的分别把持……各地的军人将所管辖区域的赋税都直接征收，同时也坐地开支，省府财政形同虚设"④。为此，云南省财政厅几经整顿试图统一、规范征收机关，但是由于军方势力强大，计划先后搁浅，甚至导致陆崇仁和朱景暄两任财政厅长的倒台。

1929 年 12 月，云南省政府任命了在军队中拥有崇高威望的强硬派人物，滇军 98 师师长卢汉兼任财政厅长。卢汉上台后首先进行人事调整，"第一炮是接收云南烟酒事务局，该局有局长一人，以副师长袁昌荣兼任，会办二人，以九十九师副师长李嵩和高级军官马子良兼任；坐

---

① 《续云南通志长编·中篇》，第 1216 页。

② 同上。

③ 孙东明：《龙云统治云南时期的财政》，载政协云南省委员会文史资料研究委员会《云南文史资料选辑》第五辑，云南人民出版社 1962 年版，第 4 页。

④ 张肖梅：《云南经济》第二十一章财政，中国民经济研究所出版社 1942 年版，第 1 页。

办一人，以均需局高级职员孔繁耀兼任，……1930 年初，财政厅照既定计划，函知烟酒事务局限农历正月十九日交代。这几个人在军界有相当势力，不大以为然，借口赶办不及，拒绝交代。几经内部商量，认为接收烟酒事务局是卢公爷（卢汉绰号）上台的第一炮，……大家不敢硬碰，在无可奈何的情况下，财政厅顺利地接收了烟酒事务局。卢汉并通电全省征收机关，酒烟厘金税等改为招商投标包办，应一律交给中标人承办，如敢故违，即以军法从事。命令一出，许多军人慑于卢汉的威势，都敢怒而不敢言地移交了"①。至此，云南省财政厅统一并完全控制了除关税以外的全省所有税务征收机关。

民国十九年（1930 年）云南财政的整理，最主要的就是统一征收机关。它的具体办法是：除盐务和教育收入两项外，一律划归财政厅直接管理。民国二十二年，又进一步将全省征收机关大加裁并，无论国家款、省地方款、县地方款，通由县财政局经管，在税务行政方面已经走上合理的道路了。② 从 1934 年的《云南财政厅组织系统图》来看，截至 1940 年，通过调整改革，云南省已经形成了系统的财政收支体系和统一的税务征收管理机关。

1940 年，云南省"调整"机构之后，按照国民政府的规定，取消了云南省级财政，各县自治税捐依法由财政厅所属各县征收局管理。1943—1945 年间，借云南区直接税局和云南区税务局合并为财政部云南区税务管理局之际，"省财政厅所属各县税务局也移交云南区税务管理局管辖，各县税务征收局视税源的多寡而分为四等"③。此后两年时间里，云南省所有税收税务管理都集中于国税系统，税收执法权都统一由国税机关行使。1945 年恢复为中央、省和县三级财政后，又将省县所属税种划分出来，在各县设立税捐稽征处，"办理省、县两级税务征收事宜"④，云南省地方税的税收执法权又回到云南省财政厅及其下属各税务局所的手中。

---

① 孙东明：《龙云统治云南时期的财政》，载政协云南省委员会文史资料研究委员会《云南文史资料选辑》第五辑，第 4 页。

② 张肖梅：《云南经济》第二十一章财政，中国民经济研究所出版社 1942 年版，第 3 页。

③ 《云南省志·财政志》，第 444 页。

④ 同上。

三 税收司法权

司法权（Judicial Power），国家行使的审判和监督法律实施的权力，国家权力的重要组成部分。具体来说，司法权即指司法机关通过审理具体案件享有的监督守法和执行审判的权力。[①]

民国时期，税收司法权主要由司法部门行使。各税收法规和章程，在稽征管理的前提下，对于纳税人和代征税款人员不遵守国家税收法令偷逃税款及违反税收管理规定都有相应的行政和司法处罚程序。

1930 年之前云南省实行"调剂酬庸制度"时期，税务机关由军人把持，背后有军队支持，这时期的税务机关享有的司法权限较大。1930 年后，除关税和盐税享有一定税收司法权外，税收司法权向警察和法院部门转移。

根据规定，税务机关在权限范围内有一定的税务行政处罚权限。对于确认的税收违章事实，轻则税务主管机关令其补交税款，并给予一定的税务行政处罚；重则移交地方政府或法院依法追究经济和刑事责任。但如果遇到不与税务管理机关合作，拒不执行税务处罚决定，则呈请当地警察部门予以协助；如果遇到暴力抗法，武装走私等则需"商请地方宪警或保安部队协助执行或缉拿"[②]。

从云南区直接税局昆明分局《朱从彬拒绝调查，并凌辱税务员案》[③] 的处理经过，我们可以清晰地看到税收司法权的行使经过。

1946 年 4 月 8 日，云南区直接税局昆明分局上报，税务人员在遗产税的稽征工作中遇到暴力抗税一案。

财政部云南区直接税局昆明分局昆直（壹）字第 431 号，中华民国三十五年四月八日

事由：为将继承人朱从彬拒绝调查并凌辱本局税务员倪合民经过，呈请鉴核并祈分函有关机构予以协助。

---

① 《法律词典》，法律出版社 2003 年版，第 1334 页。
② 云南省档案馆藏：《货物税查验规则》，全宗号 57，目录号 8，案卷号 6。
③ 云南省档案馆藏：全宗号 14，目录号 4，案卷号 6。

查继承人朱从彬住本市金碧路一八六号，未按规定限期以内向本局报告被继承人朱复泰死亡事实及财产概况，迨经本局指派税务员倪合民前往调查并指导办理申报手续，岂料该继承人朱从彬不仅拒绝调查，复与其胞弟聚众凌辱，撕毁调查资料，似以情形，影响税政，殊非浅鲜。除依法定手续继续劝令申报，严予依法执行外，理合将该继承人凌辱本局税务员经过呈报。

钧局鉴核并请分函有关机关予以协助，实为公便。

谨呈

全衔局长胡

副局长佟

全衔局长杨××

7天后，云南区直接税局随即批复，此案已转请云南省警察局，并要求警察局对暴力抗税的当事人严厉处分。

财政部云南区直接税局指令滇直（二）35 字第 1543 号中华民国卅五年四月十五日

令昆明分局

本年四月八日昆直壹字第四三一号呈一件：为继承人朱从彬拒绝调查并凌辱该局税务员倪合民，呈请鉴核，并分函有关机关予以协助。

呈悉：业经转函云南省会警察局传谕该继承人朱从彬施以惩戒处分。仰该局继续派员调查如再违抗即以税法第廿二条办理为要！

此令。

局长胡觉

一个月后，云南区直接税局将云南省警察局的处理结果反馈给昆明分局，警察局按照相关规定对当事人进行了训斥，给予了拘留五日的处罚，同时要求昆明分局对此案继续予以调查。

财政部云南区直接税局训令滇直（二）35 字第 1836 号中华民国三十五年五月二日

事由：为准函复转谕朱从彬施以惩戒处分经过。转仰知照由。

案据该局呈报继承人朱从彬凌辱税务员倪合民经过，祈分函有关机关协助等情。经以滇直二字第 1542 号呈请云南省会警察局传谕朱从彬，照违警法施以惩戒处分，并以滇直二字 1543 号指复知照，去后兹准云南省会警察局四月二十三日法一字第二八三四号公函："案准贵局本年四月十五日滇直二（35）字第一五四二号公函，请传谕朱从彬照违警法施以惩戒处分，以维税政一案过局当经将被告人朱从彬票传到案，讯据供认聚众凌辱税局征收人员不讳。核其妨害公务之行为，依违警罚法第七十二条第二项直规定，处以拘留五日并谕知纳税系人民之义务，不得违抗等语在案。准函前由相应函复，即希查照为荷"等由，合行令仰知照仍派员继续调查为要！

局长胡觉

又如，民国时期盐税机关配备有税警，其司法权力较其他税务机关稍大一些①。云南的盐税缉私审理程序规定：查获走私在"四十斤以下、情节较轻者"该主管盐务管理机构没收走私货物及其运输工具，只按照"违警罪"酌情予以处罚；如果走私货物巨大，情节严重，先由盐务机关审讯；然后"移交该管司法官署或兼理司法之县知事审理之"②；然后由地方司法机关按照《私盐治罪法》③ 等追究其经济和刑事责任。

然而税务违章案件移交当地司法机关法办时，往往在衔接上出现问题。地方法院由于经费和人手不足等原因，经常未能及时审理案件。为此，1947 年 12 月 17 日，财政部函请司法部和行政部会商共同呈请行政院核准备案《法院指定法官专审税务违章案件区域表》，云贵区指定法官专审税务违章案件设置地区暂先定为昆明和贵阳，同时为了解决因此给地方法院带来的经费压力，保证税收违法案件的快速审理和税款的

---

① 北洋政府《缉私条例》，1914 年 12 月 29 日公布，载《续云南通志长编·中篇》，第 1224 页。

② 云南省档案馆藏：《货物税查验规则》，全宗号 57，目录号 8，案卷号 6。

③ 北洋政府《私盐治罪法》，载《续云南通志长编·中篇》，第 1224 页。

及时入库，财政部同时规定，税务案件审理经费从判决收取的罚款中支出①。

为了进一步规范税务违法案件的移交和审理，财政部又于民国三十七年（1948年）4月12日颁布《颁发税务机关移送法院审理税务违章案件注意事项》②。

上述法令公布执行之后，从云贵区直接税局所属云南各分局按规定上报的《违反案件司法机关处理情形清册》③ 表明：昆明分局1947年度移交法院审理违反税法案件所得税25件，遗产税15件，印花税33件，共计73件，截至1948年2月底，法院审结遗产税10件，印花税33件，共计43件，未审结30件。昆明分局玉溪查征所1947年度移交违法税案54户次，1948年初审结53户次，未审结1户次。1948年4月止昆明分局移送122件，审结91件，未审结31件；个旧分局移送3件，审结3件。上述档案资料清晰地表明税务违章案件的审理进度得到了较大提高。

四　税收收入归属权

什么是归属权至今未见有明确的定义，我们可以把它理解为所有权。所有权（Ownership），在法律规定范围内，全面支配物并排除他人干扰的权力。所有权主要有三种形态：（1）单独所有，即权力主体是一个人。（2）共有，即两个或两个以上的主体对一物享有一个所有权。共有又可分为按份共有与共同共有。所谓按份共有，是指两个或两个以上的共有人按照确定的份额对物享有所有权。所谓公共共有，是指基于共同关系而由两个或两个以上共有人对一物不分份额地享有所有权。④ 换言之，税收收入归属权即是指税收收入的所有权。通俗地说，就是税收收入属于谁，归谁支配。按税收收入的归属权不同，税收可分为中央

---

① 财政部直接税署训令（〔直一字〕第67432号），中华民国三十七年一月二十四日，见云南省档案馆藏：全宗号14，目录号3，案卷号42。
② 云南省档案馆藏：全宗号14，目录号3，案卷号42。
③ 同上。
④ 《法律词典》，法律出版社2003年版，第1372—1373页。

税、地方税、中央和地方共享税。按照《法律词典》关于所有权的解释，中央税与地方税属于单独所有，中央和地方共享税属于按份共有。

1940 年之前云南省地方实力派掌权，中央政府无法控制，中央税为云南省截留，税收收入基本上全部归云南省支配。1940 年之后，按照中央规定云南省全面推行公库制度，使税收的管理和税款的缴纳完全分开，形成了中央税入国库，省税入省库，县税入县库，共享税先入国库，岁末再行按比例划拨地方金库的税收收入收缴、管理体制。另外，中央对地方财政还实行拨补政策，以平衡和弥补地方财政的不足。但是，由于中央与地方税种划分的不合理（偏向中央），造成地方财政收入短缺，引起地方财政困难。此外，由于中央拨补款往往不能按时下发，甚至还出现中央随意支配地方税收收入和中央税机构借故侵蚀地方税收的现象，民国后期的云南省税收收入归属权屡遭侵占，地方财政可谓举步维艰。

（一）税收收入的划分

民国时期我国税收收入划分大致分为两个时期。1946 年以前我国的税收收入分为中央税和地方税两种；1946 年 7 月 1 日，国民政府公布实施了修正后的《财政收支系统法》和《财政收支系统法实施条例》，税收收入分为中央税、地方税和中央地方共享税三种。

云南省的实际情况与中央有所不同。1940 年前，"云南在一种封建割据和战争不断进行的状况下，国地的收支是根本没有划开的，一切税收，均为地方征收，没有属于国家的部分"①，"许多应属于中央系统的税收，仍为云南征收截留，直至二十九年，始在原则上商妥将国地收支划开"②。

随着中央势力向云南省的渗透，1940 年以后，云南省按照中央要求调整改革本省机构设置。"最近两年，云南内政已渐上轨道，中央遂准备于此时明白划分滇省国地收支，民国二十九年经该省政府与中央往

---

① 张肖梅：《云南经济》第二十一章财政，中国民经济研究所出版社 1942 年版，第 1 页。

② 同上书，第 33 页。

返磋商，原则上已大体决定"① 划开中央与地方税收；中央税经由国库纳入中央收入中，由中央支配，地方税则纳入省库和市县各库，归地方支配。

1946 年后，划分为中央税、地方税和中央地方共享税后，中央税和共享税缴入"公库"，再由中央定期返还地方。

（二）税收收入的管理

1940 年之前，云南省的所有税款（除关税外）由各征收机关直接收缴。征收机关征得的税款，一部分可以自行坐支，用于补充本机构的经费；另外财政主管机关可以直接对各税务机关下达转拨命令，令税务机关径行将税款转拨给指定的机构，而不必入库。年末税务机关只需将拨款命令及解款书和领款书报金库抵解即可。这样，税收收入实际为地方截留，此时税收收入归属权为云南省地方占有。

民国中期，国民政府已经建立了规范的国库管理法规。1935 年 5 月 23 日公布的《中央银行法》对国库的收付有明文规定："国库及国营事业金钱之收付，均由中央银行经理。省市县金库及其公营事业金钱之收付，得由中央银行代理。在中央银行未设分行之地方，第一项事务得由中央银行委托其他银行办理。"② 但是云南没有执行这一规定。

1936 年 10 月 1 日所得税开征之际，国民政府财政部所得税处，为革新税制起见，首先创行公库制度，划分稽征机关与经收税款机关，使两者绝对分立。规定各省市所得税办事处"纯粹为财政行政机关，而经收机关为委托金库制，委托中央银行国库局转托中央、中国、交通三银行之分支行，及全国各地邮局经收税款，务使纳税人得将税款直接缴库，涓滴归公。是则自会计观点言之，非但为会计牵掣制度之实行，亦为我国政府会计之一大改革"。③

1938 年 6 月 9 日国民政府公布的《公库法》和 1939 年 6 月 27 日国

---

① 张肖梅：《云南经济》第二十一章财政，中国民经济研究所出版社 1942 年版，第 7 页。

② 《中华民国金融法规大全》第二十六条，见王云五主编《中华民国现行法规大全》，商务印书馆发行。

③ 国民政府财政部档案，《直接税征课会计制度》绪言，转引自《中华民国工商税收史——税务管理卷》，第 508 页。

民政府行政院公布的《公库法实施细则》进一步明确强化了税务管理和缴款分开制度。《公库法》第二条规定："为政府经管现金、票据、证券及其他财务之机关称公库。中央政府之公库成国库，以财政部为主管机关；省政府之公库称省库，以财政厅为主管机关；市政府之公库称市库，县政府之公库称县库，以各该市县政府为主管机关。①"第三条同时规定："公库现金、票据、证券之出纳、保管、转移及财产契据等保管事务，除法律另有规定外，应指定银行代理。前项事务之属于国库者，以中央银行代理，属于其他各公库者，其代理银行之指定，应经该上级政府公库主管机关之核准。在未设银行之地方，应指定邮政机关代理。"统一公库制实行之后，不再允许税务机关和地方各级政府各自为政，也不需再有法律外的收支，凡税收收入，一律入库，再行分配。

1. 云南省国库的成立

《公库法》实施之后，1938 年中央银行昆明分行设立国库课开始经理国库业务。"民国 28 年（1939）始代理国库业务。"② 但是实际上云南省税收收入管理按照《公库法》实现中央税与地方税的分开是在 1940 年之后。1941 年在中央银行昆明分行办理国库业务的基础上，又将办理国库业务"委托云南兴文银行代理国库业务，并在会泽、祥云、镇南（南华）、玉溪等地设立支库"③。1942 中央银行昆明分行"增设国税征收处"④，专门负责国家税收的收缴工作。

2. 云南省地方各级金库的成立

1940 年云南省省库成立。"7 月间，省财政厅根据国民政府公布的《公库法》规定，呈请省政府批准于 8 月 1 日设立省金库，并制定《省金库组织章程》。决定在省会所在地设省金库，在某些适当地点设省分金库，省金库指定由兴文银行代理，办理所有省级财政收支。金库长由银行行长兼任。在兴文银行会计课内设金库股，主管行政及会计事务，出纳课于行文银行合并。省分金库各项事务由兴文银行或劝业银行各分支行或办事处办理，经收各款，除奉财政厅签发命令支付外，结余款

---

① 《中华民国法规辑要》，中央训练团编印，民国三十年十二月。
② 《昆明市金融志》，第 131 页。
③ 《昆明市金融志》，第 131 页。
④ 《云南省志·金融志》，第 132 页。

项，应按月解省总金库，收入款项不敷支出时，由省总金库拨付。"①之后，各市县在原有市县库的基础上整理相继成立各级金库，代办各级财政收支业务。

各级"公库"建立之后，税收收入的管理形成了"国税局经征各税，其税款由纳税人直接缴库。属于中央或地方之税款，分别径缴国库或县市库。其非县市税款缴国库，再依预算拨发或法定分配成数拨入县市库"②。云南省的处理办法也大致如此，中央税和共享税由纳税人径直缴入国库，年末国税机关查核之后，再将共享税中的地方税部分经国库拨发至云南省财政厅。

> "窃职等奉派遵于昨日下午二时赴云南省财政厅商讨财政收支系统法，暨国地共分各税征收缴纳办法之规定：自三十五年七月以后，中央与地方所征收应相互提成，划拨之遗产、营业、土地、契税规费等税款暨预算分配事项，经与该厅秘书洪家骤、科长杨阴昌商洽结果：关于税款之划拨手续以由局厅统筹办理为原则，本局划拨部分由局根据各分局所纳库数字审核无误后，将原缴各地国库税款应拨成数分别填制收入退还书，列单函送该厅，转饬所属径向原经收国库退拨，列为地方收入致该厅，划拨由本局列帐之税款亦统筹列送。"③

云南省的地方税有类似中央税收的规定，1945 年实行的《云南省各县自治税捐征收处简章》也规定："征收处不得直接收款，其征获税款应由纳税人或乡镇保甲长直接解交县金库核收取，据报请征收处登记。"④

在这种制度下，中央税税收收入实现了"税务机构之经征及收款绝

---

① 《云南省经济综合志》编纂委员会：《云南省经济大事辑要（1911—1990 年）》，1994 年版，第 73 页。

② 马寅初：《财政学与中国财政——理论与现实》下册，商务印书馆 2005 年版，第 662 页。

③ 云南省档案馆藏：全宗号 14，录号 4，案卷号 30。

④ 《云南省各县自治税捐征收处简章》第九条，载《财政经济》第一期，民国三十四年元月十五日出版。

对划分，使税吏负填发税票之责，而将税款立时悉取归库，并普设代理国库，其无代理国库之处，应尽量委托各级政府银行或邮政储金汇业局分之机构代理，派员驻在征税机关收款"[1]，从而保证了税收收入的足额、及时入库，极大限度上避免了税收腐败的发生。

董世林

---

[1] 秦缜略：《从最近财政改革说到战后财政政策》，载《财政经济》第六期，民国三十四年六月十五日出版。

集中抑或分散：解放前苗疆农村土地分配关系研究

近代中国的土地分配关系，一直以来都备受学界关注。传统的观点认为，中国近代土地分配关系存在严重的分配不均问题，且呈集中之势。不过，从1980年代以来，随着对近代土地关系研究的深入，郭德宏、章有义、史建云、赵冈、李金铮、曹幸穗、史志宏、张佩国、黄道炫等学者提出土地分配并非传统观点认为的那么集中，而是相对分散。至今这两种观点仍是对垒严重，远未取得共识。而且，上述的讨论主要集中于汉民族聚集的华北、华东地区，对少数民族聚集的西南、西北等地区几乎没有关注。

分析以往争论的原因，除了政治意识形态的影响外，研究时段和地区选择的差异可能是导致争论的主要原因，很多学者把某一特定时段特定地区形成的观点，扩大到整个中国近代地权分配关系中，进而得出具有普遍意义的观点，以特殊性代替普遍性，从而引发不应有的争论。时至今日，我们仍然需要大量的，尤其是民族地区的实证研究，只有建立在无数实证研究基础之上的普遍规律才更具有可信性。本文选择苗族居住①的县乡作为研究对象，简单考察近代苗族地区农村土地分配的关系②，如果能够通过对苗族地区土地分配的了解，进而透视整个少数民

---

① 据20世纪50年代调查统计：苗族人口共有270多万，分布在贵州、湖南、云南、广西、四川、广东、湖北等省（区），其中居住在贵州省的人口最多，有160余万，分布在湖南省的有44万多人，云南省约36多万人，广西壮族自治区约22多万人，四川省约9万多人，广东省约1700多人，湖北省约1600多人。见中国科学院民族研究所、贵州少数民族社会历史调查组编《苗族简志》（第二次讨论稿），1959年12月，第1页。

② 近代中国的少数民族由于自然环境和历史等多方面的因素，社会经济发展极不平衡。到民主改革前，鄂伦春、独龙等14个民族的全部或其中一部分处于原始公社末期，人口大约80万；四川省贺云南省境内的大小凉山彝族处于奴隶制社会发展阶段，人口大约100万；藏族、傣族、纳西族属于封建领主制地区，人口大约500万；其余的2900万少数民族人口处于封建地主制发展阶段，其中就包括本文所研究的苗族地区。见满都尔图等《中国少数民族民主改革前社会发展水平的再认识》，《民族研究》1994年第5期。

族地区的土地分配状况，或许能加深对近代乡村地权的认识。

一　不同材料中土地占有状况的矛盾

（一）从宏观材料看，苗族居住区土地相对集中

长期以来，不论是革命的阶级分配土地方法，还是乡村经济史学界对农民土地占有关系的研究，都是采用将农村社会的阶级划分方法，即将农民分为地主、富农、中农、贫农和雇农等各个不同的阶级阶层。这是一种综合了土地占有、使用和剥削关系的方法。亦如陈翰笙所强调的那样，只有用阶级分析的方法才能真正地对农村土地分配关系进行科学的分类。不过，仅仅是解放前苗族地区的土地分配就有不同的材料和结论，其中比较有代表性的就是《苗族简史简志合编》中的数据和结论，其认为，贵州台江、炉山、雷山、黄平等县，地主占农村总人口的6.4%，占有33.5%的土地，贫雇农、中农占农村总人口的53%，占有16.6%的土地。四川古兰县共和乡，地主占农村人口的7.35%，占有土地的53.83%，中农和贫雇农占农村总人口的85.68%，只占有25.17%的土地。贵州威宁县，地主占农村总人口的10%，占有76.11%的土地，中农和贫雇农占农村总人口的80%，只占有土地20.69%。以上的数据说明，贵州、四川的苗族居住区地主占有土地的比例很高，如果把地主占有比例换算成10%的话，地主占有土地就会变为52.3%、73.2%和76.11%，那么土地分配中存在着严重的集中化现象便十分明显。

以上数据来源于20世纪五六十年代，中央访问团、各省相关单位及国务院民族事务委员会先后在贵州、云南、四川、湖南等少数民族居住区调查，应该具有很强的可信性。那为什么会出现这种土地集中的现象呢？在考察各阶级阶层的占有土地比例之后，苗族居住区土地集中化现象下存在两个主要的因素。

第一，各苗族居住区有大量土司残余和外族地主的存在。

一部分地区存在着土司残余及其势力影响。解放前由于少数民族地区经济十分落后，很多地区存在大量的土司势力。在云南金平县，据

20世纪50年代对金平第一区（今城关、十里村区）部分村寨调查的资料表明，平安寨占全村总户数11%的地主富农，占有水田总数的35%；马鹿塘村占农户总数9.24%的地主富农，则占有全部水田的76.4%。但这些土地主要为土司所有，大量的水田被土司及其直系家族、外戚、寨官、爪牙亲信以领地、职田等形式占有，广大农民仍然是土司的永佃户。在猛拉坝的新勐村，占总人口数12%的土司和直系家属，占有水田总面积的61.7%；占总人口17%的外戚、臣属和爪牙，占有水田总面积的24.3%；占总人口71%的农民仅占水田总面积的9.4%。而此地的地主经济则十分弱小，勐丁锣锅塘等8个村寨占总人口0.4%的地主占有水田总数的2.8%和山地总数的0.9%；0.5%的富农占有水田总数的2.7%和山地总数的0.4%。就地主经济而言，土地的占有尚不十分集中，而土司的势力却很庞大。另一部分地区彝族、汉族地主势力庞大，尤其在苗族的杂居区。杂居的苗族在解放前除个别外，占有极小量土地的农民都很少，无地的佃农在80%以上。很多苗族无地农民在高山上开垦荒地，等把生荒地开成熟地，又被地主攘走，常常迁徙不定，每家只有几把锄头一口锅，搭简陋的茅棚居住，生活艰难。黔西北的苗族农民，有些生活在彝族土目的势力范围中，土地高度集中在彝族、汉族地主手中。有些地区被汉族地主侵蚀，贵州台江萃文镇地主杨宇芝发展到占地2000亩，台江施洞的8个大地主，每户从几百亩升到千余亩，而施洞的苗族贫农则增加到百分之六七十。从而导致大量苗族农民完全耕种汉族地主的土地，四川省古兰县麻城乡寨和东园两村，共有苗族63户（佃耕中农10户，佃耕贫农53户），占全村总户数的26%，完全佃耕汉族地主的土地，因而很多地方用"老鸦无树桩，苗族无地方"的谚语来形容苗族农民的无地生活。

第二，苛捐杂税、抓兵拉夫等外力会使土地逐渐走向集中。

国民党政府对苗族地区的农民征收苛捐杂税和抓兵拉夫，致使中农下降为贫农佃农，土地逐渐走向集中。在贵州炉山凯棠乡，该乡在20世纪30年代有两家全乡最大的地主，各占有土地不过二三百亩，其余几户地主占有土地约百亩上下，富农家不达百亩，至中贫农五六百户，最多的户不过几十亩，其余是无地或仅有几亩的佃农贫农，中贫农占全乡总数的80%以上，应该说此地的土地集中现象并不突出。但1938年农民被迫种植鸦片烟以及当权县长疯狂抓兵、派款之后，大量中农普遍下降为佃农贫农。广西隆林县乌革的杨阿济家就是一个典型案例。解放前，他家生活中等以上。不过，乡长杨福昌征他的大儿子去当兵，其子不愿去，杨就抓他到乡府吊起来打，扬言要 600 块法光①才放人。杨阿济家卖了在小德峨的 5 亩地，保上了 5 亩水田，革乌的 10 多亩地，共得 185 块法光，又卖了两匹大驴和两头大牛，还卖了一些拉拉杂杂的东西，总共凑起来，还只得 580 块，交钱后，才把人赎回来，而杨阿济从此就倾家荡产了。土地落到乡长手中。

（二）从典型调查看，苗族居住区土地相对分散

根据典型调查，解放前苗族地区的土地占有情况就大不一样，大致可以分为如下几种类型：一类是贫雇农人数比较多的地区，这类地区人数占 10% 以内的地主，占有土地达到 50% 左右；二类是阶级分化虽然已达到一定程度，但土地集中不及一类地区，这些地区约 10% 的地主占 25% 左右的土地，中农相当多，约 50%，占有土地达 40% 左右；三类地区地主人口只占 0.4%，土地占 2.5% 左右，富农也不多，绝大多数是贫农和中农。从上述的苗族典型材料看，即使是一类地区，地主占有土地也只有 50%。另外一些苗族典型区土地的分配关系也呈现出相对分散的态势。表 1 就反映出苗族居住区的阶级划分与土地占有情况。

表1　　贵州省雷山县大塘区桥港乡掌披户及占有（私有）土地情况

	户口				占有土地数				
	户数	占总户数的%	人口	占总人口的%	田（斤）	土（斤）	合计（斤）	占全村土地面积的%	本阶级每人平均占有土地（斤）
地主	13	9.3	63	9.3	129081.5	2486.5	131568	25.2	2088.3
富农	10	7.2	59	8.7	75688.1	675	76363.1	14.6	1294.3

---

① 法国货币，铸于印度支那半岛之安南，称为"法光"，又称"座人"，广西南部俗称"七角鬼"，系法国侵略越南期间和侵占印支半岛各国后，在这一地区发行并正式流通的一种银币。

	户口				占有土地数				
	户数	占总户数的%	人口	占总人口的%	田（斤）	土（斤）	合计（斤）	占全村土地面积的%	本阶级每人平均占有土地（斤）
中农	68	48.6	324	47.9	245454.2	5697	251151.2	48.0	775.1
贫农	34	24.3	177	26.1	53174.8	4215.5	57390.3	11.0	324.2
雇农	15	10.7	54	8.0	5239.5	1199.5	6439	1.2	119.2
合计	140	100	677	100	508638.1	14273.5	522911.6	100	772.3

注：1. 计算土地面积用"斤"，是一般年成土地出产粮食的斤数，土改材料是土改时由农民评定的。2. 各阶级阶层户口数是土地改革时初步划定的，但后来有所变动，有的地主又改为富农。3. 表中包括几户汉族在内（原资料缺土改时户口数，1958年为5户，32人）。

资料来源：贵州省编辑组：《苗族社会历史调查》（二），贵州民族出版社1987年版，第209页。

由表1可知，地主富农占全部人口的18%，占有全部土地的40%左右，如果换算成地主富农占全部人口的10%，那么占有全部土地就低于1/4；而中农却占有近50%的土地。其他村庄也可大体证明这一点。表2中贵州省台江县反排苗寨地主富农共占有田地的11.8%，中农和贫农共占有田地的76.7%；同时，从占有山林的情况看，地主富农共占有全部山林的13.7%，中农和贫农共占有全部山林的80.1%。四川叙永县枧槽乡南坳村139户居民中，有127户苗族，占全村总户数的91.36%，占有耕地1352.03亩，占全村耕地面积的80.18%。苗族中有地主2户，占总户数的1.4%，占有耕地为总耕地面积的4.5%，平均每户占有耕地45.68亩；富农5户，占总户数的3.5%，占有耕地为总耕地面积的17.88%，平均每户占有耕地54.65亩。在广西隆林县，解放前德峨区的苗族，只有地主、富农、中农和贫农，做生意的人很少，专门做长工的人也极少，在德峨公社的265家中，只有一户地主，一户富农，中农38户，其余的都是贫农。这户地主仅有14亩地，其余的生产资料不是很多。那户富农有20亩左右的田地。因而这个地区的土地、农具、耕牛等生产资料并不多，也不是很集中，贫、中农都有自己的一些土地、农具、耕牛等生产资料。

可见上述的苗族居住区土地分配大部分是以中农和贫农占有较多土

地为主要特征的，传统的观点认为地主、富农占地百分之七八十以上，[①] 的确有些偏离。甚至与近些年来章有义、郭德宏、乌廷玉、刘克祥的研究分别认为地主富农占地比例为 60%、50%—52%、50%—72%、50%—60%[②]也有很大不同。这也说明苗族聚居区土地占有集中现象并不十分突出。

表 2　　　　1948 年贵州省台江县反排苗寨各阶级阶层占有田地情况统计

阶级	地主户	富农户	小土地出租者	富裕中农	中农	贫农	雇农	合计	备注
户数	3	4	1	6	40	60	5	137	包括数家共同占有者在内
面积（亩）	33	42	5	56	284	203	12	635	
每户平均面积	11	10.5	5	9.3	7.1	3.9	2.4	4.9	
株数	1375	3340	220	1595	17490	10078	310	34408	
每户平均株数	458	835	220	266	437	168	62	251	

注：此表根据《1948 年全寨各阶级阶层占有田地情况统计》和《1948 年各阶级阶层占有耕牛和主要生产工具统计》计算而来。

资料来源：贵州省编辑组：《苗族社会历史调查》（一），贵州民族出版社 1986 年版，第 139 页。

（三）矛盾材料的背后

在上述苗族居住区的土地分配论证中，似乎发现宏观材料和典型调查得出的结论是一对矛盾，宏观材料得出的土地占有相对集中的结论，而典型调查则认为土地占有相对分散。不过，其实两者并不冲突，反而更能证明苗族农民的土地占有关系。宏观材料都是从县乡，或者更大的区域出发，由于杂居的原因，就必然包含汉、彝等其他民族在内，而苗

---

① 中国土地分配高度集中的观点源自 1950 年刘少奇《关于十地改革问题的报告》，即认为占乡村人口不到 10% 的地主富农占有 70%—80% 的土地，而占乡村人口 90% 以上的雇农、贫农、中农仅占有 20%—30% 的土地。这一观点，实际上又来自 1927 年国民党中央农民部土地委员会报告。郭德宏：《旧中国土地占有状况及其趋势》，《中国社会科学》1989 年第 4 期，第 199 页；章有义：《二十世纪二三十年代中国地权分配的再估计》，《明清及近代农业史论集》，中国农业出版社 1997 年版，第 76—79 页。

② 章有义：《二十世纪二三十年代中国地权分配的再估计》，第 84—85 页；郭德宏：《旧中国土地占有状况及其趋势》，《中国社会科学》1989 年第 4 期，第 211 页；乌廷玉：《旧中国地主富农占有多少土地》，《史学集刊》1998 年第 1 期，第 59 页；汪敬虞主编：《中国近代经济史（1895—1927）》中册，人民出版社 2000 年版，第 783 页。

族在中国历史上常常处于被其他民族压迫的地位，如在贵州威宁县凉山
灼圃乡的凉山是彝族、汉族、苗族混居的地区，土地就完全为彝族和汉
族占有，占总户数46%的彝族占有土地的73%，占总户数32%的汉族
占有土地的27%，而占总户数22%的苗族却一分土地都没有，全部为
佃农贫农雇农。加之国民党政权的苛捐杂税、抓兵拉夫等外力作用，苗
族人民的生活空间受到压缩，土地就会被他族侵占，因而出现了土地集
中的现象。而典型调查的材料都选择单一的苗族农村进行分析，而这些
村庄又更像是一个相对封闭的乡村共同体，有自己约定俗成的习惯法，
如在广西隆林县，解放前德峨区苗族的荒山野岭都有主人，主人也不一
定是地主、富农，据传说，大家公认是谁的，就是谁的。本族的上层人
物——族长、把土、寨老之类的人，也不能随便占某片土地或某个山
坡，不管他采取什么手段掠夺，最终都要通过买卖立契的形式。因而，
土地相对分散也就容易解释。

二　土地分散的推动力

地权分配为什么出现相对分散的现象？可能有以下几个方面的原因
可供解释，一是苗族地区农民生活水平总体低下，很难累积出购买土地
的资本；二是农民对土地比较看重，万不得已不会出卖自己的土地；三
是农民的副业和家庭手工业在一定程度上辅助了农民的最基本生活，也
为保留自己的小块土地提供了保障；四是农民分家析户的传统分散了集
中的土地。

（一）总体经济水平低下

苗族地区整体经济和收入水平较低，土地购买力不强。从贵州省台
江县反排苗寨统计的1948年15户家庭收支情况看，只有地主家庭收支
相抵后，还剩盈余；包括富农、中农、贫农在内的其他农户家庭都出现
入不敷出的现象（见表3）。反排苗族农民，特别是贫下中农，解放前
过着十分贫困的生活。反排苗寨虽然是台江县的产粮区之一，但是，贫
苦农民连年缺乏口粮。根据对1948年农民生活情况的典型调查统计，
贫农平均每户全年粮食收入为2254斤谷，其中各种剥削支出达到968

斤，仅余 1286 斤，如以五口之家计算，平均每人仅有 257 斤谷，全部用作口粮，也不够维持最低生活。因此，贫农农民被迫出卖劳动力谋生，或采集野菜，或以米糠充饥，甚至讨饭过活。全寨每年都有数十个劳动力外出当短工或长工，四五人讨饭。佃户的生活也十分贫困，根据对贵州大方县和织金县五户家庭的调查，租田收入和支出相抵后，分别亏损 53.58 元、54 元、45 元、78 元、101 元，为了维持生活，他们需要把背煤作为副业，从 100 天到 200 天不等，终年不得休息，但即使加上副业，这五户家庭还是入不敷出，少的负债 15 元，多的达 30 元以上。在这五户的支出中，生产资料的支出极少，一般佃户只占总支出的 2% 左右，多为购买种子和添补小农具。在这种情况下，购买土地只能是奢望。

表3　　　　　　　　　1948 年各阶级家庭经济收支对比　　　　　　单位：公斤

项目	地主	富农	中农	贫农
全年收入	13588	6125	5544	4132
全年支出	12944	6211	5601	4329
盈（＋）或亏（－）	＋644	－86	－57	－197

资料来源：贵州省编写组编：《苗族社会历史调查》（一），贵州民族出版社 1986 年版，第 155 页。

同时，田地价格也非常高。1926 年前，贵州台江县反排苗寨田价十分昂贵，上等田每挑①值银 10 两左右。1926 年大灾荒后，田价猛跌，二三十挑中下等田价格下降到七八元大洋，上等田一元多大洋一挑。1930 年后，地价逐渐上升，到 1937 年前后，是田价最贵的时候，一般是上等田每挑值 10 元至 15 元大洋。中农唐当九买上等田 8 挑，花了 100 元。此后，田价又有所下降，约降低 20%。不过，反排稻田的价格，与贵州其他地区比较，还算低的。1930 年台江城区较好的田，16 挑售 400 元，每挑为 25 元大洋，比反排最好的田最贵时的价格还高一倍。这种价格对普通农民来说基本阻止了其购买土地的可能，即使是收入较高的地主富农，购买土地也十分有限。

---

①　苗族地区常用的土地度量单位，水田 5—6 挑折合一市亩，二三百亩可收产量约一千多挑。

（二）农民对土地惜卖

土地对于农民的意义不仅是物质生活的保证，更是精神的寄托，因而土地具有极强的社保功能。"从出卖者方面说，非到万不得已时是不会把农田出卖的，所谓万不得已，就是需要现金交付而筹不到款的时候。""进入市场的农田数量，并不完全决定于市场上的价格，而是决定于农家经济支绌的窘状。"因而，"土地转让远不是单纯商品交易那么简单，而是代表了一种为生存的斗争"。这就使得购买土地变得十分困难，即使是购买到部分土地也是规模很小，"一个家庭从邻居那里买下的往往是小片土地，很少是整块土地"。

在广西隆林县德峨区的苗族集聚区，土地买卖现象极少。民国以前，这个地区一般家里有人死亡，火烧房子，挨抢或欠债还不起才卖地、当地。国民党时期，除了以上原因要卖、当地外，杂派和征兵的勒索，成为卖地、当地的主要原因。如果不能收回，就得搬家。在贵州台江县反排苗寨，1926 年以前很少出现土地买卖的现象，人多田少，土地不轻易出售，稍微富裕的也很难购买到土地。1926 年以后，田地买卖才较以往稍多了一些，但也不是很频繁。据 1948 年 18 户占有土地的来源统计，属于买入的仅占 13%。这说明在苗族地区土地买卖并不是很频繁的事情。

（三）一定数量副业和家庭手工业的存在

由于苗族地区整体生活水平的低下，阻碍了购买土地财力的积累。同时，为了保证自己仅有的小块土地，就需要一定额外的经济来源，家庭手工业为之提供了可能。

苗族养猪、养鸡等家庭副业比较普遍，广西隆林苗族有部分家里养马、驴，养牛的也很多，多的七八头，最少的也养一头，除了用来耕地外，还拿来杀吃。此外，很多家庭还靠卖猪仔来解决生活费用。从事家庭手工业的人口也占有一定的比例，广西大苗山融水镇是大苗山一个最大的集镇，是土特产的集散地，商业发达，手工业落后。全镇计 1497 户，6788 人，其中手工业户 188 户，占 12.5%，手工业人口 347 人，占 5.1% 左右。手工业的种类计有铁器、木器、竹器、成衣、纺织、首饰、弹棉、皮革、印刷、雨伞、白铁修理、神香、牙刷、雕刻等行业。家庭副业和手工业给贫困的苗族家庭带来了一定的收益。这里仅举贵州从江县加勉乡木匠韦老吾的民工手艺来说明，1938 年全年共卖出泡水桶 14 个、挑水桶 10 对、饭甑 18 套、盛米桶 1 个、脸盆 16 个、脚盆 16 个、饭盆 3 个、稗子桶 30 个、盛水桶 6 个，共计赚得 27.7 元。正是这些苗家副业和手工业补贴了农业生产的不足，也正如费孝通先生所说："家庭工业的附加收入支持了没有足够土地的农民，使他们能生活下去。"也可以说，是家庭副业和手工业维护了小农土地所有的继续。

（四）中国分家析户的传统

"多产之家往往多妻妾子孙，而再多的田产也经不起一析再析，几代之后，集中的土地又会化整为零。这是和土地集中同时存在的另一种方向。与之相伴随的是：在对立的经济等级之间，其个别成员可以相互对流。即一部分人由贫转富，另一部分人则由富变贫。"这种现象在苗族地区也十分普遍。苗族地区的分家分田有自己严格的规定，一般情况下，父母的田地，由亲生的儿子继承，绝嗣者则由同胞兄弟继承，无同胞兄弟者，由死者亲房叔伯或他们的儿子继承。也有子死父存，而由父承子产的。女儿一般没有继承权。继承土地的时间，一般是在次子结婚以后进行，由父母主持，请本家族中有威望的长者或者"娄方"参加。分田办法，通常是先由父母（主要是父亲）将田分好坏两类或三类，又将每类分为基本相等的数分（有几个儿子，即分为几分），然后好坏搭配均分。分好田时，由兄及弟依次各择一份；分坏田时，则由弟及兄依次各择一份。兄弟中如有残废者，分较好的田给他作为照顾，并由他决定和哪个兄弟同居，同居的兄弟即负有帮助和代耕的义务。对年幼的弟弟常是父母随谁住，房屋就给谁（一般父母是随幼子居住）。其他儿子则另起新房居住。

不过，中农以上人家在分家产田地时，还须先留出下列几种田，才按上述办法分配。①养老田，主要是作为父母的生活费用和丧葬费用，其数量大致是每人五挑至十挑。父母死后，由与父母同居的儿子继承。②长子田，是因长子曾协助父母管理家务，抚养年幼兄弟，一般要另分二三挑田作为酬劳。③姑娘田，按习惯女子一般无继承田地的权利，但也有因父母不留养老田或父母死后才分家时，为了给未出嫁的妹妹备办出嫁的衣饰等原因而临时留给少量田地（二三挑）。在这种情况下，耕地没有增加，而家庭和人口的数量增加，那么分家析户就会导致耕地分散。

三　讨论：分散与不均并存

　　尽管苗族地区的地权呈分散状态，但又必须认识到土地分配的不均。其实，只要有私有制的存在，允许土地自由买卖，阶层之间的流动就是必然，从而造成土地不均的事实。事实上，土地分配不均是历史常态，地主、富农肯定比一般农民占有更多的土地，比如贵州省雷山县大塘区桥港乡掌披的地主、富农、中农、贫农、雇农占有土地的比例分别为 25.2∶14.6∶48.0∶11.0∶1.2。因此，我们所讲苗族地区土地相对分散，是针对传统观点的一种反证；而并不是绝对的否定。土地分配关系怎样才是合理的，地主和富农，尤其是大地主占有大量的土地，贫农、雇农、佃农没有土地的分配方式肯定不符合生产的发展，但绝多的平均主义分配方式也不一定就十分合理，这里就涉及公平和效率的问题，不再赘述。总之，在研究中国近代土地关系乃至诸多问题时，都要避免从一个极端走向另一个极端。

参考文献

　　[1] 陈翰笙：《解放前的地主与农民——华南农村危机研究》，中国社会科学出版社 1984 年版。

　　[2] 中国科学院民族研究所、贵州少数民族社会历史调查组编：《苗族简史简志合编》，（内部资料）1963 年。

　　[3] 金平县概况编写组：《金平苗族瑶族傣族自治县概况》，云南民族出版社 1990 年版。

　　[4] 费孝通等：《贵州苗族调查资料》，贵州大学出版社 2009 年版。

　　[5] 中国少数民族社会历史调查资料丛刊修订编辑委员会编：《四川省苗族傈僳族傣族白族满族社会历史调查》，民族出版社 2009 年版。

　　[6] 中国科学院民族研究所、广西少数民族社会历史调查组：《广西隆林苗族社会历史调查报告》，（内部资料）1964 年。

［7］中国科学院民族研究所、贵州少数民族社会历史调查组：《苗族简志（第二次讨论稿）》，（内部资料）1959 年。

［8］贵州省编辑组：《黔西北苗族彝族社会历史综合调查》，贵州民族出版社1986 年版。

［9］贵州省编辑组：《苗族社会历史调查（一）》，贵州民族出版社1986 年版。

［10］费孝通：《费孝通文集》（2），群言出版社1999 年版。

［11］杨懋春：《一个中国村庄：山东台头》，江苏人民出版社2001 年版。

［12］中国科学院民族研究所、广西少数民族社会历史调查组：《广西大苗山苗族自治县融水镇调查报告》，（内部资料）1964 年。

［13］全国人民代表大会民族委员会办公室编：《贵州省从江县加勉乡苗族调查资料》，（内部资料）1958 年。

［14］费孝通：《中国绅士》，中国社会科学出版社2006 年版。

［15］陈旭麓：《近代中国社会的新陈代谢》，上海人民出版社1992 年版。

［16］贵州省编辑组：《苗族社会历史调查（二）》，贵州民族出版社1987 年版。

李飞龙

抗战胜利后云南金融
恐慌的表现及成因

一 战后云南金融独立地位的丧失

国民政府自 1935 年 11 月 4 日推行的"法币政策"，由于云南方面的阻挠，直到 1937 年双方才达成新滇币与法币一样成为不兑现的纸币作为法币的辅币在市面流通的协议。同意于 1937 年 5 月 15 日起在云南境内实行法币政策，从而把以半开银币为本位的云南地方货币体系纳入中央货币体系中。

但随着抗战的持久深入，中央势力在云南全面加强。金融方面更是如此，中央、中国、交通、农民四行联合办事处对金融业的管理也在加强，国家银行在云南的分支机构发行钞票日益增多，法币流通范围日益扩大。起初，仅限于昆明及其附近县区。1941 年以后已遍及云南省内大部分城镇和交通沿线。1945 年中央银行昆明分行发行的法币即达 1600 余元，为新滇币发行量（7.9 余亿元）的 200 余倍。[①] 抗战初期新滇币从战前的主币地位已降至辅币地位。1944 年 2 月，财政部又限定云南省政府于 1946 年 3 月底前将新滇币全部收回，说明了法币已基本占领云南市场，新滇币已经大部分退出了流通领域。

因此，随着抗战的进行，到抗战结束时，云南金融已基本丧失原来的独立，完全成为中央金融体系的一部分。这样，云南金融的动态就与全国的情况趋于一致，各种金融动荡风波亦跟中央金融政策联系紧密。

---

① 李珪：《云南近代经济史》，云南民族出版社 1995 年版，第 573 页。

二　战后的恶性通货膨胀

迄今为止，人类历史上共出现过两次恶性通货膨胀，一次出现在第一次世界大战后的德国，1923 年德国的纸币马克流通量达到 496×10^{18} 的天文数字，价格指数由 1922 年 1 月的 100 上升到 1923 年 11 月的 10^{13}①；另一次则发生于国民党在大陆统治的最后几年（1945—1949），1949 年 5 月，国民党政府金圆券的发行量折合法币高达 2038374000000 亿元，上海的物价总指数由 1937 年 6 月的 100 上升为 36366×10^{11}。这两次通货膨胀都被作为恶性通货膨胀的典型例子载入史册，成为世界货币史上的两大噩梦。下面我们先看看国民党政府时期恶性通货膨胀的大致情况。

抗战结束后，全国物价经历了一个短暂回落又急剧上升的过程。这里，先以上海为例（由于上海的物价走势较能代表全国物价的总趋势），1945 年 8 月，上海的物价正处于疯狂上涨的顶峰，物价指数为 8640000（1937 年 1—6 月＝100，下同）。8 月中旬，日本投降的消息传出后，群情鼓舞，人心思定，物价突然下跌。同时，人们顾虑债务会在币制改革中吃亏，一改过去借债囤货、重物轻币的风气，纷纷脱货求现，甚至贬价求售，物价更急剧下跌，上海 9 月的物价指数较 8 月下跌 36.4%，黄金价格由中储券 1400 万元跌至 230 万元，跌幅达 83.57%，许多股票价格跌去 2/3。昆明的物价由于人们以为随着战争的停止，国内交通的全面恢复而使物资通畅，商品价格下降，地区差价也会减少。这种预期使原来市场上囤积货物的投机分子心里恐慌，纷纷抛售商品，而有现款的却持暂时观望态度，加上大量货币迅速流回收复区，许多人急于还乡，也纷纷廉价拍卖商品，导致 1945 年 8—9 月，昆明的物价由抗战时期一直狂涨而逆转为暴跌。以当时市价计算，百货下跌了 50%—60%，黄金美钞也跟着下跌，以致商品滞销，银根紧张，不少民族工商业遭到打击甚至倒闭。② 但是，这种下降趋势只是昙花一现，10

---

① 《简明金融词典》，天津人民出版社 1984 年版，第 64 页。
② 中国人民银行云南省分行金融所编：《云南近代货币资料汇编》，第 354 页。

月以后，上海的物价指数迅即回升，12 月已达 88544，比 9 月上涨 5 倍。

　　1946 年后，物价涨幅加大，12 月物价指数为 681600，较上年涨了 6.7 倍；黄金每 10 两市价从 731374 元涨到 3164680 元，上涨了 3.33 倍；美元从 1390 元涨至 7600 元，上涨了 4.47 倍；大米每石从 7625 元涨至 62333 元，上涨了 7.17 倍。1947 年物价涨势更猛，特别是 2 月中旬黄金政策失败以后，物价上涨速度成倍提高，全年共发生 6 次大涨风，涨势一次比一次猛烈，两次涨风之间的间歇期一次比一次短，年底物价指数为 10063000，比上年上涨 13.76 倍。至 1948 年，上海物价则如脱缰的野马，奔腾不止，涨风的间歇期也越来越短，从一个月缩短到半个月，再缩短到一星期，6 月以后，整个物价已呈疯狂上涨的态势。至 8 月 19 日，物价指数已达 546570000，比 1947 年底上涨了 55.1 倍。①

　　1948 年 8 月 19 日，为配合金圆券的发行，南京政府对物价、工资实行冻结，即"八一九"限价。"上海的批发商在官定物价公布后，便停止了营业。"② 公开交易冷冷清清，黑市交易却十分火暴，黑市物价上涨 3—10 倍。10 月，上海突然刮起了抢购风，人们见货就抢，甚至连锡箔、棺材也在抢购之列。在抢购风潮期间，四大百货公司的存货被抢购去 2/3—3/4；绸布店的呢绒存货被抢购一空，150 万匹棉布只剩 1/5。据估计，限价期间上海工商业的总损失约值金圆券（指初发行的金圆券价值）2 亿元。继抢购风潮后，上海又发生了抢米风潮，"一天达 27 处之多"，最后范围扩展到一切可以充饥的食物。强制执行了 70 天的限价政策，再也维持不下去了，11 月 1 日国民党政府被迫宣布放弃限价。于是整个物价犹如决堤的水，一泻千里。11 月中旬，米价已从限价时的每石 20 元 9 角，一度突破了 2000 元大关，上涨近 100 倍。其他各类物品价格也平均超过限价 20 多倍。11 月物价指数比 10 月上涨了 675%。1949 年 2 月以后上海的物价又再现法币崩溃前疯狂上涨的状态，4—5 月物价已是天天上涨和一天数涨，5 月米价最高每石达 3 亿元

　　① 贺水金：《上海经济研究》，《论国民党政府恶性通货膨胀的特征与成因》1999 年第 6 期。

　　② 张公权：《中国通货膨胀史》，文史资料出版社 1986 年版，第 57 页。

以上，金价每 10 两 430 亿元，美元 8000 万元。物价总指数高达 36366
$\times 10^{11}$ 的天文数字。[①]

云南的情况也没好到哪去，昆明的物价也在一路飙升，昆明市的
"纱""米"价是衡量币值升降的晴雨表。1937 年底至 1948 年底昆明
米、纱价格见表 1。

表1 　　　　　　　　　昆明市白米、棉纱价格 　　　　单位：法币元

年份	上白米（公石）	棉纱（每 10 股）
1937 年 12 月	8.89	77
1938 年 12 月	17.96	117
1939 年 12 月	56	305
1940 年 12 月	86	441
1941 年 12 月	260	3400
1942 年 12 月	900	12700
1943 年 12 月	2633.00	43930
1944 年 12 月	7466.00	133333
1945 年 12 月	25150.00	360000
1946 年 12 月	32000.00	551300
1947 年 12 月	453000.00	8000000
1948 年 12 月	61000000.00	8230000

资料来源：李珪：《云南近代经济史》，云南民族出版社 1995 年版，第 575 页。

1948 年 8 月 14 日，20 支五华细纱单价涨至 3570 万元，是战前的
452 万倍。8 月 19 日，昆明市茶馆里的一杯清茶竟售价 5 万元，一杯开
水 4 万元。法币贬值到不及本身成本的地步。

1948 年 8 月 19 日国民政府"八一九"币制改革推出金圆券时，蒋
介石以总统名义公布"金圆券发行办法"时，规定金圆券以发行 20 亿
元为限。但至 1949 年 5 月已发行 80 万亿元。[②] 因此，金圆券出笼不久，
便以比法币更快的速度贬值。云南也不例外，1948 年 8 月 23 日至年
底，中央银行昆明分行发行金圆券 7.6 亿元，至 1949 年 6 月，累计发

① 贺水金：《论国民党政府恶性通货膨胀的特征与成因》，《上海经济研究》1999 年第
6 期。
② 《中国近代经济史》，辽宁人民出版社 1983 年版，第 471 页。

行 1.3 万亿余元。结果，1949 年初，金圆券已是"面大值微"，造成群众挤兑。1949 年 2 月 12 日，有人持面额为 50 元的春花色券 1 张去南屏街中央银行昆明分行兑换，被营业人员视为"假钞"，盖上"伪钞作废"的图戳而受损失。消息不胫而走，社会舆论哗然，群众不约而同聚集到中央银行昆明分行门前，要求妥善处理，遭到行方拒绝。被激怒的群众纷纷拥入中行办公室，形势更加紧张。卢汉调动军警镇压，当场枪杀无辜群众 21 人，酿成震惊全国的昆明中央银行惨案。

鉴于金圆券已失去社会信用，云南省政府于 1949 年 4 月 1 日实行币制改革，恢复地方货币流通。为此，成立"云南省财政经济改革设计委员会金融小组"，制定了"金融改革草案"十条。在第六条说明中指出"五角银币即'半开'，实际为本省本位币，五角以下之合金辅币，实际即半开之辅币。"为解决银币的供应问题，同年 5 月 13 日成立云南铸币所。该所成立之后，从 7 月 3 日至 1950 年 1 月 15 日截止计铸造出胜利纪念堂版式 2 角银币 122.689 万枚；孙像及袁像 1 元银币 320.2407 万枚；半开银币 211.37 万枚。此外还铸成色为 99% 的金条（每条重 5 市两）2040 条，总重 1.02 万两，供应市场流通。[①]

三　恶性通货膨胀的产生原因

（一）财政赤字巨大，完全由发行弥补

恶性通货膨胀的主要特征，同时也是主要原因是货币发行超量。印刷大量纸币，应付政府用款，这是恶性通货膨胀的根源。问题在于政府明知这是饮鸩止渴，为何还要一意孤行？关键还是由于财政收支无法平衡，赤字巨大。财政赤字对南京国民政府来说是个老问题，自其政权诞生之日起就一直存在。但抗战以前物价稳定，税收在总支出中占相当的比重，财政不足部分可以通过向上海金融界发行公债筹集，虽然不宽裕，但还能应付。1936 年发行统一公债，等于宣布南京国民政府第二次债信破产，自此开始，政府已无法通过发行公债筹措军政费用，弥补

---

① 李珪：《云南近代经济史》，云南民族出版社 1995 年版，第 577 页。

财政赤字。于是政府更多地倾向于向银行垫款。为应付政府垫款，中央银行便不得不大量增发纸币。太平洋战争爆发以前，法币的发行量还有所控制。到1946年随着内战的爆发和恶性通货膨胀的加剧，摧毁了国民党政府平衡财政的可能，赤字呈几何级数上涨。1947年以后，政府的财政赤字几乎完全由发行钞票来弥补。见表2。

表2　　　　　1946—1948 年政府赤字、银行垫款和钞票增发

单位：百万元（法币）

年份	赤字	银行对政府垫款	钞票增发额
1946	4697802	4697802	2694200
1947	29329512	29329512	29462400
1948	434565612	434565612	341573700

资料来源：张公权：《中国通货膨胀史》，文史资料出版社 1986 年版，第 110 页。

从 1945 年起每月递增速度超过 10% 以上。1946 年 9 月起每月超过20% 以上，1947 年 7 月起每月超过 91%。1946 年 12 月法币发行量为战前 1937 年 6 月（14.1 亿元）的 2642 倍，1948 年 8 月为战前的 47万倍。

表3　　　　　中央银行昆明分行历年发行法币数量　　　　单位：元

时间	发行数量
1937 年底到 1938 年底	20671743
1939 年底	19761698
1940 年底	179523625
1941 年底	157750000
1942 年底	1238350000
1943 年底	5651250000
1944 年底	9220000000
1945 年底	167945037000
1946 年底	34642500000
1947 年底	499971033500
1948 年 1 月至 8 月	7496127550000

资料来源：李珪：《云南近代经济史》，云南民族出版社 1995 年版，第 574 页。

这就是说，如以 1938 年底的发行指数为 1，1946 年比抗战初期增

发了约 1700 倍，1948 年 8 月止比 1938 年增发了约 35 万倍。纸币面额也增大了。1938 年 8 月止比 1938 年前为角票；1941 年前为 5 元、10 元券；1944 年前为 100 元券；1946 年前为 500 元券；1947 年前为 1000元、2000 元、5000 元券；1948 年 8 月以前以 1 万元券为主。

（二）决策失误

抗战胜利之初，南京国民政府拥有黄金 600 万盎司，美元 9 亿元，接收的敌伪产业折合法币 10 万亿元，相当于当时法币发行额 5569 亿元的 20 倍。此外，还有美国给予的救济物资和美军剩余物资约 20 亿美元，[①] 这些都为政府整顿税收，平衡财政收支，抑制通货膨胀提供了极好的机会。但是，国民政府的决策失误却丧失了这个机会。

第一，对中储券处置失当。1945 年 9 月 28 日，政府宣布法币与中储券的兑换比例为 1∶200，这一兑换率的确定是极不合理的。当时的实际物价水平，上海仅比重庆高约 50 倍，与整个法币流通区域的物价相比，上海物价只高约 35 倍，可见，中储券的购买力被严重低估了，法币的购买力无形中增加了好几倍。于是后方头寸纷纷流往上海，其时重庆、昆明对申汇率每 1000 元高达 1300 元。后方游资涌向上海低价竞购物资，刺激一度下跌的物价又飞速上涨。政府还规定中储券限于 4 个月内兑换完成，每人最多兑换 5 万元法币，在兑换期截止以前，中储券仍准许在市面流通，因此持有低价伪币者在兑换期前也尽量套购货物，并把兑换限额外多余的伪币都用来抢购物资。不合理的兑换率、兑换期限过长及无根据的限额兑换等措施的出台，助长了抢购风的兴起，对战后上海乃至全国的物价很快由跌转升起了相当大的作用。

第二，对战时压抑的购买力在战后喷发掉以轻心。在漫长的战争年月，由于物资严重匮乏，人们的消费需求受到很大的压抑，随着胜利的到来，国际贸易的逐渐恢复，战时长期积累下来的消费需求，在战后得到了总爆发，旺盛的消费需求拉动了通货膨胀。对此南京国民政府因过高估计了抗战胜利后的经济形势和社会总供给能力，从而在决策上做出了完全相反的决定，对战时所采取的各项管制措施一律予以废除，从而

---

① 杨培新：《旧中国的通货膨胀》，生活·读书·新知三联书店 1963 年版，第 60、71 页。

使通货膨胀更加漫无限制。在国家政治、经济秩序尚未恢复常态以前，过早地放弃对物价、分配、资金等的管制，使社会经济秩序久久不能走出无序状态。

第三，不合理的汇率、进出口政策。1946年3月4日南京正式开放外汇市场，把法币的对外汇率定为1：2020美元，中央银行奉命无限制买卖外汇。以当时国内的物价上涨程度来说，法币的对外价值是被严重高估了，加上巨额的延期购买构成的有效需求水平提高，外国货排山倒海般地涌入中国市场，出口因汇率高估，不敷成本，而处于完全停止状态，外汇有出无进，国际收支急剧恶化，外汇储备枯竭，更是助长了通货膨胀。而在社会动荡背景下滋生的人们对外汇的偏好、资金外逃和外汇投机等，也加剧了国家外汇储备的消耗。国民政府不得不放弃维持固定汇率的政策，改为采用浮动汇率。8月19日将官方汇率提高到3350元，上涨约60%，市场汇率也立即从2500元升至3700元，引起整个物价波动。为了防止官方汇率低于市场汇率，不利于吸收侨汇和出口结售汇，1947年8月设立平准基金。但由于通货膨胀不断恶化，基金汇率频频升高，一方面直接刺激了进出口物品价格的提高，在比价效应的驱使下，一般物价水平也随之高涨；另一方面由于进口物资越来越少，国内物资供应更加紧张，更多的纸币追逐更少的商品，使得物价上涨更甚。因此汇率及进出口政策的每一次调整，都成为促进物价飞涨的直接诱导因素。

第四，中央银行不适时地放开黄金市场。1946年3月4日，中央银行在上海开始抛售黄金，企图与开放外汇市场的政策相结合，以稳定市面。当时上海黄金市价①的平均价格为156万元，但没想到以"四大家族"为首的许多国民党官僚、军人，他们都在抗战胜利后的劫收中发了横财，除大肆挥霍外，手中仍有大量游资，寻求出路。而在当时恶性通货膨胀的情况下，他们感到：存于银行怕贬值，投入工商业又担心时局不稳定。因此，大量游资都集中于市场上从事囤积居奇的投机行为。黄金市场的放开，又给他们提供了一个更好的投机机会，于是，游资大量涌入黄金市场，金价也随之飞涨。11月市场均价上升为256万元，并创下395万元的新纪录。进入12月，在中央银行的大量抛售下，金价

① 上海黄金市价，按"九九赤"金条计价，每条重约10市两。

渐趋盘旋，但 12 月的均价仍高达 316 万元。1947 年 1 月下旬由于宣布奖励出口给予补贴、进口限制结汇办法，美钞、黄金价格并肩上涨。使 1 月金价平均价升为 382 万元。2 月初，中央银行终止暗售数天，同时，由于市面上发现重庆造币厂熔铸的金条，以为中央银行存金已罄，引起抢购，更使金价暴涨。10 日中央银行突然宣布停止出售黄金，11 日金价最高达 940 万元①。

因此，由于"四大家族"及其依附者的投机，加上黄金政策的执行者又疏误失察，弊窦丛生；中央银行的生产贷款贷出的 655 亿元，② 借款人也多未用于生产，而也以贷款参与黄金投机，中央银行又疏于检查，使黄金投机风更盛，终于酿成了臭名昭著的黄金风潮。而金价的飙升也使通货膨胀更为恶化。

（三）货币流通速率加快

从 1945 年底开始，上海的物价上涨指数大大高于通货发行量及其指数，以 1937 年 6 月的发行指数和物价指数都为 100，1945 年 12 月发行指数为 73200，上海的物价指数为 88500，物价指数是发行指数的 1.21 倍；1946 年 12 月物价指数已是发行指数的 2.16 倍，1947 年 12 月为 3.56 倍，1948 年 8 月已增至 10.47 倍，1949 年 5 月更是达到 25.16 倍。③ 因此，物价的上涨速率越来越高于通货发行的增加速率，货币流通速度的大大加速，增加了社会有效货币供应的数量，加速了物价的飞涨。

抗日战争前，上海存款通货月流通速率为 2，1947 年上海商业行庄存款通货每月平均流通速度，1 月最低为 19.77，2 月即跃升至 24.63，5 月已高达 36.6，即通货的月流通速率已超过每月金融机构的营业天数（当时上海银行的月营业日数为 26 天），12 月最高为 61.49；1948 年底存款通货的流通速度已高达每日 3.88 次，一笔活期存款一日之间四易其手，存款流通速度超过月营业日数原因在于上海商业行庄盛行"抵用"制度（支票当天抵用），即支票在未交换以前，就可以变成随意支

---

① 《法币金圆券与黄金风潮》，文史出版社 1985 年版，第 155 页。
② 同上书，第 70 页。
③ 贺水金：《论国民党政府恶性通货膨胀的特征与成因》，《上海经济研究》1999 年第 6 期。

用的存款，从而使通货流通速度大大增加。美国货币流通速度最高的一年是 1929 年，但纽约每月平均流通速度不过 10.37[①]，与美国相比，上海的货币流通速度已高得可怕。

通货流通速度加快，促成物价上涨率几倍于通货量的增加率。物价上涨越快，存款不如存货的心理越发展，存款通货的流通速度就更快。而货币的流通速度越快，社会有效货币供应越多，物价越发上涨，形成螺旋式推进，加速了货币制度及国民经济的崩溃。另外，对通货膨胀的敏感度，心理预期的惯性等对通货流通速度的加快也有一定的影响。经抗战后期通货膨胀后，中国人民对通货膨胀已十分敏感。因此一旦物价由跌转升，人民马上会做出反应，重物轻币，尽最大可能变钱为物。而在恶性通货膨胀时期，物价大涨小回或有涨无跌，使人人对物价看涨，通货的流通速度也因此变得更快。

（四）战后民营工商业的衰落和农村经济的萧条

由于美国在第二次世界大战中远离主战场，其国内工业受战争影响不大，第二次世界大战结束时，其生产大量的剩余物资便倾销世界市场。中国也是其剩余物资倾销的重要市场，这些如洪水般涌进的美国剩余物资，构成对中国民营工商业的严重威胁，许多民营工商业因此停工、关闭，在美国剩余物资的冲击下，民营工商业一蹶不振。同时，战后的国民政府的各级官员，尤其是握有党、政、财、经大权的官员，以及国营机构，利用手中的特权，在金融和物资方面，进行大规模的投机倒把活动，从中渔利，这既盘剥了民营工商业者和广大民众，使民营工商业受到进一步冲击，也使本已存在的社会经济危机更加恶化。

至 1949 年春，民营企业更处于岌岌可危的状态，全国工业总会理事长刘鸿生在致国民政府财政部部长徐堪的一份代电中称：上海市棉纺、毛纺、卷烟等工厂实际开工数不过十之六七；水泥、火柴、造纸、化工等工厂，其开工率更低。[②] 据上海市工业会称："沪市工厂被迫停

---

① 贺水金：《论国民党政府恶性通货膨胀的特征与成因》，《上海经济研究》1999 年第 6 期。

② 《刘鸿生致徐堪代电》，1949 年 3 月 5 日，南京政府财政部档案，中国第二历史档案馆藏。

工减工者比比皆是"，2月工业用电已减少20%，3月减少50%。① 昆明工商界，也由于在抗战胜利初期的物价突然暴跌"惧外贸大量输入及头寸吃紧而竞相抛货"② 中大伤元气，加上前述美国剩余物资的冲击和恶性的通货膨胀，使云南的民营工商业更遭受重创。

八年战乱，由于战争的破坏和自然灾害的侵袭，使全国广大农村土地荒芜，房屋、农具被毁，灾民遍野。根据国民政府善后救济总署对各地抗战中损失统计，江苏：耕地荒芜28%，农具损失42%，耕牛、房屋损失70%，渔业损失30%，农村工业50%；经战后1年努力，成效甚微，耕地只恢复2%，农具为10%，房屋为5%，农村工业为10%……③另据联合国救济总署估计，中国的救灾工作若不加紧进行，将有3000万人死于饥馑。④ 由于水利常年失修，各处堤防抗灾能力极差，不断溃决。仅淮河上游各堤在1946年6—7月，就发生大段决堤10次。

云南由于抗战期间中央驻军和美军等驻滇人员的激增，增加的粮食需求主要依靠云南历年的积谷和加强对农民的征派来解决。因此，八年抗战，云南农业与工商业相反，不但没有发展，反而因农民负担加重，无力投资扩大生产而使云南农业严重衰落。以稻谷产量为例，1938年全省产量为3889万市担，1943年为3795万市担，1944年更减至3189万市担，1945年为3235万市担。其他粮食如豆、高粱、麦等亦呈下降趋势。⑤

由于国民党当局抗战后发动的内战，使元气未恢复的农村再遭浩劫。1947年，广东抛荒耕地高达75%，江苏为60%，安徽、湖南都在30%以上。⑥ 战后农村的凋敝并一蹶不振，预示着农村经济的衰落和农业的破产。因此，战后民营工商业的衰落和农村经济的萧条从供给和需求两方面都使本已恶化的经济、金融危机更是雪上加霜。

唐云锋

---

① 陆仰渊等：《民国社会经济史》，中国经济出版社1991年版，第839页。

② 《论目前物价起伏》，云南《民国日报》1945年12月29日。

③ 《国民政府善后救济总署档案》，中国第二历史档案馆藏。

④ 陆仰渊等：《民国社会经济史》，中国经济出版社1991年版，第841页。

⑤ 云南省人民政府经济委员会编：《云南经济资料》，1950年版，第15页。

⑥ 丁永隆、孙宅巍：《南京政府的覆亡》，河南人民出版社1987年版，第108页。

后　记

　　《经济史论丛（四）》分上中下三篇，就有关经济史借鉴其他学科研究方法问题、科学技术史和中国古代经济史、地方经济史研究为主题。内容涉及应用其他学科方法对云南早期墓葬中贝的货币功能、少数民族经济发展模式选择中的非正式制度、银行贷款、城镇企业职工养老保险制度、贵州科学技术与经济发展、汉武帝时期的经济政策、唐代民间借贷与两税法的制度经济学分析、云南民国时期金融等问题。上篇主要是其他学科视域下的经济史研究，由缪坤和、李亚娟、王迪、田忠完成，中篇集中对贵州科学技术与经济发展的研究，由李巍、童波、田忠、刘彦青完成，下篇是应用历史学或经济学角度研究具体的经济史问题，由曹端波、许悟、朱红琼、董世林、李飞龙、唐云峰完成。

　　贵州财经大学经济史学科创建立于 2004 年。为激励和调动贵州财经大学经济史研究人员的积极性，我们分别于 2005、2007 和 2008 年出版了《经济史论丛》一、二、三辑。为提升贵州财经大学经济史研究的水平，我们预计 2009 年出版第四辑，组织学科组成员专门就经济史研究的理论与方法进行研究，但由于这样或那样的原因，研究未能如期完成。幸运的是，贵州财经大学经济史研究团队获得了 2011 年中央财政支持地方高校专项资金的资助。经过近 4 年的努力，终于取得了初步进展。为避免中断贵州财经大学经济史学科的发展，保证研究的顺利进行，我们选取部分成果结集出版，以此推进贵州财经大学经济史学科的建设。

　　本书的出版，首先要感谢贵州财经大学校领导对经济史学科的关心和支持。同时也要感谢北京大学王迪博士后、贵州大学曹端波教授、浙江财经学院唐云峰博士的大力帮助，他们的研究，令本论丛大为增色。

本书的出版，同样是中国社会科学出版社宫宗蕾关心支持的结果，在此谨致以衷心的感谢！

缪坤和

2012 年 7 月 31 日